Michael Kienzer

Krems/Bremen/Zug

Dank

Für die großzügige Unterstützung der Ausstellungen in Bremen und Zug sowie dieses Buchs danken wir sehr herzlich | For their generous support of the exhibitions in Bremen and Zug and this book, we extend our very sincere thanks to:

Bremer Landesbank
Die Unternehmensverbände im Lande Bremen e. V.
Freundeskreis des Gerhard-Marcks-Hauses e. V.
Galerie Artepari Contemporary, Graz
Galerie Elisabeth und Klaus Thoman, Innsbruck, Wien
Fritz Wotruba Privatstiftung, Wien
Glencore International AG, Baar
Österreichisches Bundeskanzleramt, Sektion II, Kunst und Kultur
Otto und Christa Schwarz, Zug
Stiftung Sammlung Kamm
Zuger Kantonalbank

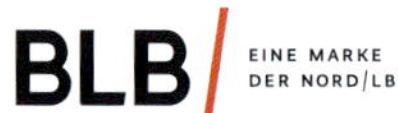

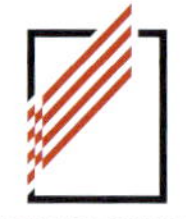

Die Arbeitgeber.

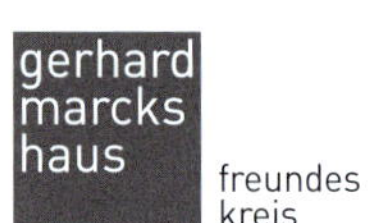

Galerie Elisabeth & Klaus Thoman

GLENCORE

BUNDESKANZLERAMT ÖSTERREICH

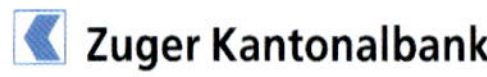

Michael Kienzer

24 von 274.668 Tagen | 24 days out of 274.668
Kunsthalle Krems

Lose Dichte | Loose Density
Gerhard-Marcks-Haus, Bremen

Lärm und Linien | Noise and Lines
Kunsthaus Zug

Herausgegeben von | Edited by
Matthias Haldemann und | and Arie Hartog

WIENAND

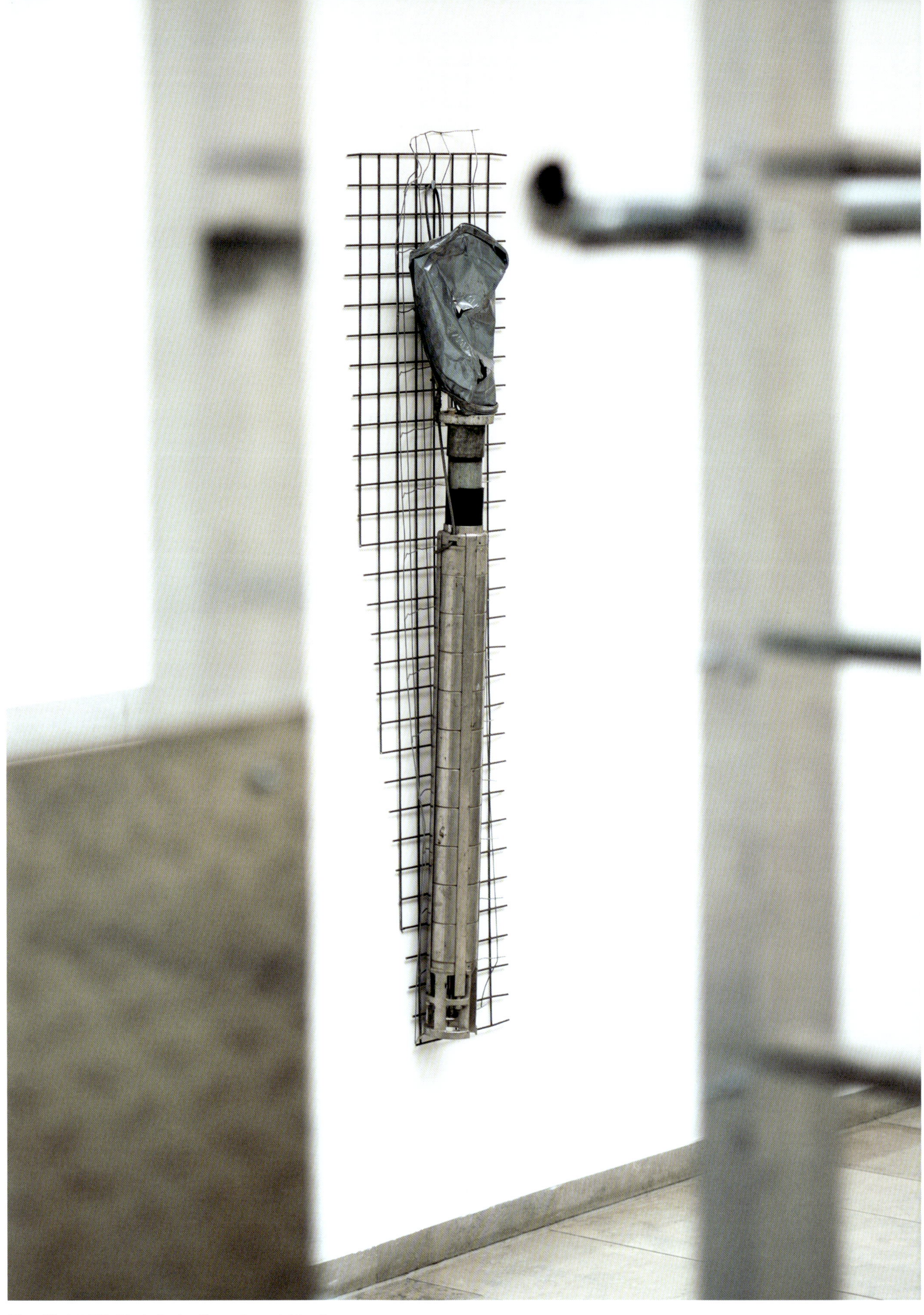

Ohne Titel, 2017, Blech, Draht, Eisen, Gummi, Metall
Untitled, 2017, tin, wire, iron, rubber, metal | 155 x 44 x 16 cm

Inhalt

Vorwort
Matthias Haldemann,
Direktor des Kunsthauses Zug
Arie Hartog,
9 Direktor des Gerhard-Marcks-Hauses

Gnadenlose Gegenwärtigkeit
Beobachtungen zum Werk von Michael Kienzer
14 Arie Hartog

34 Krems

24 von 274.668 Tagen, Michael Kienzer
36 Florian Steininger

24 von 274.668 Tagen
40 Margareta Sandhofer

56 Bremen

Michael Kienzer: Lose Dichte
58 Lisa Le Feuvre

94 Zug

Ding und Zeug
Zum Skulptur-Begriff von Michael Kienzer
96 Matthias Haldemann

144 Biografie

Contents

Preface
Matthias Haldemann,
Director of the Kunsthaus Zug
Arie Hartog,
11 Director of the Gerhard-Marcks-Haus

Presentness without Grace
Observations on the work of Michael Kienzer
25 Arie Hartog

34 Krems

24 days out of 274,668, Michael Kienzer
38 Florian Steininger

24 days out of 274,668
52 Margareta Sandhofer

56 Bremen

Michael Kienzer: Loose Density
75 Lisa Le Feuvre

94 Zug

Thing and Equipment
On Michael Kienzer's concept of sculpture
120 Matthias Haldemann

145 Biography

Bremen
Flyer, 2017, Blechpaneele, Gewindestangen, Magnete
Flyers, 2017, metal sheets, threaded bars, magnets | Größe variabel | Variable in size

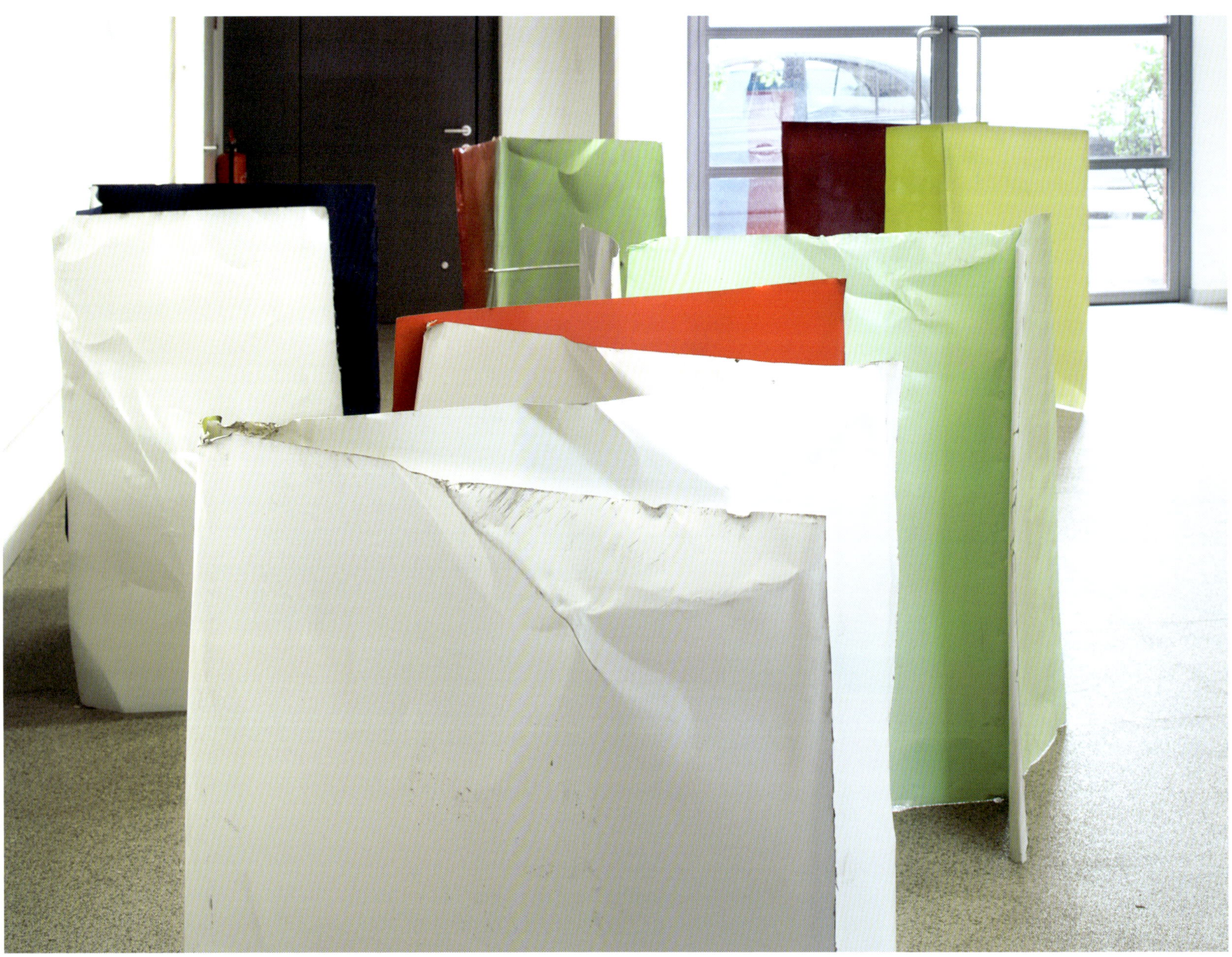

Zug
Flyer, 2017, Blechpaneele, Gewindestangen, Magnete
Flyers, 2017, metal sheets, threaded bars, magnets | Größe variabel | Variable in size

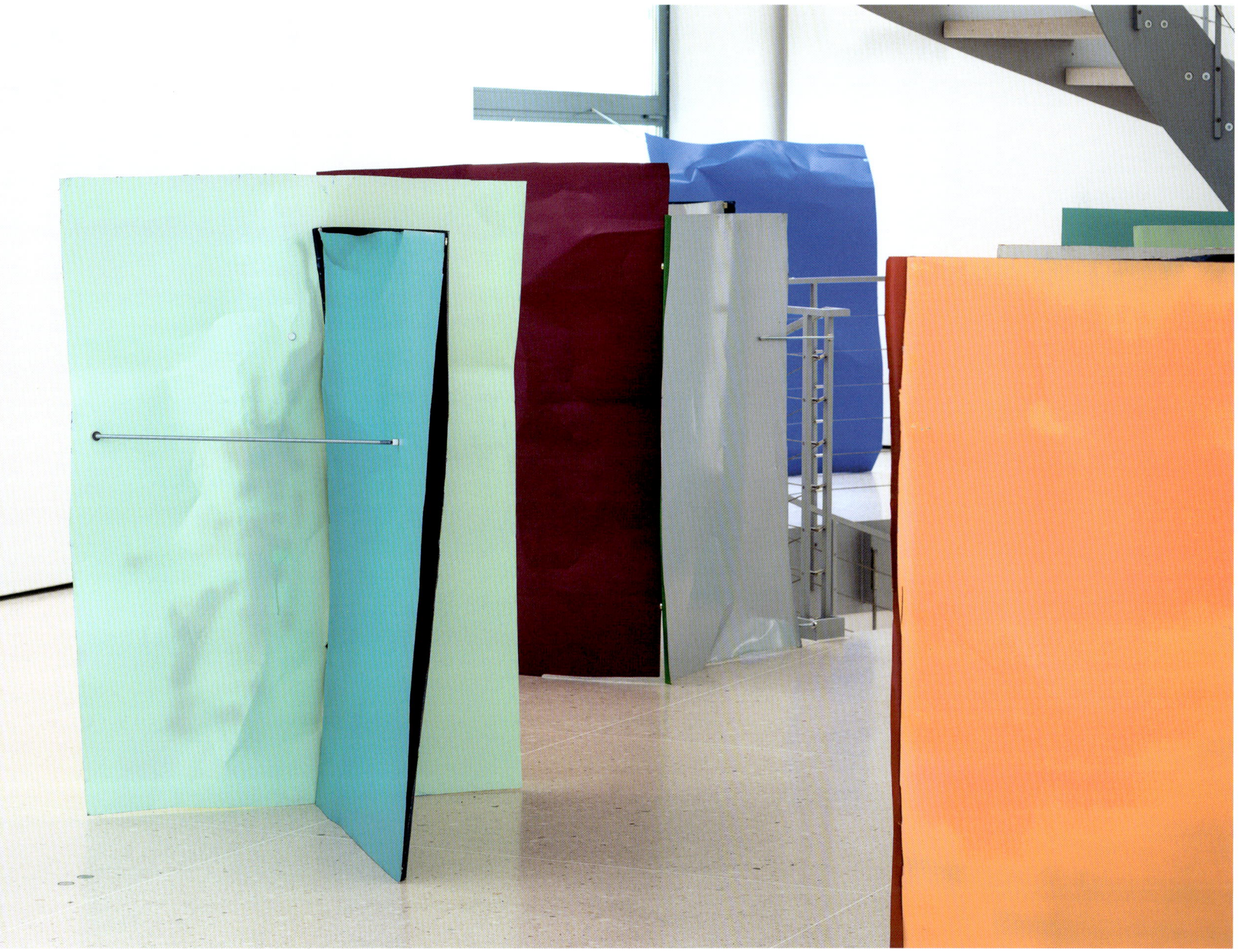

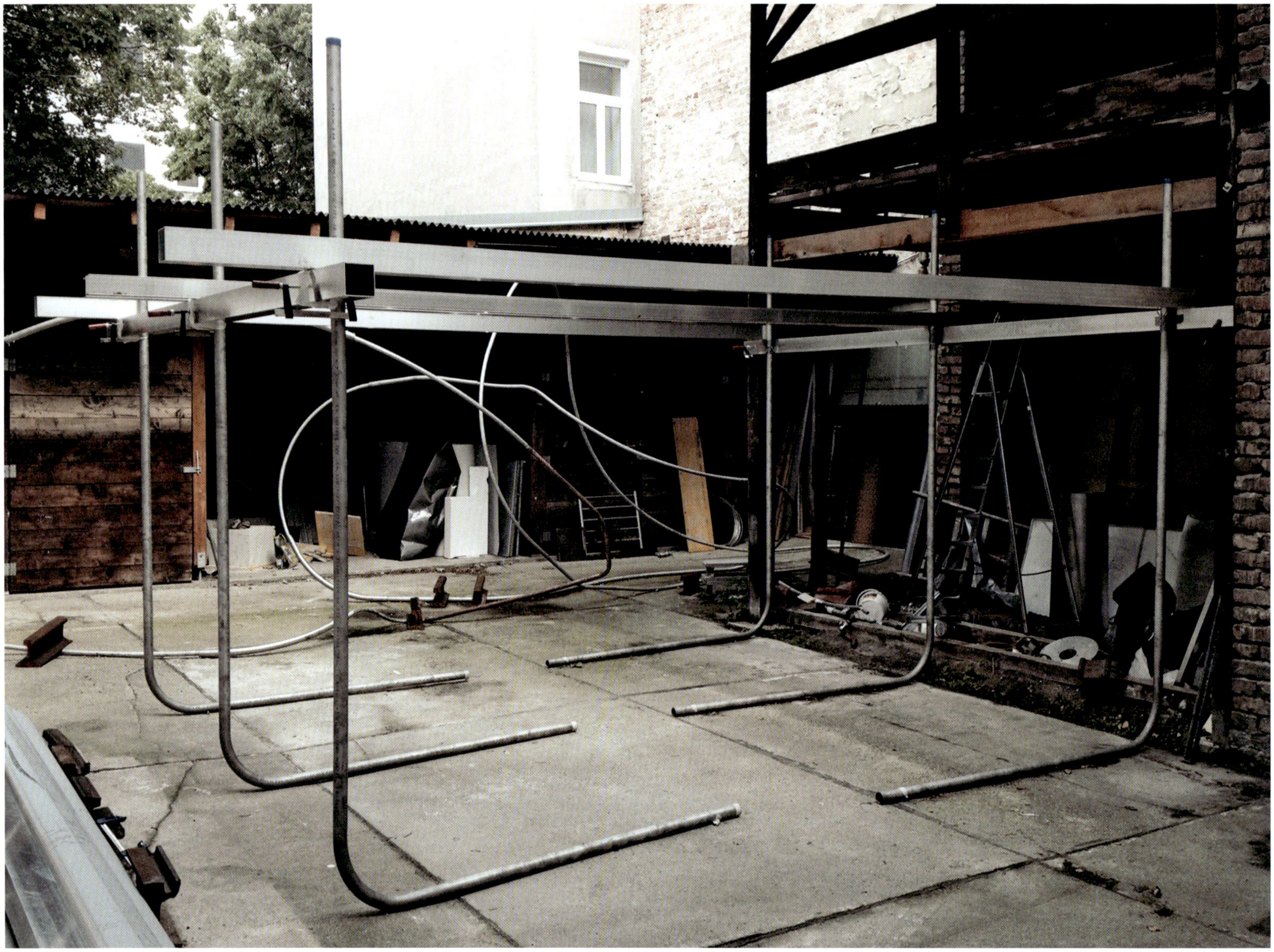

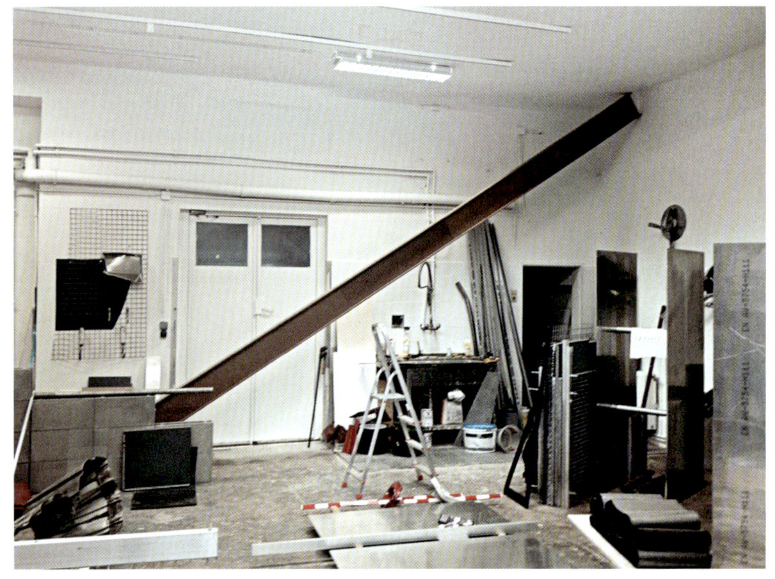

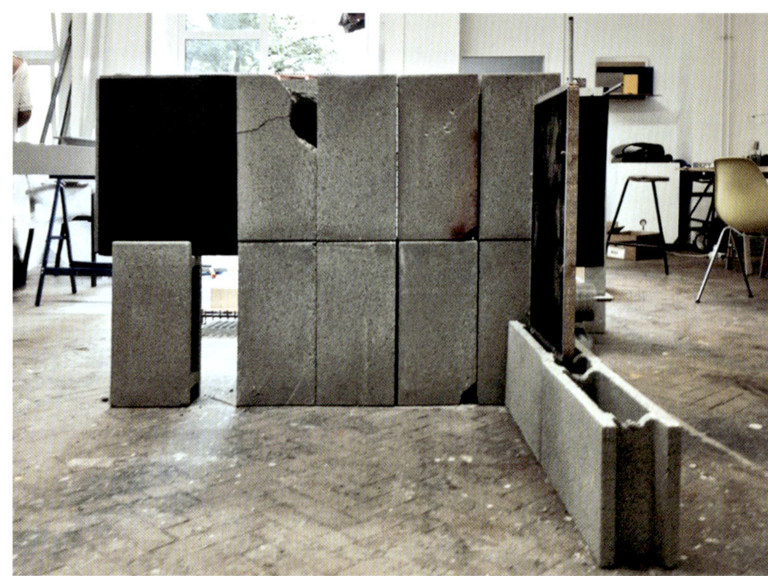

Vorwort

Matthias Haldemann, Direktor des Kunsthauses Zug
Arie Hartog, Direktor des Gerhard-Marcks-Hauses

Dieses Buch ist kein Ausstellungskatalog. Es zeigt, wie der österreichische Bildhauer Michael Kienzer (geb. 1962) in drei unterschiedlichen Ausstellungen in drei Ländern auf räumliche Gegebenheiten reagierte. In Krems wurden übergroße Formen, die an die Stäbe des Saladiers im Casino erinnerten, scheinbar gegen die Wand gedrückt, in den Raum hineingezogen oder hingelegt. In Bremen wurde die bereits existierende Arbeit »20 x 94 Grad« gegen das von Gerhard Marcks (1889 – 1981) für sein Museum entworfene Geländer gelehnt, womit die Skulptur Bezug auf die sich ebenfalls anlehnenden Betrachter nahm. In Zug wurde die Wucht von Fritz Wotrubas (1907 – 1975) »Großer Skulptur« aufgenommen und über eine gleichzeitig präzise und lapidare Setzung von Trägern und Attrappen ein visuell räumliches Gegengewicht geschaffen, das auch die umgebende Museumsarchitektur aufnahm. Kienzer bewegt sich zwischen der raumbezogenen Installation und der autonomen Skulptur. Die einfache Frage, wo die Skulptur aufhört, führt immer in den Raum hinein. Michael Kienzer hat aus dieser Frage ein reiches bildhauerisches Vokabular entwickelt und entwickelt es immer weiter.

Während der Vorbereitung unseres Projekts wurde schnell deutlich, dass eine Ausstellungstournee im Fall eines Bildhauers wie Michael Kienzer sinnfrei ist. Es hätte sich zwar wirtschaftlich gelohnt, nur einen LKW durch Europa zu schicken, aber an unterschiedlichen Orten reagiert dieser Künstler nicht nur durch unterschiedliche Präsentation oder Setzung, sondern durch Werke, die explizit für die jeweilige Situation entstehen und erst ab dann als autonome Skulptur innerhalb des Œuvres existieren. Eine neuere Werkgruppe mit farbigen Blechen, die in Zug mitten in der Ausstellungsabfolge stand (Abb. S . 7, 118, 122), wurde in Bremen im »bunten« Stadtteil Gröpelingen gezeigt (Abb. S. 6). Im Gerhard-Marcks-Haus und im Kunsthaus Zug wird aktiv über die Rolle der Kunst und kulturelle Bildung nachgedacht und beide Museen halten dabei am autonomen Kunstwerk als Errungenschaft der Moderne fest. Das verbindet – ebenso wie die Prägung durch die beiden Bildhauer Wotruba und Marcks.

Ausgangspunkt für diese Publikation sind die sich überlappenden Ausstellungen »Lose Dichte« in Bremen und »Lärm und Linien« in Zug. Die Ausstellung »24 von 274.668 Tagen« in Krems fiel in die Vorbereitungszeit unseres gemeinsamen Projekts und so freut es uns, dass wir nicht nur dieses Projekt präsentieren können, sondern dass auch unser Kollege Florian Steininger einen Beitrag dazu geliefert hat. Wir danken Lisa LeFeuvre, Margareta Sandhofer und den beteiligten Fotografen Jorit Aust, Tom Klengel, Rüdiger Lubricht und Oliver Ottenschläger, sowie den Teams in unseren Häusern und den Freiberuflern im Umfeld, allen voran der Gestalterin Catrin Bäuerle, welche die besondere Mischung von Professionalität und Gelassenheit gezeigt haben, die komplizierte Projekte wie dieses erst möglich machen.

Dieses Buch präsentiert einen Künstler, drei Ausstellungen und verschiedene Perspektiven auf dieses Werk in Wort und Bild. Die besondere Erfahrung einer Ausstellung von Michael Kienzer ist, dass sich höchst unterschiedliche Besucher gedanklich in dieses Werk hineinbegeben können. Eine anregende und abwechslungsreiche Seherfahrung lässt sich wunderbar vermitteln. Neben den Sponsoren, die unsere Ausstellungen lokal gefördert haben, danken wir dem österreichischen Bundeskanzleramt, Kunst und Kultur, und der Galerie Elisabeth & Klaus Thomann für die Unterstützung bei der Planung und Durchführung unseres Projekts und last but not least danken wir dem Künstler Michael Kienzer sehr herzlich für eine freundschaftliche und vertrauensvolle Kooperation.

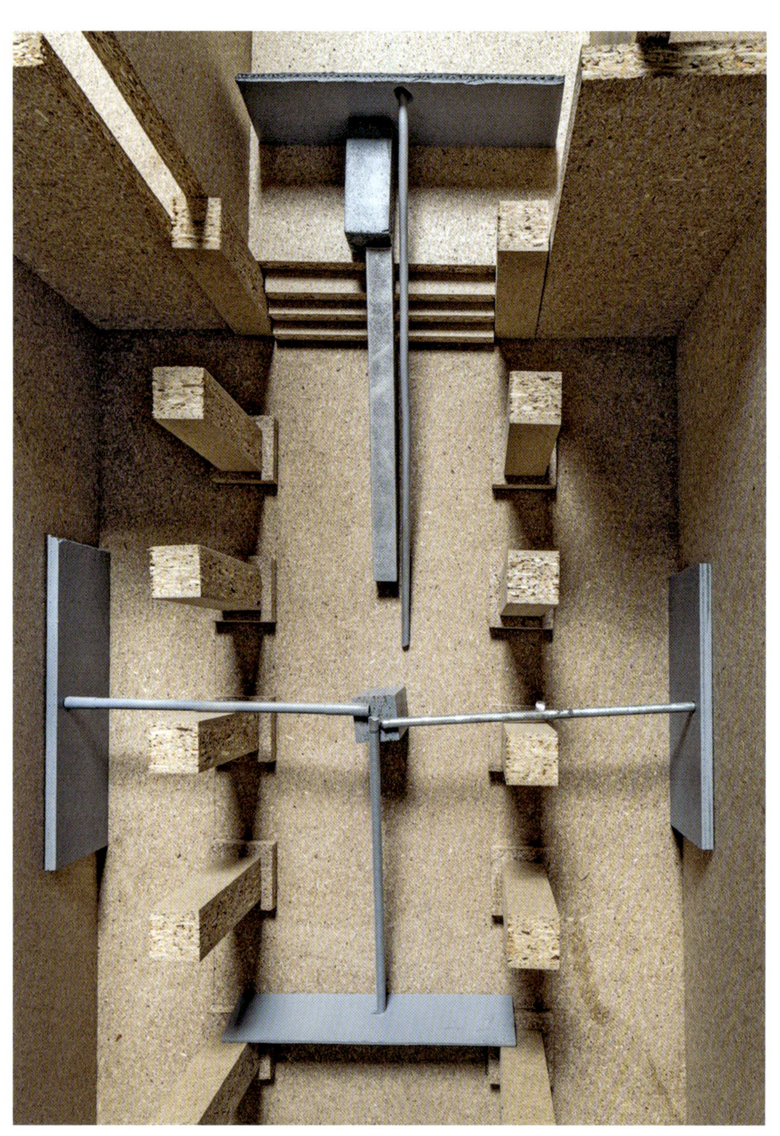

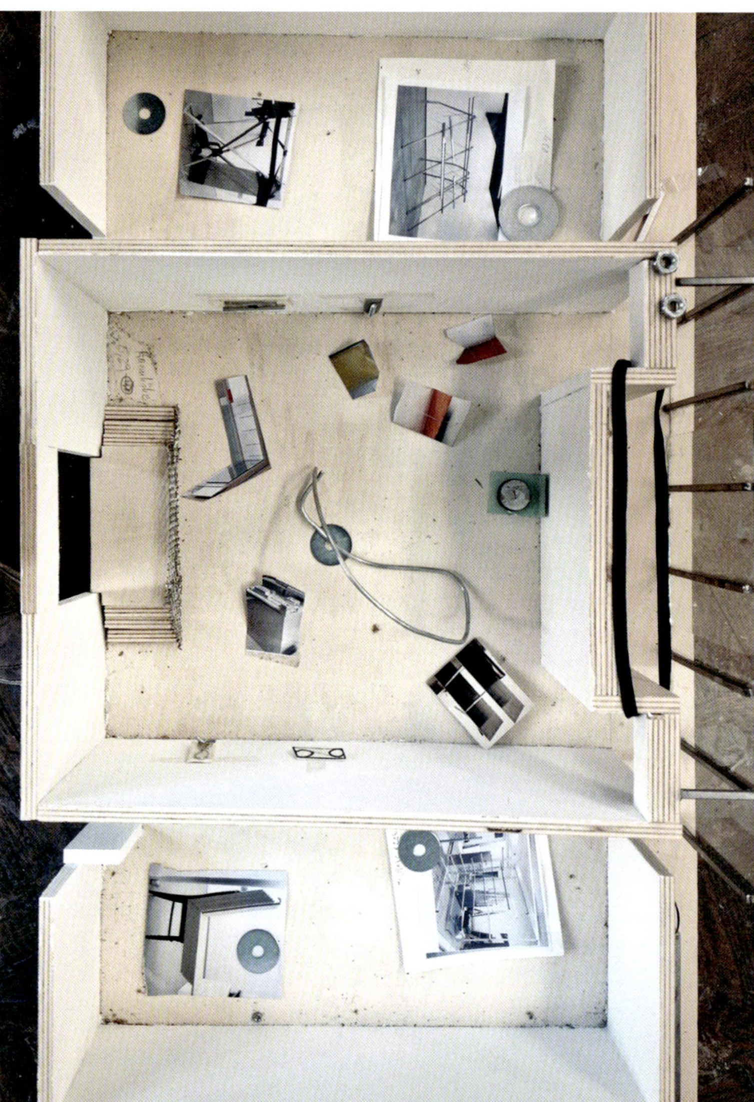

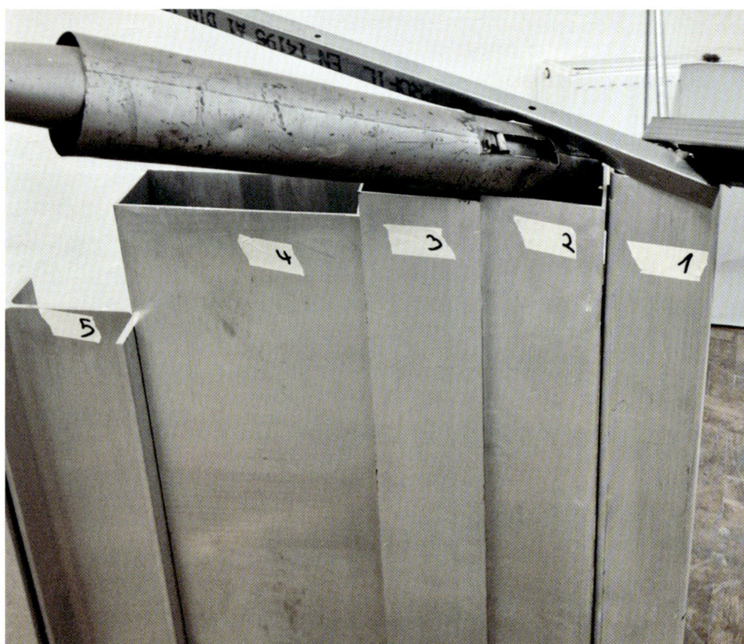
4
3
2
1
5

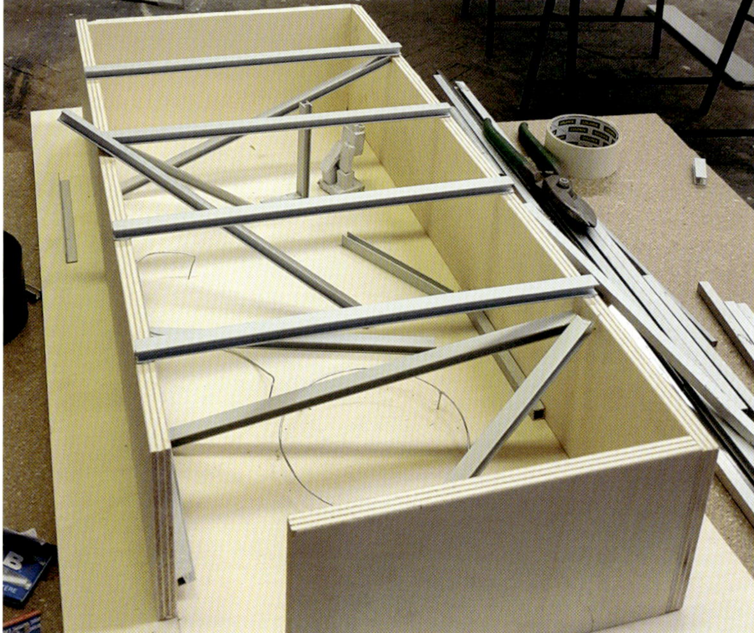

Preface

Matthias Haldemann, Director of the Kunsthaus Zug
Arie Hartog, Director of the Gerhard-Marcks-Haus

This book is not an exhibition catalogue. It shows how the Austrian sculptor Michael Kienzer (b. 1962) responded to spatial conditions in three different exhibitions in three countries. In Krems, oversized forms reminiscent of croupiers' sticks from a casino were seemingly pushed up against the wall, raked back into the space or laid down. In Bremen, the pre-existing work "20 x 94 Grad" (20 x 94 Degrees) was leaned against the balustrade designed by Gerhard Marcks (1889–1981) for his museum, thus relating the sculpture to the viewers and how they similarly lean. In Zug, he picked up on the impact of Fritz Wotruba's (1907–1975) "Große Skulptur" (Large Sculpture) and, with his precise yet sparing placement of girders and mock-up elements, created a visually spatial counterweight which also incorporated the surrounding museum architecture. Kienzer's work moves between site-specific installation and autonomous sculpture. The simple question of where the sculpture stops always leads into space. From this question Michael Kienzer has developed a rich sculptural vocabulary, which he is continuing to evolve.
During the preparations for our project, it soon became clear that a touring exhibition is meaningless in the case of a sculptor like Michael Kienzer. Granted, it would have made economic sense to send just one lorry across Europe, but this is an artist who responds to different places not only with different presentations or set-ups but with works created explicitly for the given situation, which exist as autonomous sculptures within the œuvre from that moment. A more recent group of works involving coloured metal sheets, which in Zug was erected in the middle of the exhibition sequence (ill. pp. 7, 118, 122), was shown in Bremen in the "colourful" district of Gröpelingen (ill. p. 6). Both the Gerhard-Marcks-Haus and the Kunsthaus Zug are places of active reflection about the role of art and cultural education, and both museums hold firm to the autonomous artwork as one of the accomplishments of modernism. This is a common bond – as is having the two sculptors Wotruba and Marcks as seminal influences.
The starting point for this publication are the overlapping exhibitions "Loose Density" in Bremen and "Noise and Lines" in Zug. The exhibition "24 days out of 274,668" in Krems was held within the period of preparation for our joint project, so we are pleased that not only can we present this project, too, but that our colleague Florian Steininger has contributed an essay on it. Our thanks go to Lisa LeFeuvre, Margareta Sandhofer and the photographers involved, Jorit Aust, Tom Klengel, Rüdiger Lubricht and Oliver Ottenschläger, to the teams in our museums and to the external freelancers, most of all the designer Catrin Bäuerle, who have demonstrated the special mixture of professionalism and equanimity that make complex projects like this one possible at all.
This book presents an artist, three exhibitions and different perspectives on this work, in words and images. The particular revelation of an exhibition by Michael Kienzer is that highly diverse visitors can engage thoughtfully with this work. A stimulating and multifaceted visual experience can be conveyed with wondrous ease. In addition to all the sponsors who have supported our exhibitions locally, we thank the Arts and Culture Division of the Federal Chancellery of Austria and the Galerie Elisabeth & Klaus Thomann for their support in the planning and realisation of our project, and last but not least, we very sincerely thank the artist Michael Kienzer for what has been an amicable and trustful cooperation.

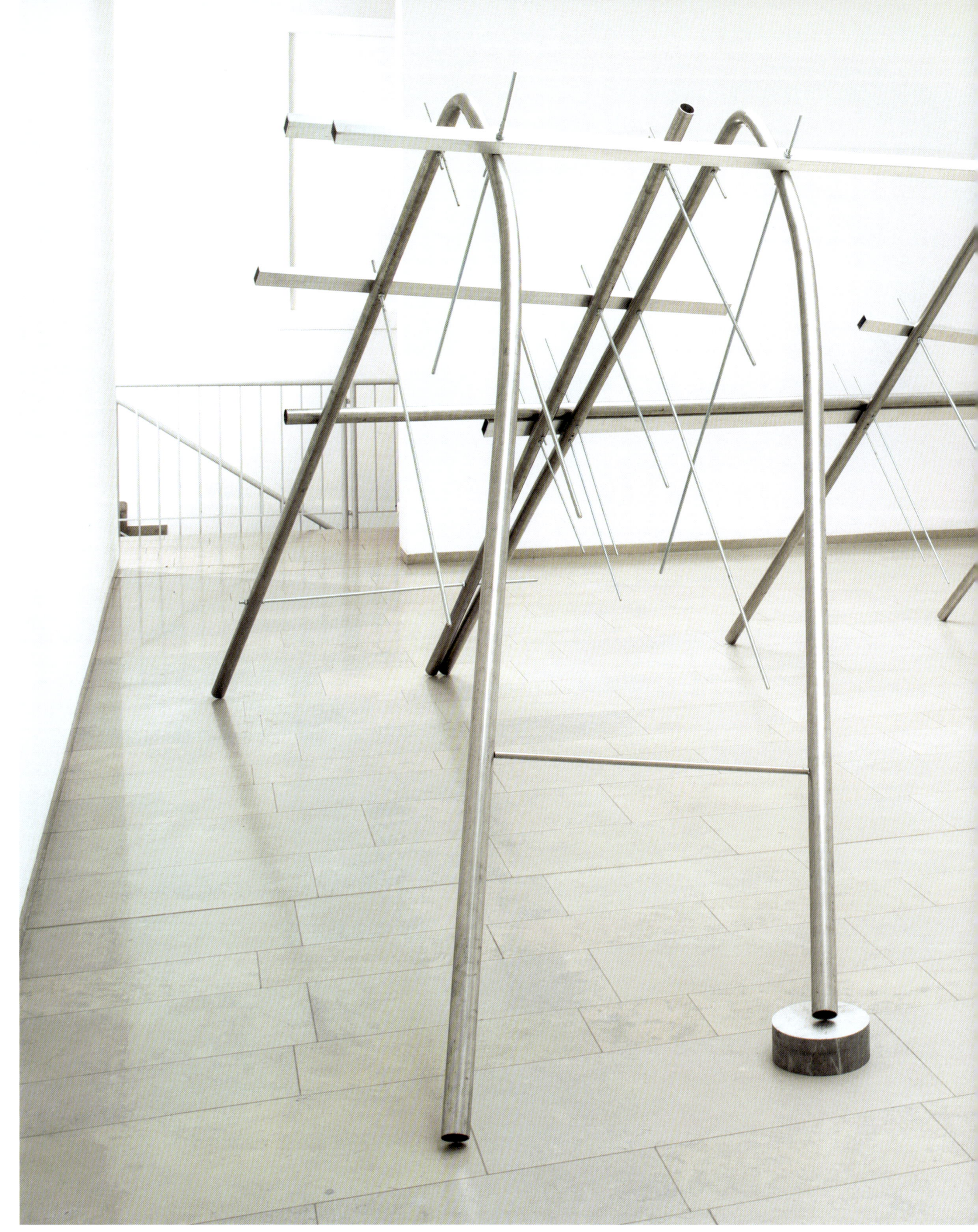

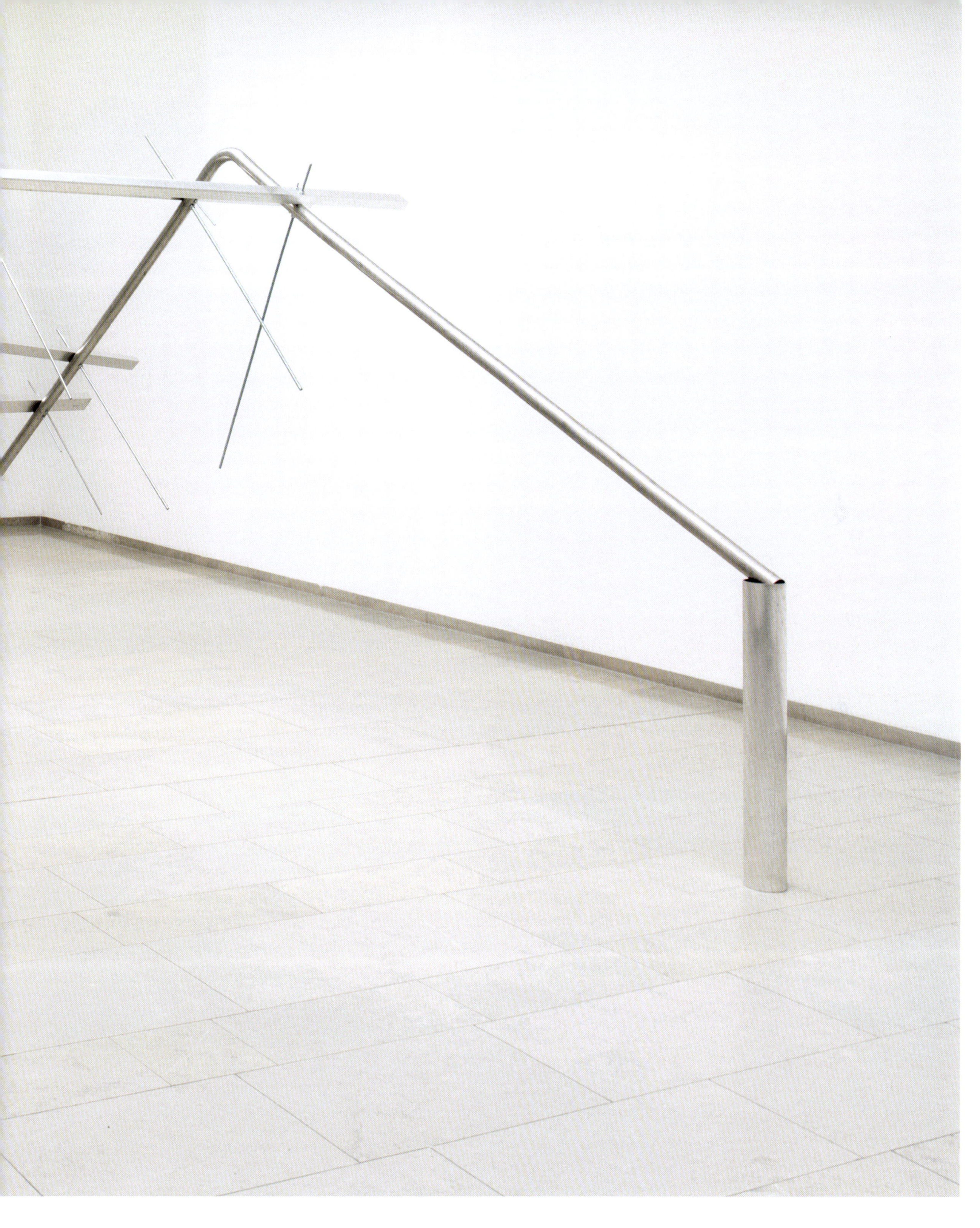

Gnadenlose Gegenwärtigkeit
Beobachtungen zum Werk von Michael Kienzer

Arie Hartog

»Lose« und »Dichte« sind die Titel von zwei Arbeiten von Michael Kienzer aus dem Jahr 1996. Die Buchstaben des jeweiligen Worts wurden auf gleichgroße Glasplatten geklebt und diese übereinander montiert. So ergab sich ein kompaktes und gleichzeitig transparentes Kunstwerk (Abb.).[1] Mit der Werkgruppe der geschichteten Glasplatten der 1990er-Jahre kam ein technisches und geometrisches Element in eine Bildhauerei, die bis dahin in einer expressiven Tradition zu stehen schien. Als Blöcke erinnerten die Glasarbeiten an (post)-minimale Bildhauerei, über die Schichtung und das Spiel mit Buchstaben oder Wörtern kamen völlig andere, oft alltägliche Assoziationen hinzu. Indem der Künstler 1993 eine Glasarbeit mit Textfragmenten des Malers und Theoretikers Ad Reinhardt (1913 – 1967) unter dem Titel »Ex Cathedra« in der Klagenfurter Burgkapelle zeigte (Abb. S. 16), reaktivierte er die ehemalige Funktion des jetzigen Ausstellungsraums und verwies auf den Charakter der Äußerungen Reinhardts als Predigt. Einzelne Wörter wie »Synagoge« lösten sich bei flüchtiger Wahrnehmung aus den Zitaten und bekamen im Kontext der ehemaligen Kapelle eine neue Bedeutung.[2] Über Ort und Wort wurde die Bildidee der montierten Glasplatten um diskursive Aspekte erweitert. Und genau in diesem Begriff des »Erweiterns« liegt ein interessantes, grundsätzliches Problem.

I

Das »erweiterte« Feld der Bildhauerei dürfte die wichtigste kunsthistorische Denkfigur der zweiten Hälfte des 20. Jahrhunderts sein. Geprägt wurde sie von Rosalind Krauss, die damit Entwicklungen in der Bildhauerei seit der Mitte der 1960er-Jahre beschrieb, die sich den traditionellen Vorstellungen des Mediums entziehen.[3] Der Kritiker Michael Fried hatte den Minimalisten in seinem »Art and Objecthood« vorgeworfen,[4] sie hätten die eigenen Qualitäten des Kunstwerks zugunsten einer Fokussierung auf die Einbettung und Inszenierung verwahrlosen lassen, und Krauss drehte diesen Vorwurf dialektisch um. Der kunsthistorische Konsens, der sich daraus entwickelt hat, ist, dass sich Mitte der 1960er-Jahre ein fundamentaler Bruch in der Bildhauerei vollzog. Bis dahin konzentrierten sich die Künstler auf die Beziehungen innerhalb des Kunstwerks, nun – wo das Werk auf sein absolutes Minimum reduziert worden war – verschob sich der Akzent auf das Netzwerk, in das es eingebettet wird. Betrachter, Diskurse, Kunstwerke und Orte mit ihrer jeweils besonderen Geschichte wurden zu Bestandteilen eines erweiterten Bildhauereibegriffs.

Diese hilfreiche kunsthistorische Konstruktion ist inzwischen zu einem Gemeinplatz geworden, die vor allem dann eigentümliche Blüten treibt, wenn im 21. Jahrhundert von Künstlern behauptet wird, sie hätten mit dem traditionellen Bildhauereibegriff gebrochen, was 50 Jahre nach dato doch wohl kaum als Beweis von Fortschrittlichkeit herhalten sollte. Problematisch wird der Gemeinplatz, wenn aus dem Grad der Erweiterung ein Qualitätsmerkmal wird. Eher scheint es sinnvoll Bildhauerei als eine raumgreifende Kunstform zu denken, bei der unterschiedlich zu benennende (räumliche) Beziehungen sichtbar werden (können): im oder außerhalb des Kunstwerks.[5] Skulptur im 21. Jahrhundert ist ein potenziell weites Feld auf der Basis früherer Errungenschaften.

Sobald Skulptur als ein solch dehnbares Feld betrachtet wird, zeigt sich, dass ein Künstler wie Michael Kienzer nicht so sehr in zwei getrennten Welten – Bildhauerei und Installation – arbeitet, sondern von Fall zu Fall andere räumliche Beziehungen sichtbar macht. Und eine für die zukünftige kunsthistorische Bearbeitung interessante Frage könnte die nach der Nachvollziehbarkeit dieser Beziehungen sein.

II

Der wohl wichtigste Kritikpunkt von Fried an den minimalistischen Künstlern betraf ihre Behauptung, sie hätten das Kunstwerk endgültig von seinem Inhalt erlöst. Dagegen argumentierte Fried, sie hätten es bloß auf den Dingcharakter reduziert. Mit ihrem in Texten formulierten Bezug auf den Raum und der gezielten Aktivierung der Betrachter mache die minimalistische Bildhauerei letztendlich das gleiche wie ein altmodisches akademisches Gemälde: Sie appelliere an die Zuschauer. Der Betrachter müsse das Kunstwerk vervollständigen, wogegen die von Fried favorisierte, moderne abstrakte Skulptur, die auf nichts verweist, sich vom Betrachter zurückziehe und völlig für sich existiere. Während eine auf sich bezogene moderne Skulptur, die nicht einmal in ihrem inneren Zusammenhang an die Natur erinnere, Abstand zum Besucher wahre, nehme ein minimalistisches Objekt wortwörtlich den gleichen Raum ein wie der Betrachter. Vor allem die letzte Beobachtung hat sich für die spätere Entwicklung der Bildhauerei als entscheidend erwiesen, da deutlich wurde, wie extrem unterschiedlich Raumkonzepte sein konnten, wenn im Zentrum ein menschengemachter Gegenstand steht. Die traditionelle konvexe Form etwa drängt in den

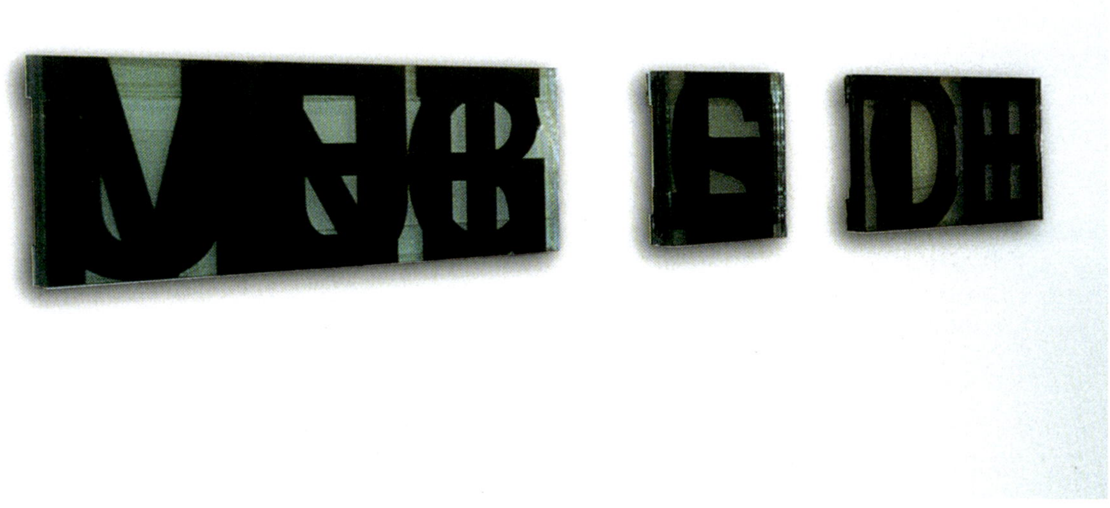

Vermutung, Lose Dichte, 1996, Glas, Klebebuchstaben
Presumption, Loose density, 1996, glass, adhesive letters | Höhe | height 35 cm

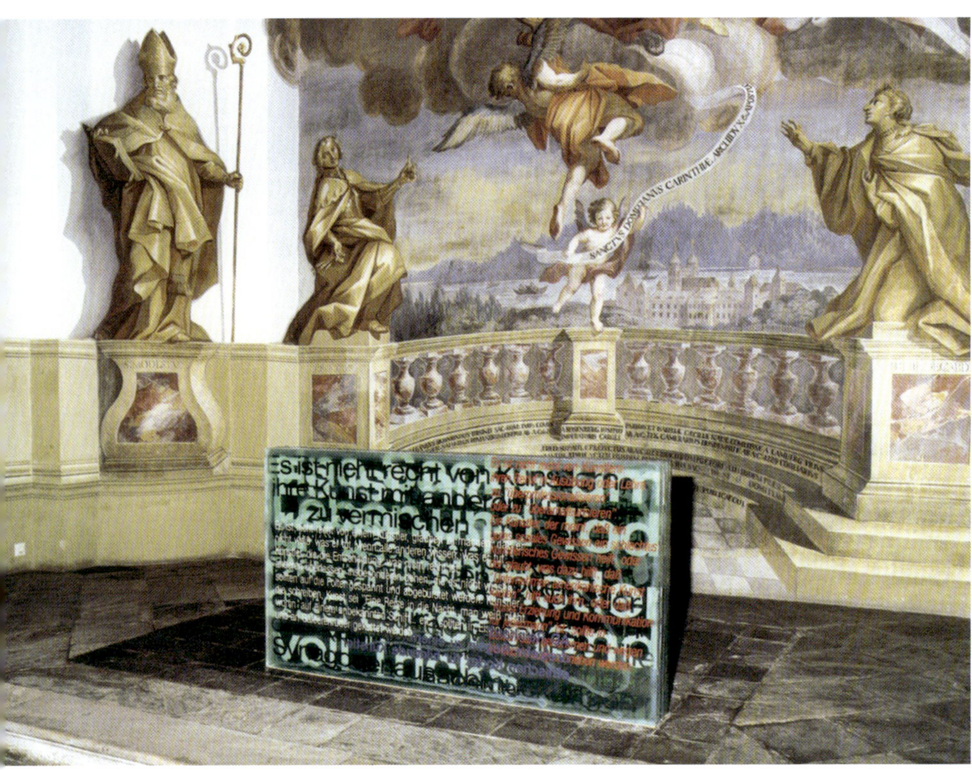

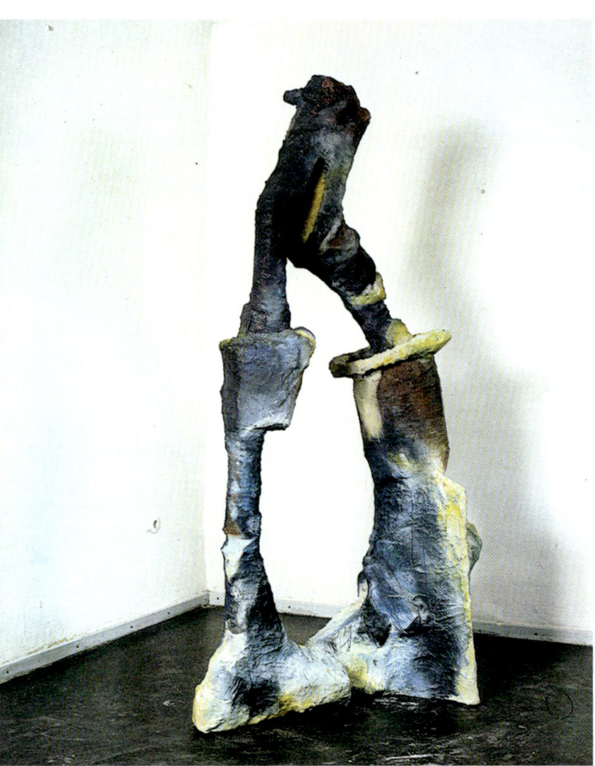

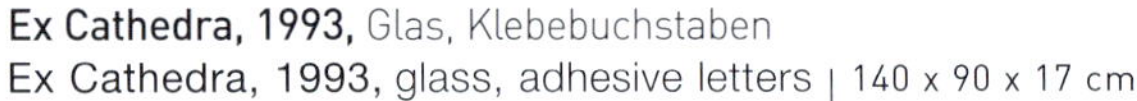

Ex Cathedra, 1993, Glas, Klebebuchstaben
Ex Cathedra, 1993, glass, adhesive letters | 140 x 90 x 17 cm

Siamesisches Zwillingspaar, 1984, Gips, Polyester, Leimfarben
Siamese Twins, 1984, plaster, polyester, limewater colour | Höhe | height 200 cm

Raum hinein, die abstrakte geometrische Bildhauerei zieht sich meistens zurück, während das skulpturale Objekt, so wie es seit den 1960er-Jahren eine Rolle spielt, über den Bezug auf das Maß des menschlichen Körpers den gleichen Raum auf eine völlig andere Weise einnimmt. Eine lebensgroße Figur auf einer Plinthe bleibt ein distanziertes Bild, während sich ein Brett in Körperlänge viel direkter auf den Betrachter beziehen kann. Die Möglichkeiten mit Raum zu arbeiten erweiterten sich maßgeblich, als sich das Verständnis durchsetzte, wie flexibel und diskursabhängig die Kategorie Raum inzwischen geworden war. Die sogenannten Postminimalisten seit den 1970er-Jahren interessierten sich genauso wie die Minimalisten für einfache stereometrische Formen, aber sie lehnten Anonymität und Perfektion ab. Die Qualitäten der Materialien wurden zum Thema und es verschob sich die Rolle des Betrachters. Er war nicht mehr nur Beobachter eines fremden Gegenstands, sondern ein direktes Gegenüber. Sinnliche Aspekte von Materialien jenseits des bildhauerischen Kanons sowie der Maßstab gewannen an Gewicht.

Sobald Bildhauerei als ein sich änderndes Feld von Beziehungen in und um einen räumlichen Gegenstand verstanden wird, lässt sich die Geschichte des Mediums seit den 1970er-Jahren relativ präzise als ein Auf und Ab der externen Beziehungen beschreiben, bis hin zu einer Verwahrlosung aller formaler Beziehungen innerhalb eines Werks und der Auflösung der Idee des Mediums. Die 1980er-Jahre sind dann auch mehr als nur die Zeit der Wiederentdeckung der alten Medien und der expressiven Handschrift. Es gab »neue« Malerei und

Bildhauerei, aber anstelle der Distanz suchten die Künstler gezielt den Raum, in dem die Betrachter sich bewegten, was sich vor allem in einer großen Vorliebe für sockellose, lebensgroße Arbeiten äußerte. Auch die sinnlichen Qualitäten des Materials interessierten weiter. Michael Kienzer stammt aus diesem Umfeld. Seine frühen Arbeiten, wie das »Siamesische Zwillingspaar« von 1984 (Abb.), verbinden gefundene Materialien, Bezüge zu körperlichen Formaten und eine zeittypische, expressive Bemalung. In seinen ersten Glasplattenarbeiten, die um 1990 entstanden sind, kombinierte er die expressiven Ebenen auf den einzelnen Glasschichten mit einem betonten Zeigen des technischen Materials, sodass sein Werk schon schnell als eine Zwischenposition zwischen »neuer Skulptur« und Minimalismen wahrgenommen wurde.[6] Der für das spätere Werk entscheidende Schritt war der Einsatz von vorgefertigten Materialien.

Stapeln und Schichten sind keine Erfindungen Kienzers. Sie sind betont reduzierte bildhauerische Motive, die seit Minimalismus und Postminimalismus eine große Rolle in der Bildhauerei spielen. Innerhalb des weiten Felds sollte man vielleicht gar nicht nach den Anfängen der Stapelung suchen, sondern dagegen eine Idee der Sequenzen des amerikanischen Kunsthistorikers George Kubler durchdenken. Kubler sah Kunstwerke als Teile von »Formsequenzen«, bei denen jedes Werk als Lösung auf ein Problem verweist, »für das es bereits andere Lösungen gegeben hat«.[7] Jedes neue Werk in einer Sequenz erinnert daran, dass das Problem – vielleicht in veränderter Form – noch existiert. Umgekehrt kommt eine Sequenz von Lösungen zum Stillstand, wenn »Probleme keine Aufmerksamkeit auf sich lenken«.[8] Was interessiert, wäre dann nicht das Stapeln, sondern wie über eine einfache nachvollziehbare Ordnung von vorgefertigten Gegenständen räumliche Zusammenhänge entstehen, die, so im Fall Kienzers, über die reine Ordnung hinausweisen, weil sie Bezüge zum Umraum oder zum Betrachter aufnehmen.

In einer Arbeit wie »20 x 94 Grad« (Abb. S. 19, 69, 72) werden zwei Holzplatten in einem Winkel von 94 Grad zueinander gestellt und darauf wird neunzehn Mal ein nächstes Paar von Platten oder Scheiben aus einem jeweils gleichen Material geschichtet. Die Anordnung ist immer gleich. An einer Seite der Arbeit sind alle Platten, bis auf eine unregelmäßig geschnittene Glasplatte (Abb. S. 19), präzise bündig. Die stehenden Platten lehnen sich an die umgebende Architektur an und damit wird ein heikles physisches Gleichgewicht sichtbar. Dabei spielen sowohl das Gewicht der geschichteten Platten als auch der ohne Sicherung maximal ausgereizte Winkel eine Rolle. Balance wird nur dann wahrgenommen, wenn sie prekär ist. Ihre Präsenz im Raum entwickelt die Arbeit dadurch, dass der Betrachter, der sich im gleichen Raum befindet, die inneren Zusammenhänge in der Arbeit entdeckt. Es gibt andere Arbeiten mit einem vergleichbaren Titel und einer vergleichbaren Struktur, aber die Skulptur ist als solche unveränderlich. Zwar entstehen bei jedem neuen Aufbau leichte Variationen, aber obwohl Kienzers Arbeiten aus mehreren Teilen zusammengestellt werden, gilt eine für sie definitive Form, die sich auch darin zeigt, dass der Künstler seine Arbeiten dezidiert Skulptur nennt.

III

Aus dem Nachdenken über Formsequenzen folgen automatisch andere historische Zusammenhänge. Vor allem weitet sich der Blick weit über die Grenzen der 1960er-Jahre. Das zentrale »Referenzobjekt« dürfte hier Pablo Picassos (1881 – 1973) »Gitarre« von 1912 sein (Abb. S. 20), der Anfang der modernen abstrakten Bildhauerei. Picasso fügte gefundene und geformte Objekte zu einem völlig neuen Bild zusammen und für dieses neue Bild war zuallererst die Syntax zwischen den Elementen wichtig. Der englische Bildhauer Tim Scott (geb. 1937) erinnerte vor einiger Zeit daran, dass die »Gitarre« für die Entwicklung der Bildhauerei viel wichtiger war als die inzwischen viel berühmteren Arbeiten Marcel Duchamps (1887 – 1968; Abb. S. 20).[9] Im ersten Fall ging es um die Entwicklung einer neuen Syntax, im zweiten um eine Umbenennung eines vorhandenen Gegenstands. Der Gedanke ist auch für Kienzer wichtig: Er benutzt vorgefundene Objekte, aber zur Kunst werden sie nicht, indem sie dazu erklärt werden, sondern durch den von ihm entwickelten nachvollziehbaren Zusammenhang zwischen den Teilen. Über die beiläufige Materialwahl spielt Kienzer sicher auf die Ästhetik des Readymade an, aber bei näherer Betrachtung geht es immer um bildhauerische Fragestellungen wie Druck ausüben, Gleichgewicht, Haltung, Liegen, Öffnen, Schließen, Stapeln, Stehen oder Umklammerung. Seine Objekte bewegen sich auch zwischen den Kategorien Assemblage und Konstruktion. In der Assemblage spielt die Geschichte des benutzten Gegenstands eine große Rolle, in der Konstruktion ist sie völlig untergeordnet. Dass Kienzers Werk auch über die Geschichte dieser beiden kunsthistorischen Kategorien nachdenken lässt und sich jeweils Beziehungen aufzeigen lassen, weist auf die Spannbreite der Probleme, die in seinen bildhauerischen Werken berührt werden.

Für einzelne Werkgruppen Kienzers gibt es andere Sequenzen, etwa die der Raumzeichnung. Bei seinen »Zeichnungen« (Abb. S. 27, 86, 88, 142) wird ein deutschsprachiger Betrachter schnell an die Raumplastiken von Norbert Kricke (1922 – 1984; Abb. S. 26) erinnert, aber während dessen Plastiken fest im Boden oder in schweren Sockeln verankert sind und sich deshalb frei in den Raum entfalten können, zeigt Kienzer offensiv das Gewicht, das die zusammengesetzte Stahlform braucht, um überhaupt stehen zu können. Dieses Herausstellen der strukturellen Zusammenhänge innerhalb einer Skulptur ist der verbindende Faktor zwischen den Werkgruppen nach 1990. Einzelne Arbeiten nehmen Bezug auf den räumlichen Kontext und erweitern also ihren bildhauerischen Radius. Andere ziehen sich auf sich zurück. Indem der Künstler Skulpturen für bestimmte Räume entwickelt, sie dann aber als autonome Arbeiten in anderen Räumen zeigt, wird aus dem Gegensatz zwischen Installation und Skulptur eine spannungsvolle Wechselbeziehung.

IV

Bestimmte Gegenstände oder Materialien tauchen regelmäßig in seinen Werkgruppen auf, aber Kienzer entzieht sich einfach und selbstverständlich der Idee des Markenzeichens. Dem am nächsten kommt hier noch das Material Alumi-

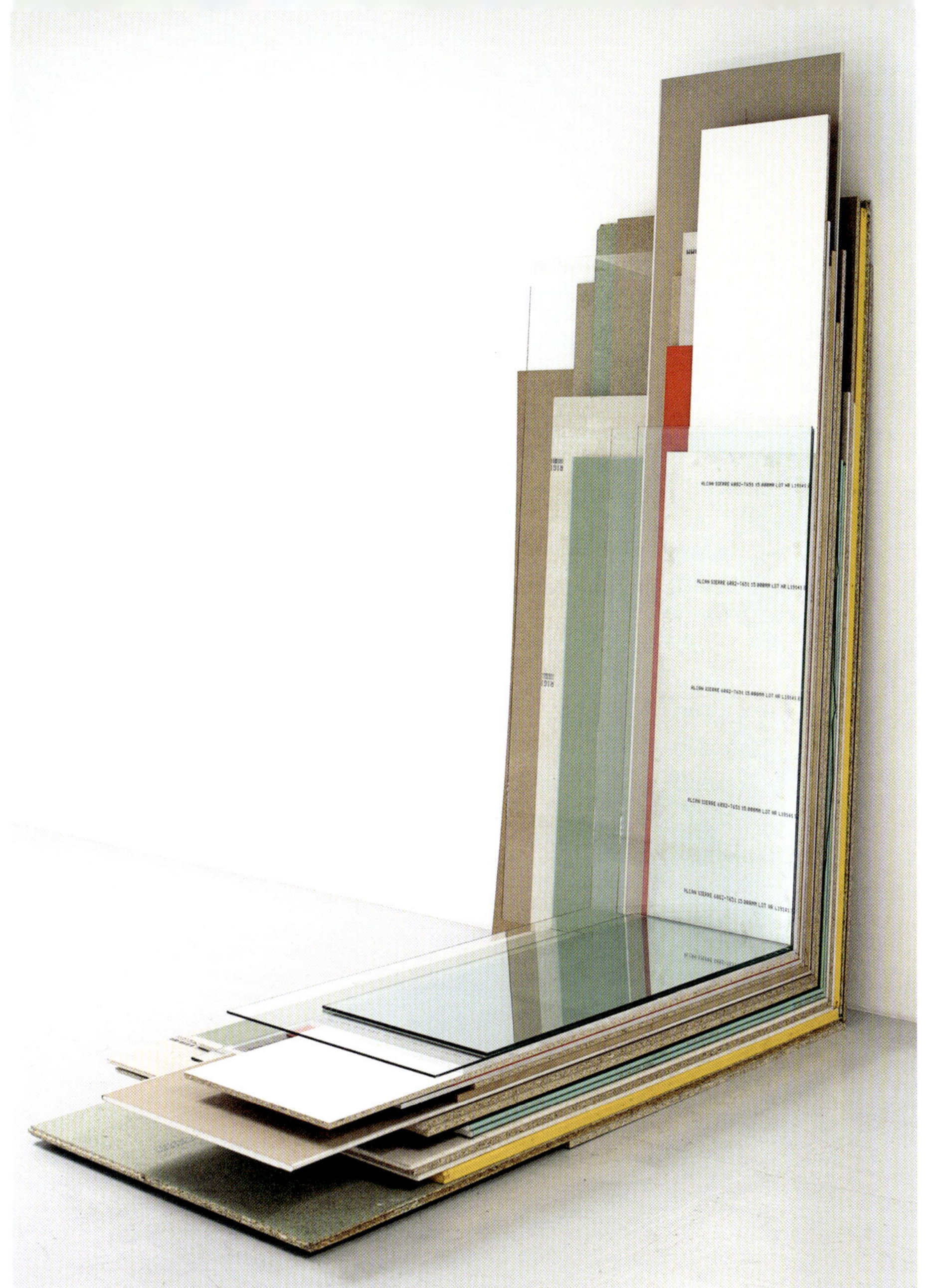

20 x 94 Grad, 2010, Aluminium, Gips, Glas, Holz, Plastik
20 x 94 Degrees, 2010, aluminium, plaster, glass, wood, plastics | 242 x 11 x 202 cm

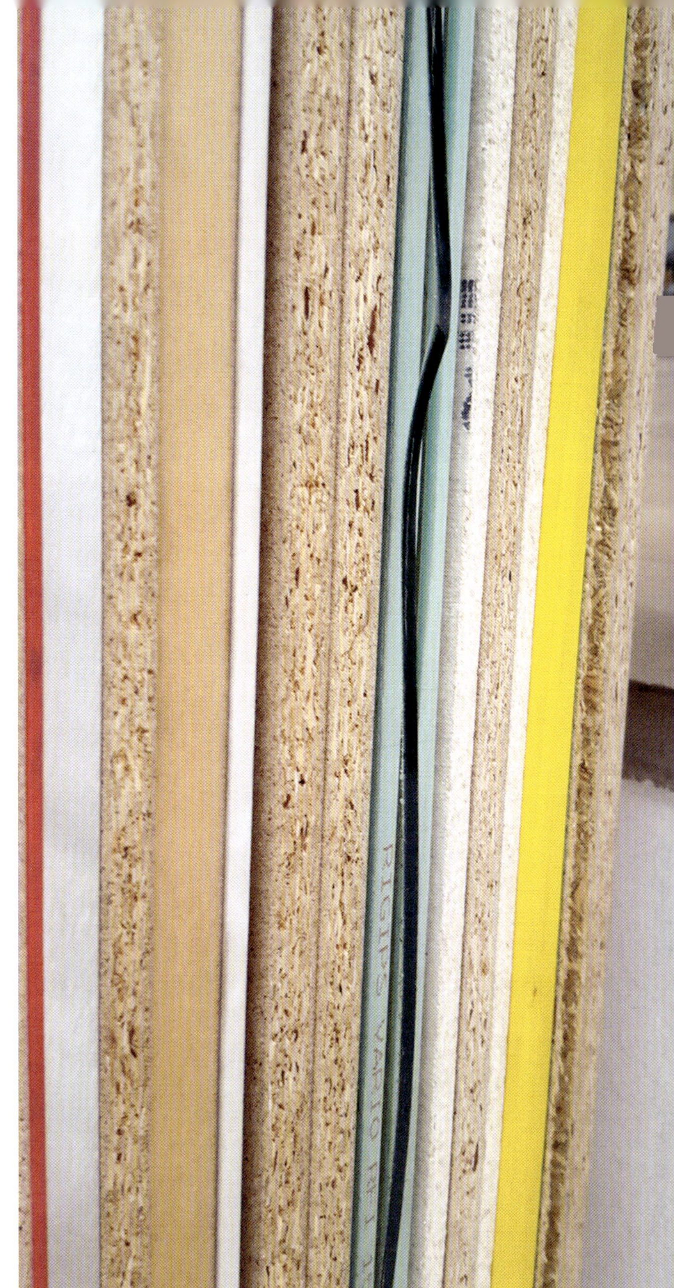

20 x 94 Grad, Detail
20 x 94 Degrees, detail

nium, das er seit 2005 regelmäßig benutzt. Diesem industriellen Material fehlt das Pathos der alten Bildhauermaterialien wie Stein oder Bronze und auch der Gestus der Beherrschung, der bei einem modernen Material wie Eisen so oft eine Rolle spielt, das Betrachter über den logistisch oder handwerklich geleisteten Aufwand beeindrucken soll. Kienzer vergleicht den Charakter des Aluminiums mit dem traditionellen Material Gips, das den Avantgardisten dazu diente, die heroische Materialästhetik abzulegen. Die in den Skulpturen sichtbar werdenden Handlungen sind oft sehr einfach, auch wenn manchmal im Hintergrund ein großer Aufwand betrieben wurde.[10] Aus vorgefertigten Teilen konstruiert Kienzer komplexe Strukturen, bei denen er die eher unbildhauerischen Eigenschaften des Materials bildhauerisch einsetzt. Die erste Eigenschaft ist die Ausdehnung der vorgefertigten Aluminiumteile, die meistens flach oder lang sind, wodurch sich Linien ergeben. Diese Linien zeigen bei

Kienzer fast nie eine Bewegung in den Raum hinein, sondern meistens werden Räume abgegrenzt. So erhalten die langen Gewindestangen oder Röhren, die in diesen Formen stecken, einen eigentümlich aggressiven oder dramatischen Charakter (Abb. S. 29). Wenn das Metall gebogen wird, ändert sich die Stimmung. Die zweite Eigenschaft ist das Fehlen der bildhauerischen Urkategorie Volumen. Nur wenn Aluminiumrohre (oder gerollte Tepppiche) eingesetzt werden, taucht es auf. Kienzers Bildhauerei basiert auf Setzung und Konstruktion, die organische Idee des Aufbaus (des plastischen) ist ihr fremd. Über das Material kommt drittens auch eine gewisse Widerständigkeit in das Werk. Eine Besonderheit der Rechteckprofile ist ihre fehlende Flexibilität, sodass die Konstruktionen sichtbar unter Spannung stehen, eine Spannung, die im gleichen Werk durch Elemente wie Gleichgewicht oder Ruhe kontrastiert wird. Das ist zwar etwas völlig anderes als Spiel- und Standbein, aber Kontraste sind auch hier wichtige skulpturale Mittel.

Durch ihre konzeptuelle Unveränderlichkeit fügen sich die Skulpturen Kienzers in eine österreichische Formfolge, in der die Widerständigkeit der Skulptur als zentrale Eigenschaft des Mediums thematisiert wird. Für Fritz Wotruba (1907–1975) war die Steinfigur eine Möglichkeit, das Menschliche in der modernen

Pablo Picasso
Gitarre, 1912, Pappe, Schnur
Guitar, 1912, cardboard, string | 66,3 x 33,7 x 19,3 cm

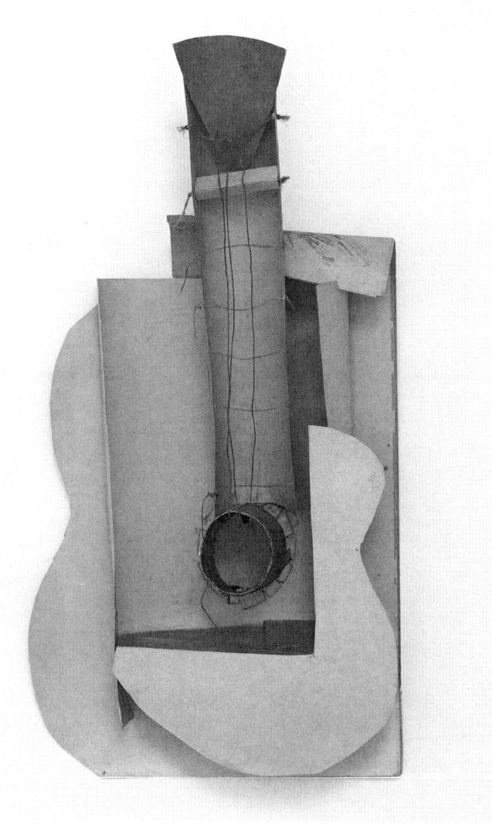

Marcel Duchamp
Flaschentrockner, 1914, Eisen
Bottle Rack, 1914, iron | Höhe | height 59 cm

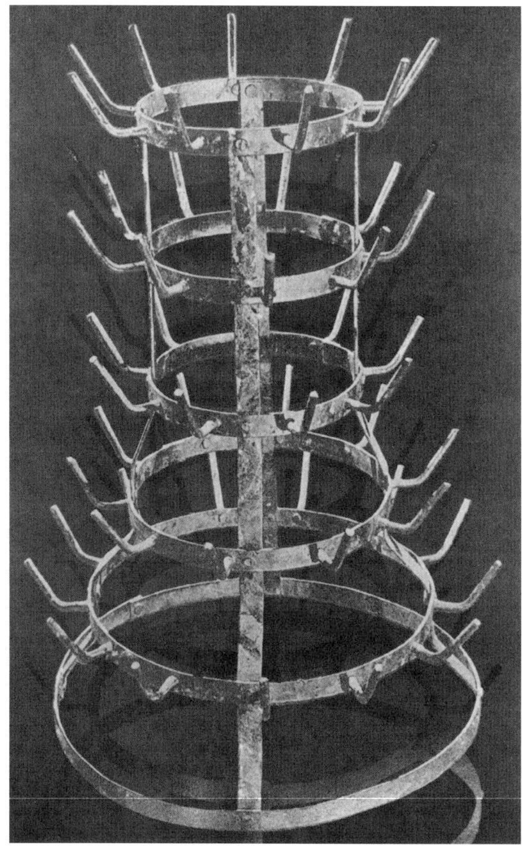

Zeit zu behaupten. Bruno Gironcoli (1936 – 2010), Wotrubas Nachfolger an der Wiener Akademie und in vielen Aspekten sein Gegenpol, entschied sich um 1970 gegen die Installation als ein zu flexibles, sich dem Raum unterwerfendes Medium und für eine dezidiert unveränderliche Skulptur.[11] Eine Folge davon ist die Medienresistenz auch von Kienzers Skulpturen. Erfahrbar sind sie nur im Raum.

Kienzers Werk stellt große Ansprüche an seine Betrachter. Diese werden aufgefordert, die Struktur und Syntax des Werks und die Setzung im Raum nachzuvollziehen und in dieser Wahrnehmung entstehen Wertigkeiten. Einzelne Elemente, Schaltstellen oder Brüche werden identifiziert. Die Figur zeigt dann eine Ordnung und mit hundertprozentiger Wahrscheinlichkeit mindestens ein Element, das diese Ordnung durchbricht – und sie dadurch umgekehrt akzentuiert. Kienzer nutzt das Mittel der scheinbaren Beiläufigkeit, das, auch 50 Jahre nachdem es sich in der Bildhauerei als Stilmittel durchgesetzt hat, wenig an irritierender Kraft eingebüßt hat.[12] Einzelne Setzungen zeigen offensichtlich eine formale Präzision, sodass Betrachter nicht anders folgern können, als dass scheinbar beiläufig wirkende Anordnungen genauso einer nachvollziehbaren Idee von Bildhauerei entsprungen sind: beiläufig und intentional. In einer Gruppe von kleineren Werken unter dem Titel »Lose Dichte«, die seit 2011 entsteht, wird das Element der Beiläufigkeit auf die Spitze getrieben (Abb. S. 30, 79). Elemente wie Zeichnung, Kontrast und die im Titel angesprochenen Eigenschaften erhalten hängend eine noch größere Wirkung, auch weil physische Notwendigkeiten einer im Raum stehenden Konstruktion hier keine Rolle spielen.

Zurück zur anfänglichen Überlegung zum erweiterten Feld. Michael Fried betonte die Gegenwärtigkeit bestimmter moderner Skulptur – er favorisierte Anthony Caro (1924 – 2013; Abb. S. 32). Sie werde davon bestimmt, dass alle Wirkungselemente im Kunstwerk liegen. Das brachte ihn am Schluss seines berühmten Texts zu dem oft zitierten Satz »Presentness is grace«.[13] Diese modernistische Metaphysik hat sich überlebt, auch weil sie sich in ihrer hermetischen Form als Fantasie erwiesen hat. Der heutige Konsens dürfte sein, dass es keine Bildhauerei ohne kompliziertes Umfeld gibt. Ein Problem existiert aber weiterhin: Der vorletzte Satz von Fried lautete, dass der moderne Mensch fast sein ganzes Leben »Literalist« sei, also eine Situation bloß so wahrnehme wie sie ist. Fried sah die Erlösung darin, dass man bei einem guten Kunstwerk, das auf nichts außer sich selbst verweise, in der Wahrnehmung über die Zeit Zusammenhänge entdecke, die eine ästhetische Erfahrung ermöglichen – und diese besondere durch das Kunstwerk angeregte Wahrnehmung in Verbindung mit der Zeit nannte er Gegenwärtigkeit: also eine vom Kunstwerk und seiner Struktur erzwungene Zeitlichkeit, die weit über die bloße Gegenwart hinausgeht.[14] Indem Michael Kienzer im heutigen kulturellen Umfeld, in dem fast jedes Kunstwerk eine Aussage über etwas außerhalb des Kunstwerks beinhaltet, die Autonomie des Bildhauerischen betont und gleichzeitig den Schritt in den Umraum macht, beweist er, dass dieses Problem der Gegenwärtigkeit immer noch Bedeutung hat.

[1] Zur Entstehungsgeschichte der Werkgruppe vgl. Michael Kienzer, Katrin Bucher-Trantow: Materialien und ihr eigener Sinn ODER Materialien und ihr Eigensinn. Ein Gespräch, in: Michael Kienzer. Logik und Eigensinn, Ausst. Kat. Kunsthaus Graz, Wien 2012, S. 110–111.

[2] Die Texte entstammten Reinhardts »Dreizehn Regeln zu einem ethischen Kodex für Künstler« von 1960. Vgl. Ad Reinhardt: Schriften und Gespräche, hg. von Thomas Kellein, München 1984, S. 107–111.

[3] Rosalind Krauss: Sculpture in the Expanded Field, in: October, 8 (Spring 1979), S. 30–44.

[4] Michael Fried: Art and Objecthood, in: Artforum, 5 (Juni 1967), S. 12–23, hier zitiert nach Michael Fried: Art and Objecthood. Essays and Reviews, Chicago/London 1998, S. 148–172.

[5] Diese Auffassung schließt eng an bei Überlegungen von Gundolf Winter. Vgl. Martina Dobbe, Christian Spies (Hg.): Gundolf Winter. Bilderräume. Schriften zu Skulptur und Architektur, Paderborn 2014. Siehe auch: Arie Hartog: Stur Skulptur. Überlegungen aus dem Bildhauermuseum, in: Ulrike Lorenz, Christoph Wagner (Hg.): Skulptur Pur, Heidelberg 2014, S. 124–133.

[6] Vgl. Achim Hochdörfer: Das Ende der Avantgarde. Die österreichische Kunst der 80er, in: Aspekte/Positionen. 50 Jahre Kunst aus Mitteleuropa 1949 bis 1999, Ausst. Kat. Museum Moderner Kunst Stiftung Ludwig Wien, Wien 1999, S. 175–182.

[7] George Kubler: The Shape of Time. Remarks on the History of Things, New Haven 1962. (Übersetzung: Die Form der Zeit. Anmerkungen zur Geschichte der Dinge, Frankfurt a. M. 1982, S. 71).

[8] Idem., S. 73.

[9] Vgl. Tim Scott: Where is Abstract Sculpture, in: abstract critical, 2.5.2013, (https://abstract-critical.com/article/where-is-abstract-sculpture/index.html, abgerufen am 28.6.2017.

[10] Als Beispiel die nur mit maschinellem Aufwand zu leistende Biegung der Edelstahlröhren in »Szene« (Abb. S. 12, 29, 60, 62).

[11] Vgl. Arie Hartog: »Diese Arbeit ist in ihrer Stofflichkeit nicht medientransportabel gedacht«. Anmerkungen zu Bruno Gironcoli, in: Bruno Gironcoli – 11 Skulpturen, Ausst. Kat. Gerhard-Marcks-Haus Bremen, Bremen 2007, S. 5–8.

[12] Eine kunsthistorische Erforschung des Themas »Beiläufigkeit« in der Skulptur des 20. Jahrhunderts wäre sehr lohnend.

[13] Fried 1967, wie Anm. 4, S. 168.

[14] Die Übersetzung von »Presentness« als Gegenwärtigkeit folgt Sebastian Egenhofer: Theater der Gestalt. Robert Morris und die Grenzen der Phänomenologie, in: Olga Moskatova, Sandra Beate Reimann, Kathrin Schönegg (Hg.): Jenseits der Repräsentation. Körperlichkeit und Abstraktion in moderner zeitgenössischer Kunst, München 2013, S. 211–232. Zur Relevanz der Kategorie für die zeitgenössische Kunst vgl. Guido Reuter, Ursula Ströbele (Hg.): Skulptur und Zeit im 20. und 21. Jahrhundert, Köln 2017.

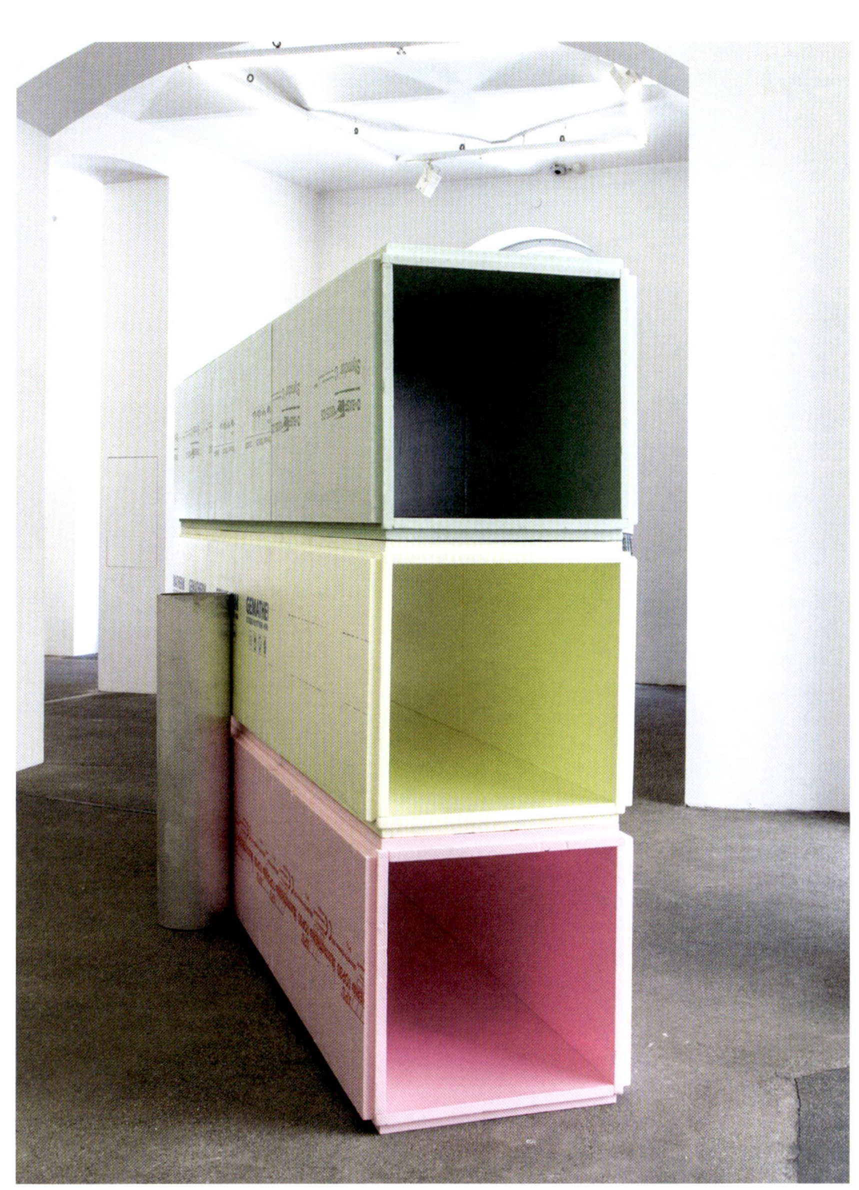

Three Colours Piece, 2015, Aluminium, Styrodur
Three Colours Piece, 2015, aluminium, styrofoam | 203 x 375 x 119,5 cm

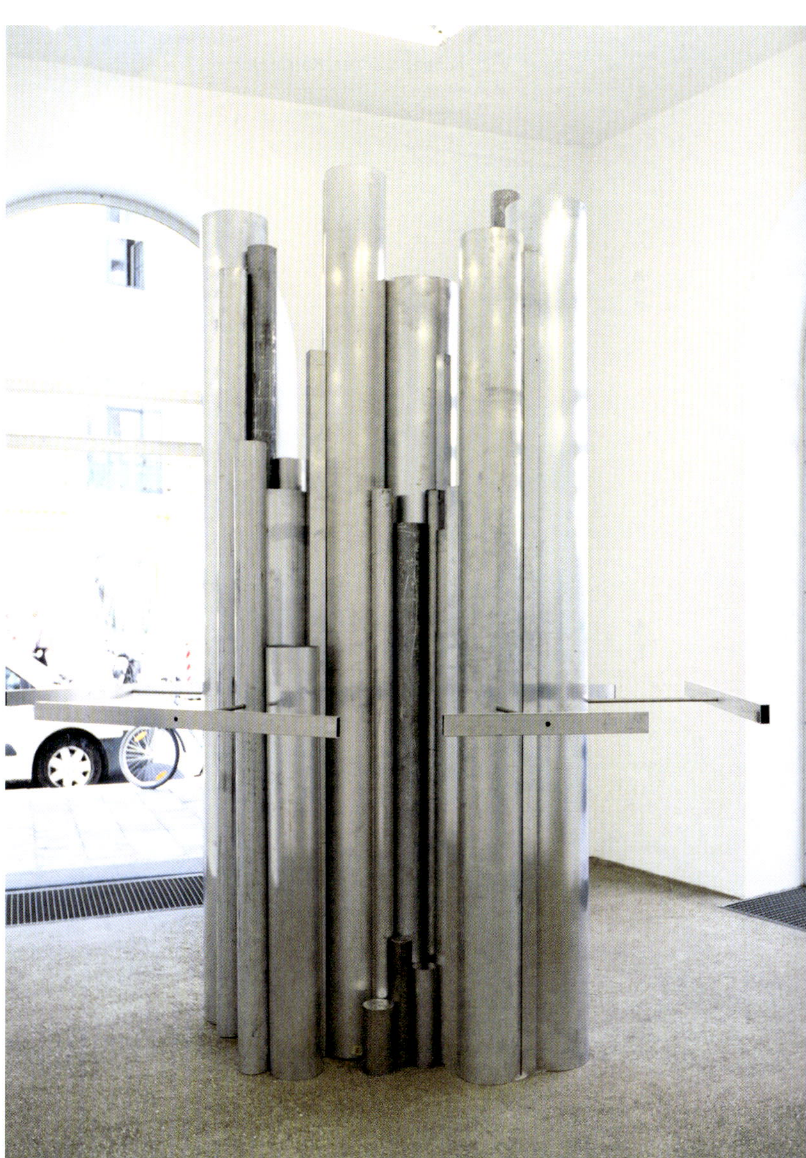

Ausformung, 2012, Aluminium, Edelstahl
Mould, 2012, aluminium, stainless steel | 310 x 280 x 160 cm

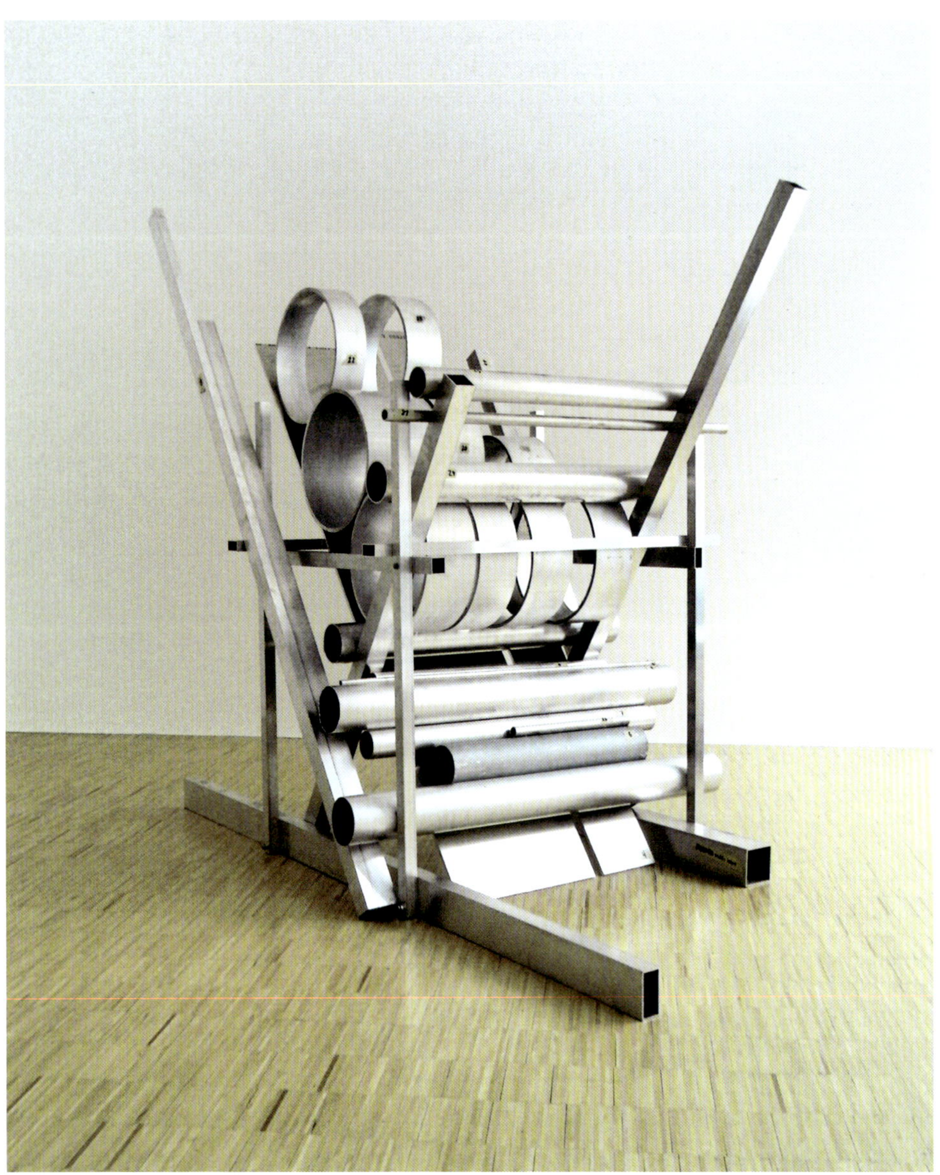

Maschine Vol. 1, 2008, Aluminium
Machine Vol. 1, 2008, aluminium

Presentness without Grace

Observations on the work of Michael Kienzer

Arie Hartog

"Lose" (Loose) and "Dichte" (Density) are the titles of two works by Michael Kienzer from the year 1996. The letters of each word were bonded onto identical-sized sheets of glass, and these were mounted one on top of the other to create a compact yet transparent artwork (ill. p. 15).[1] The group of works made from layered glass sheets in the 1990s brought a technical and geometrical element into a body of sculpture that, until then, seemed to be in an expressive tradition. As blocks, the glass works were reminiscent of (post)minimal sculpture, while the layering and the play with letters or words added completely different, often everyday associations. In 1993 the artist showed a glass work incorporating text fragments by the painter and theoretician, Ad Reinhardt (1913–1967), at the Burgkapelle in Klagenfurt under the title "Ex Cathedra" (ill. p. 16), thereby reactivating the exhibition space's former function as a chapel and hinting at the sermon-like character of Reinhardt's utterances. Upon fleeting perception, individual words like "synagogue" stood out from the quotes and gained new meanings in the context of the former chapel.[2] By virtue of place and word, the visual idea of the mounted glass sheets was expanded to encompass discursive aspects. And precisely in this concept of "expansion" resides an interesting and crucial problem.

I

The "expanded" field of sculpture must be the most important art-historical figure of thought of the second half of the twentieth century. It was coined by Rosalind Krauss, who used it to describe developments in sculpture since the mid-1960s that depart from traditional conceptions of the medium.[3] In his "Art and Objecthood", the critic Michael Fried[4] had accused the Minimalists of neglecting the artwork's intrinsic qualities and, instead, focusing unduly on its embedding and staging. Out of Krauss's dialectic reversal of that reproach, an art-historical consensus emerged that a fundamental discontinuity in sculpture occurred in the middle of the 1960s. Up until then, artists were concentrating on relationships within the artwork, but now – where the work had been reduced to its absolute minimum – the accent shifted to the network within which it is embedded. Viewers, discourses, artworks and places with their own particular histories became components of an expanded concept of sculpture.

This helpful art-historical construct has meanwhile become a commonplace, which occasionally sprouts peculiar offshoots – mainly when artists in the 21st century claim to have broken with the traditional concept of sculpture: 50 years after the fact, this should hardly be taken as an indication of progressiveness. And the commonplace becomes problematic when the degree of expansion is turned into a quality attribute. It seems rather more useful to think about sculpture as an art form expanding in space, in which a whole variety of identifiable (spatial) relationships (can) become visible: within or external to the artwork.[5] The potential breadth of the field of sculpture in the 21st century is based on the accomplishments of earlier periods. As soon as sculpture is viewed as such a potentially expansive field, it is evident that an artist like Michael Kienzer does not really work in two separate worlds – sculpture and installation – but rather, that he makes different spatial relationships visible from case to case. And a question

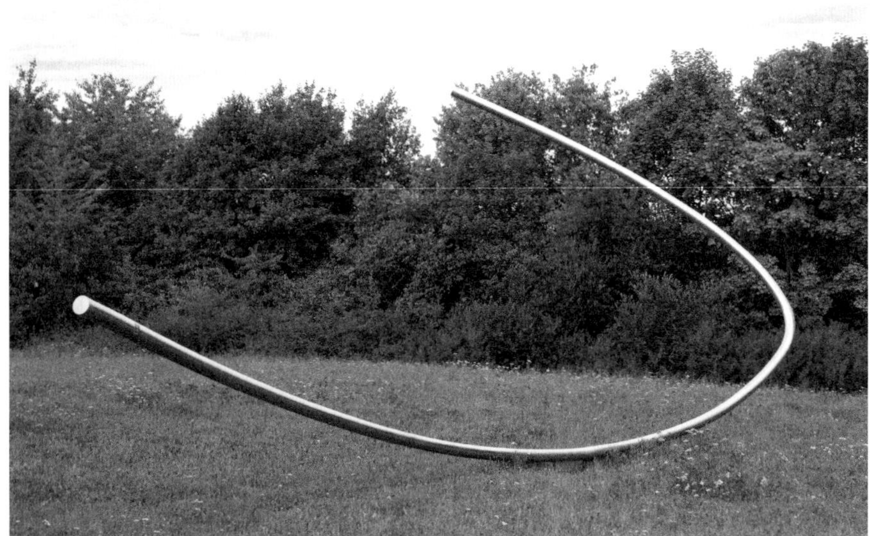

Norbert Kricke
Große Raumkurve Bayreuth, 1983, Edelstahl
Big Spatial Curve Bayreuth, 1983, stainless steel | 500 x 1300 x 500 cm

of interest for future art-historical research might be whether and how far these relationships can be elucidated.

II

Probably the most important point of Fried's critique of the Minimalist artists concerned their claim to have detached the artwork from its content, once and for all. Fried's counterargument was that they had merely reduced it to its thingness. By using the written word to make reference to the space and by deliberately activating the viewers, he claimed, Minimalist sculpture is ultimately doing the same as an old-fashioned academic painting: making an appeal to the viewers. This kind of artwork has to be completed by the observer, says Fried, whereas the modern abstract sculpture that he prefers, which makes reference to nothing, actually withdraws from the viewer and exists entirely for its own sake. A self-referenced modern sculpture that conveys no reminder of nature at all – not even in its internal coherence – maintains distance from the visitor, he argues, whereas a Minimalist object literally occupies the same space as the viewer. Particularly that last observation proved decisive for the subsequent development of sculpture, since it became clear that concepts of space could be extremely different if a human-made object was at the centre. The traditional convex form, for instance, thrusts into the space; abstract geometric sculpture tends to retreat; while the sculptural object in the role that it has played since the 1960s, by relating to the scale of the human body, occupies the same space in a completely different way. A life-sized figure on a plinth remains a distanced image, whereas a body-length board can relate to viewers much more directly. The possibilities of working with space were extended substantially as a better understanding took hold of how flexible and discourse-dependent the category of space had become in the meantime. The so-called Postminimalists from the 1970s were just as interested as the Minimalists in simple stereometric forms, but they rejected anonymity and perfection. The qualities of the materials became the topic, and the role of the viewer shifted: no longer a mere observer of an alien object but a direct counterpart. Increasing

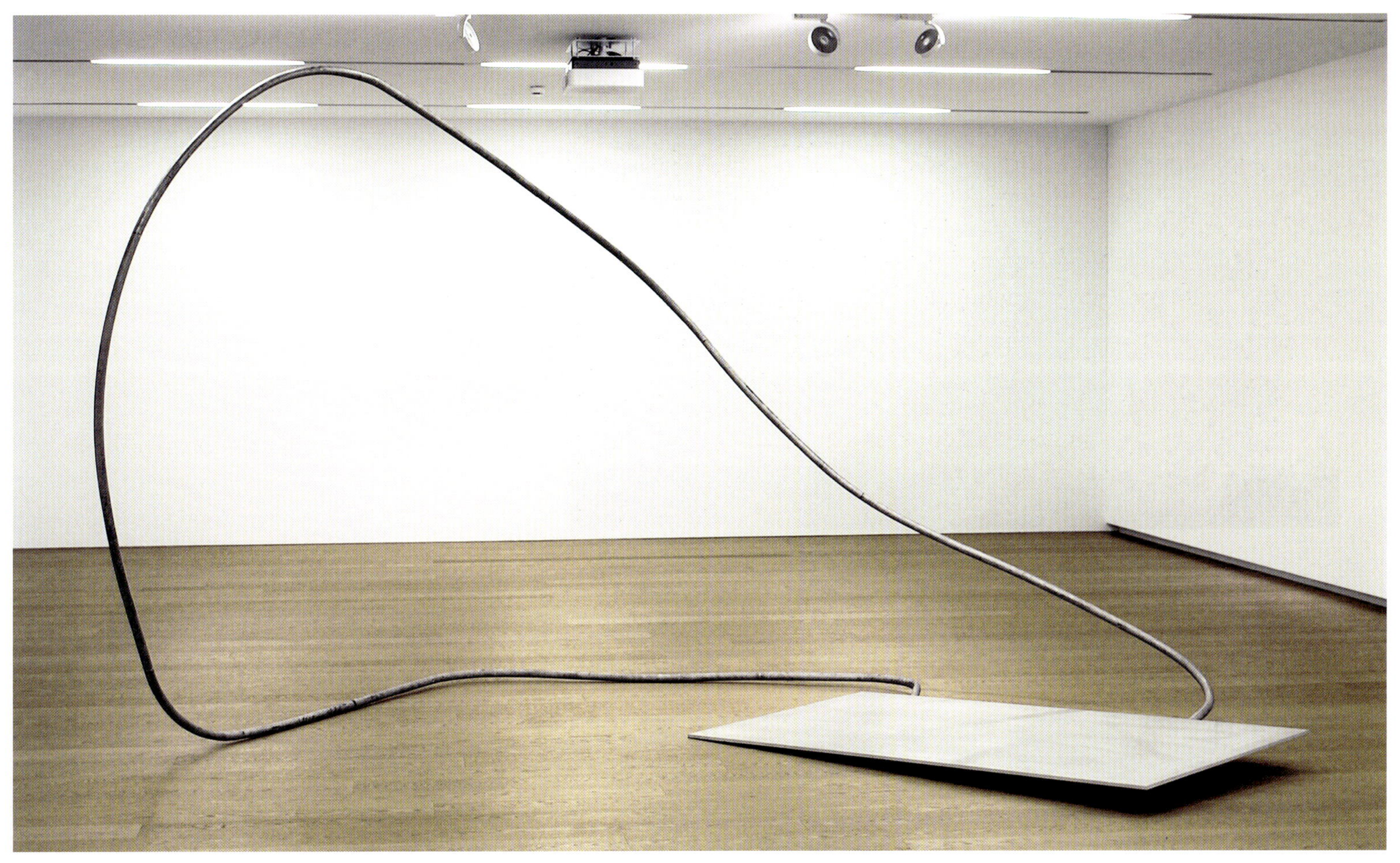

Zeichnung Vol. 4, 2014, Aluminium, Stahl
Drawing Vol. 4, 2014, aluminium, steel | 220 x 400 x 240 cm

weight was attached to sensory aspects of materials from outside the sculptural canon, and to scale.

As soon as sculpture is understood as a mutating field of relationships in and around a spatial object, the history of the medium since the 1970s can be described relatively precisely as a back-and-forth of external relationships and ultimately an abandonment of all formal relationships within a work and the disintegration of the idea of the medium. From that perspective, the 1980s become more than just the period in which the old media and the expressive hand were rediscovered. There was "new" painting and sculpture, but instead of distance the artists deliberately sought out the space occupied by the viewers, which was expressed most of all in a strong preference for pedestal-free, life-sized works. And there was a continuing interest in the sensory qualities of the material. Michael Kienzer has his roots in this context. His early works, like "Siamesisches Zwillingspaar" (Siamese twins) of 1984 (ill. p. 16), combine found materials, references to physiological formats and an expressive painting style typical of the period. In his first glass-sheet works, which were made around 1990, he combined the expressive levels on the individual glass layers with deliberate exposure of the technical material, so that his work was soon perceived as an intermediate position between "new sculpture" and minimalisms.[6] The hallmark step for the later development of his work was the use of prefabricated materials.

Stacking and layering is not Kienzer's invention. It is an emphatically reduced sculptural motif that has played a major part in sculpture since Minimalism and Postminimalism. Within that broad field, perhaps one should not even try to locate the beginnings of stacking, but should instead think along the lines of the American art historian George Kubler's idea of sequences. Kubler saw artworks as parts of "formal sequences" in which any work points to some solution to a problem "to which there have been other solutions".[7] Every new work in a sequence is a reminder that the problem – perhaps in an altered form – still exists. Conversely, a sequence of solutions comes to a standstill when "problems cease to command active attention".[8] What is interesting then is not the stacking, but how a simple, coherent ordering of prefabricated objects gives rise to spatial connections which, as in Kienzer's case, direct attention beyond their mere ordering because they enter into relations with the surrounding space or with the viewer.

In a work like "20 x 94 Grad" (20 x 94 Degrees; ill. p. 19, 69, 72), two wooden boards are placed at a 94-degree angle to one another, and resting on these, layer by layer, nineteen further pairs of boards or sheets, always of matched materials, are added. The set-up is always identical. On one side of the work all the sheets, except for one unevenly cut sheet of glass (ill. p. 19), are exactly flush. The upright sheets are leaned against the surrounding architecture, which makes a precarious physical equilibrium visible. Both the weight of the layered sheets and the gaping angle, at the maximum tilt without being secured, play into this effect. Balance is only perceived when it is precarious. The work develops its presence in the space as a result of the viewer's being in the same space and discovering the internal connections within the work. There are other works with a comparable title and a comparable structure, but the sculpture as such is changeless. Granted, slight variations arise each time it is installed. But although Kienzer's works are assembled from multiple elements, they have a form that is definitively theirs, which is reaffirmed in the artist's insistence on referring to his works as sculpture.

III

From the reflection upon formal sequences, other historical associations automatically follow, and importantly, the view extends far beyond the horizons of the 1960s. The key "reference object" here must be Pablo Picasso's (1881 – 1973) "Guitar" of 1912 (ill. p. 20), the beginning of modern abstract sculpture. Picasso joined found and formed objects into a completely new image, and what mattered most of all for this new image was the syntax between the elements. Some time ago the English sculptor, Tim Scott (b. 1937), mused that "Guitar" was far more important for the development of sculpture than the now much more famous works by Marcel Duchamp (1887 – 1968; ill. p. 20).[9] The former work was a case of developing a new syntax; the latter, of renaming an existing object. This thought is equally important in relation to Kienzer: he uses found objects, but they become art not by being declared art, but rather by virtue of the appreciable coherence that he develops between the parts. Through his incidental choice of material, Kienzer certainly plays on the aesthetic of the "ready-made", but on closer consideration his work always turns on sculptural questions such as pressure, equilibrium, posture, reclining, opening, closing, stacking, standing or clasping. His

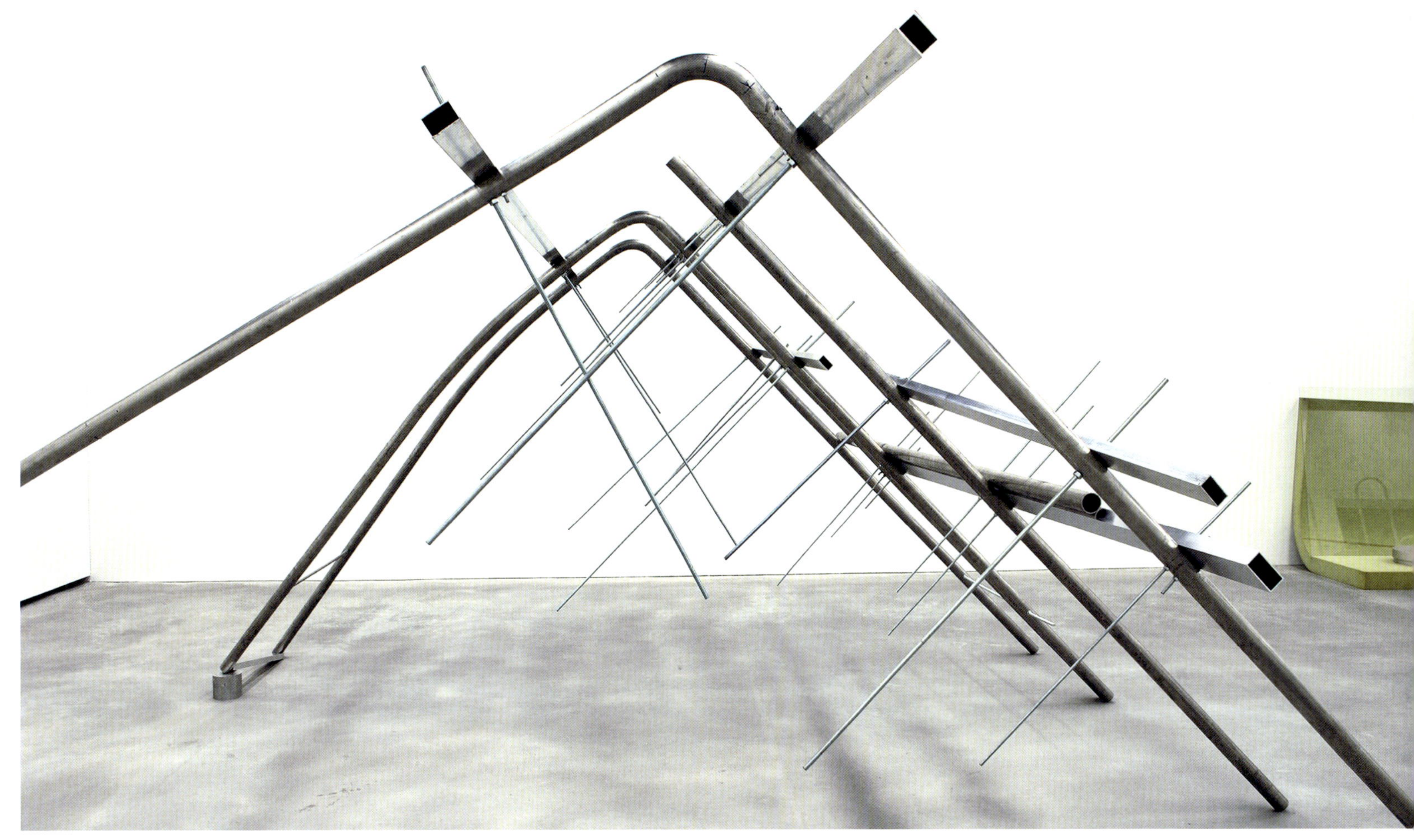

Szene, 2014, Detailansicht, Aluminium, Stahl
Scene, 2014, detail, aluminium, steel | 500 x 450 x 220 cm

objects also shift between the categories of assemblage and construction. In an assemblage the history of the used object is highly significant; in a construction it is entirely secondary. That Kienzer's work also prompts reflection about the history of these two art-historical categories, and that connections can be traced in both cases, points to the wide spectrum of problems that are touched upon in his sculptural works.

For individual groups of works by Kienzer, different sequences apply: that of drawing in space, for instance. Visitors from the German-speaking world will find his "Zeichnungen" (Drawings, ill. p. 27, 86, 88,142) immediately reminiscent of Norbert Kricke's spatial sculptures (1922–1984; ill. p. 26), but whereas Kricke's works are firmly anchored into the ground or into heavy pedestals and can therefore unfold freely into the space, Kienzer overtly shows the weight needed by the assembled steel form in order to be able to stand at all. This exposure of the structural connections within a sculpture is the linking factor among the groups of works after 1990. Individual works make reference to the spatial context and thus extend their sculptural radius. Others retreat into themselves. When the artist develops sculptures for particular spaces but then shows them as autonomous works in other spaces, he turns the opposition between installation and sculpture into a suspenseful interdependence.

Lose Dichte, 2011, Eisen, Stahl, Magnete
Loose Density, 2011, iron, steel, magnets | 150 x 50 x 30 cm

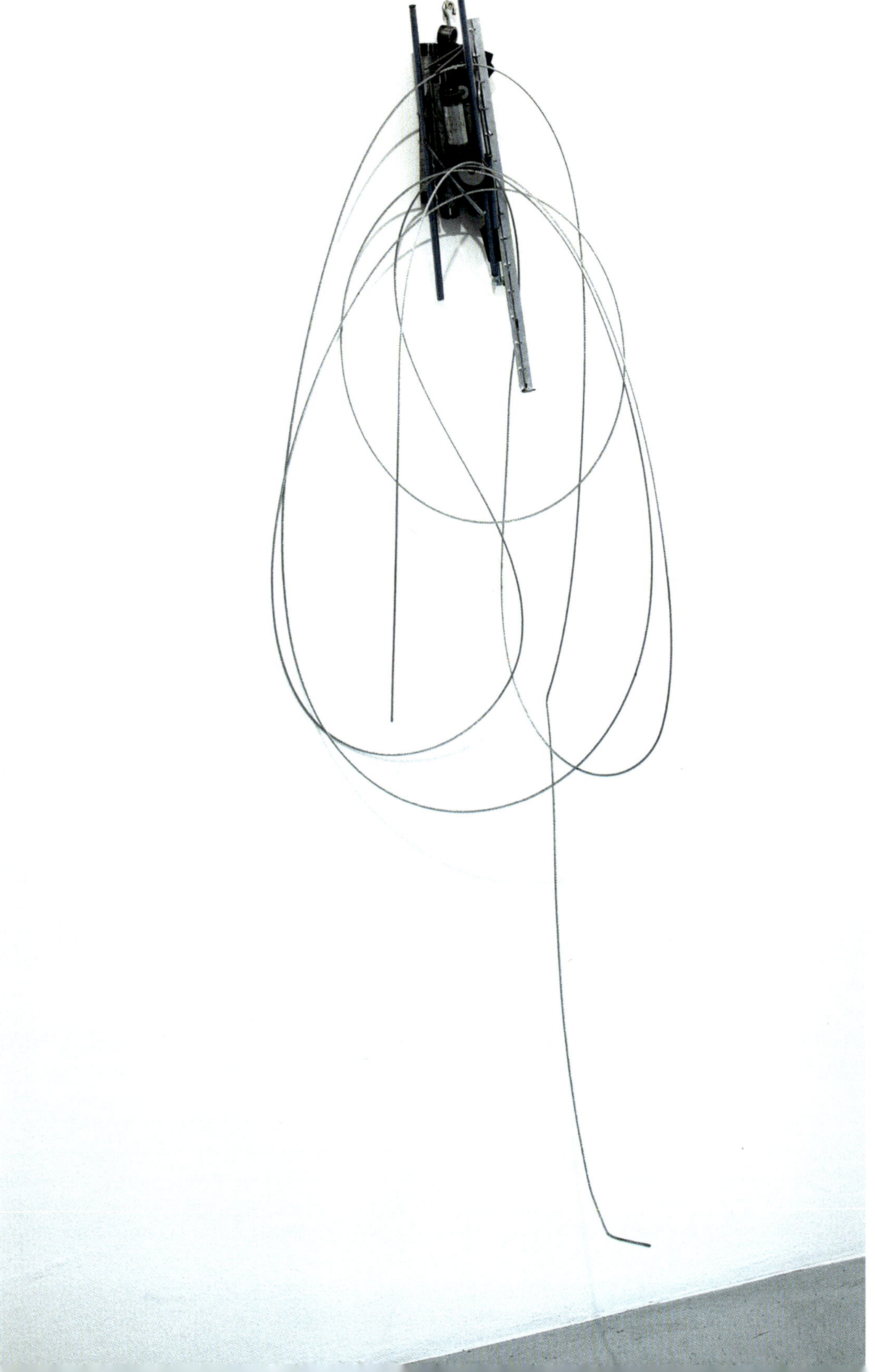

IV

Certain objects or materials crop up regularly in his groups of works, but Kienzer simply and matter-of-factly bypasses the idea of the trademark. The material that comes closest to it is still aluminium, which he has been using regularly since 2005. This industrial material lacks both the pathos of the old sculptors' materials like stone or bronze as well as the gestus of mastery that so often plays a role with a modern material like iron, aiming to impress the viewer with the effort expended on its logistics or craftsmanship. Kienzer compares the character of aluminium with the traditional material of plaster, which was adopted by the avant-gardists to divest themselves of heroic material aesthetics. The actions made visible in the sculptures are often very simple, even if a vast effort was sometimes exerted in the background.[10] Out of prefabricated parts, Kienzer constructs complex structures in which he puts the somewhat unsculptural properties of the material to sculptural use. The first property is the elongation of the prefabricated aluminium parts, which are mostly flat or long, giving rise to lines. In Kienzer's work, these lines almost never indicate any movement into the space but, for the most part, delimit spaces. Thus, the long threaded rods or pipes that make up these forms take on a strangely aggressive or dramatic character (ill. p. 29). When the metal is bowed, the mood changes. The second property is the absence of the primordial sculptural category of volume. Only when aluminium pipes (or rolled carpets) are used does it make an appearance. Kienzer's sculpture is based on placement and construction; the organic idea of structure (of plastic form) is alien to it. Thirdly, a certain resistance comes into the work via the material. A peculiarity of the right-angled profiles is their lack of flexibility, so that the constructions are visibly under tension – a tension that is contrasted within the same work by elements like balance or repose. This is something completely different from the free versus the weight-bearing leg, but here again, contrasts are still important sculptural means.

By virtue of their conceptual changelessness, Kienzer's sculptures fit into an Austrian formal sequence in which sculpture's intransigence is taken up thematically as a central property of the medium. For Fritz Wotruba (1907 – 1975) the stone figure was a way of asserting humanity in the modern era. Bruno Gironcoli (1936 – 2010), Wotruba's successor at the Vienna Academy and in many aspects his opposing pole, rejected the installation around 1970 as an unduly flexible medium that subjugated itself to the space. Gironcoli preferred a decidedly changeless sculpture.[11] One consequence of this is the media-resistance that characterises his – and Kienzer's – sculptures. They can only really be experienced in their space.

Kienzer's work imposes major demands on its viewers. They are called upon to understand the structure and syntax of the work and its placement in the space. In this perception, valences arise. Individual elements, switching points or ruptures are identified. The figure then exhibits an order and, with one-hundred-percent certainty, at least one element which breaks through this order – and hence, accentuates it all the more. Kienzer makes use of the appearance of incidentality which, even 50 years after it became established as a stylistic means in sculpture, has lost little of its unsettling power.[12] Since individual placements overtly exhibit

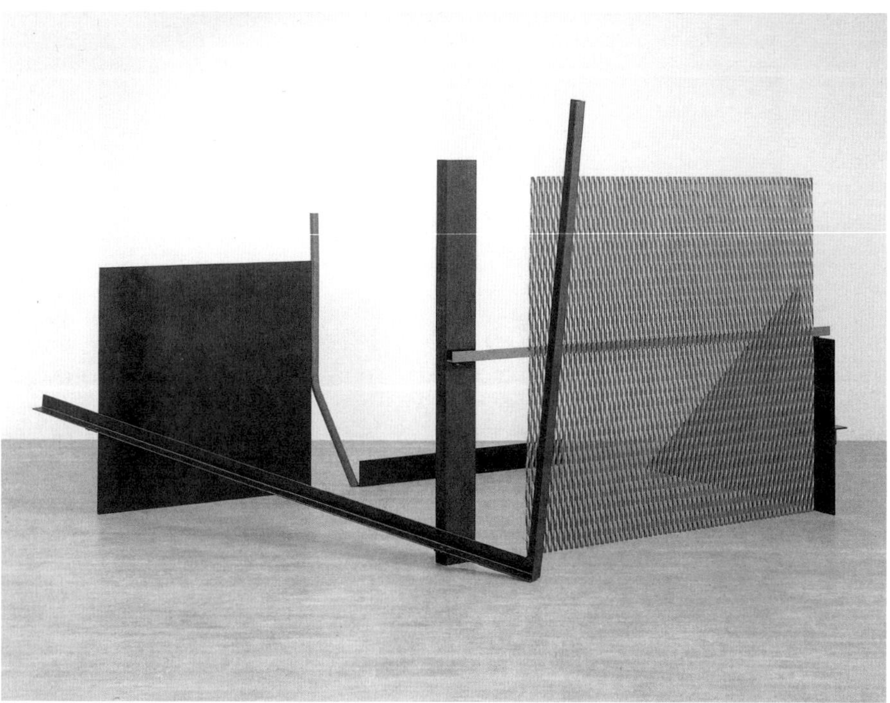

Anthony Caro
Das Fenster, 1966/67, Stahl grün und olivgrün lackiert
The Window, 1966/67, steel painted green and olive green | 215 x 320,5 x 390 cm

formal precision, viewers can only conclude that the apparently incidental-looking arrangements have likewise sprung from a coherent idea of sculpture: incidental and intentional. In a group of smaller works under the title "Lose Dichte" (Loose density), which has been in progress since 2011, the element of incidentality is taken to the extreme (ill. pp. 30, 79). Elements like drawing, contrast and the properties alluded to in the title attain even greater impact when they are suspended, partly because the physical exigencies of a construction mounted upright in space are removed from the equation.

Back to the original thought about the expanded field. Michael Fried emphasised the presentness of certain modern sculpture – his particular favourite being Anthony Caro (1924 – 2013; ill.) – and put it down to the fact that all the influential elements reside within the artwork. This led him to conclude his famous text with the much-quoted phrase, "Presentness is grace".[13] This modernistic metaphysics has had its day, partly because in its esoteric form it proved to be a fantasy. The consensus today may well be that there is no sculpture without a complicated context. One problem remains, however: the penultimate sentence by Fried stated that modern man is a "literalist" for almost his entire life, i.e. merely perceiving a situation as it is. Fried saw redemption in the fact that during the contemplation of a good artwork, which refers to nothing outside itself, associations are discovered over time which enable an aesthetic experience – and this special perception, prompted by the artwork in conjunction with time, is what he called presentness: i.e. a temporality compelled by the artwork and its structure, which goes far beyond the mere here and now.[14] In today's cultural context almost every artwork contains a statement about something outside the artwork, so when Michael Kienzer emphasises the autonomy of the sculptural and simultaneously takes the step into the surrounding space, he proves that this problem of presentness is still a significant one.

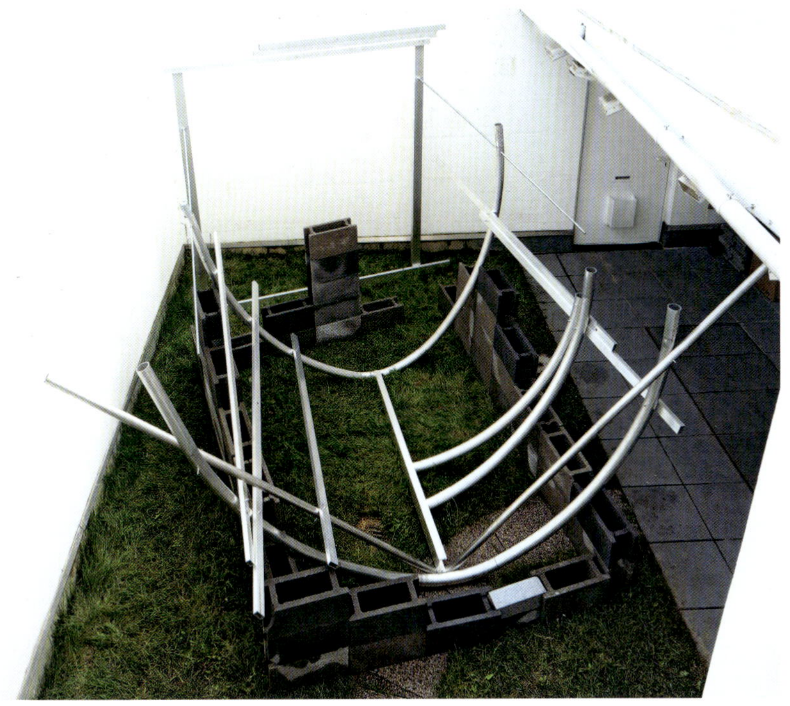

Übertragung Vol. 2, 2015 – 2016, Beton, Aluminium, Edelstahl, Granit
Transfer Vol. 2, 2015 – 2016, concrete, aluminium, stainless stell, granite

[1] On the genesis of the group of works, cf. Michael Kienzer, Katrin Bucher-Trantow: Materialien und ihr eigener Sinn ODER Materialien und ihr Eigensinn. Ein Gespräch [Materials and their inherent sense OR materials and their idiosyncrasy. A conversation], in: Michael Kienzer. Logik und Eigensinn, exh. cat. Kunsthaus Graz, Vienna 2012, pp. 110 – 111.

[2] The texts originated from Reinhardt's "Dreizehn Regeln zu einem ethischen Kodex für Künstler" [13 rules towards a code of ethics for artists] of 1960. Cf. Ad Reinhardt: Schriften und Gespräche, ed. Thomas Kellein, Munich 1984, pp. 107–111.

[3] Rosalind Krauss: Sculpture in the Expanded Field, in: October, 8 [Spring 1979], pp. 30–44.

[4] Michael Fried: Art and Objecthood, in: Artforum, 5 (June 1967), pp. 12–23, quoted here after Michael Fried: Art and Objecthood. Essays and Reviews, Chicago/London 1998, pp. 148–172.

[5] This view is closely linked to considerations by Gundolf Winter. Cf. Martina Dobbe, Christian Spies (eds.): Gundolf Winter. Bilderräume. Schriften zu Skulptur und Architektur [Picture spaces. Writings on sculpture and architecture], Paderborn 2014. See also: Arie Hartog: Stur Skulptur. Überlegungen aus dem Bildhauermuseum [Stubbornly sculpture. Considerations from the sculptor's museum], in: Ulrike Lorenz, Christoph Wagner (eds.): Skulptur Pur, Heidelberg 2014, pp. 124–133.

[6] Cf. Achim Hochdörfer: Das Ende der Avantgarde. Die österreichische Kunst der 80er [The end of the avant-garde. Austrian art of the 80s], in: Aspekte/Positionen. 50 Jahre Kunst aus Mitteleuropa 1949 bis 1999, exh. cat. Museum Moderner Kunst Stiftung Ludwig Wien, Vienna 1999, pp. 175–182.

[7] George Kubler: The Shape of Time. Remarks on the History of Things, New Haven 1962 [German translation: Die Form der Zeit. Anmerkungen zur Geschichte der Dinge, Frankfurt a. M. 1982, p. 71].

[8] Idem., p. 73.

[9] Cf. Tim Scott: Where is Abstract Sculpture, in: abstract critical, 2.5.2013, (https://abstract-critical.com/article/where-is-abstract-sculpture/index.html, retrieved on 28.6.2017).

[10] As an example, the bending of the stainless steel tubes which can only be achieved mechanically, in "Szene" [Scene] (ill. pp. 12, 29, 60, 62).

[11] Cf. Arie Hartog: "Diese Arbeit ist in ihrer Stofflichkeit nicht medientransportabel gedacht". Anmerkungen zu Bruno Gironcoli ["In its materiality this work is not meant to be media-transportable". Remarks on Bruno Gironcoli], in: Bruno Gironcoli – 11 Skulpturen, exh. cat. Gerhard-Marcks-Haus Bremen, Bremen 2007, pp. 5–8.

[12] An art-historical study on the theme of "incidentality" in the sculpture of the twentieth century would be very worthwhile.

[13] Fried 1967, as n. 4, p. 168.

[14] The translation of "presentness" into German as "Gegenwärtigkeit" follows: Sebastian Egenhofer: Theater der Gestalt. Robert Morris und die Grenzen der Phänomenologie, in: Olga Moskatova, Sandra Beate Reimann, Kathrin Schönegg (eds): Jenseits der Repräsentation. Körperlichkeit und Abstraktion in moderner zeitgenössischer Kunst, Munich 2013, pp. 211–232. On the relevance of the category for contemporary art, cf. Guido Reuter, Ursula Ströbele (eds.): Skulptur und Zeit im 20. und 21. Jahrhundert [Sculpture and time in the 20th and 21st century], Cologne 2017.

Kunsthalle Krems: 24 von 274.668 Tagen | 24 days out of 274.668

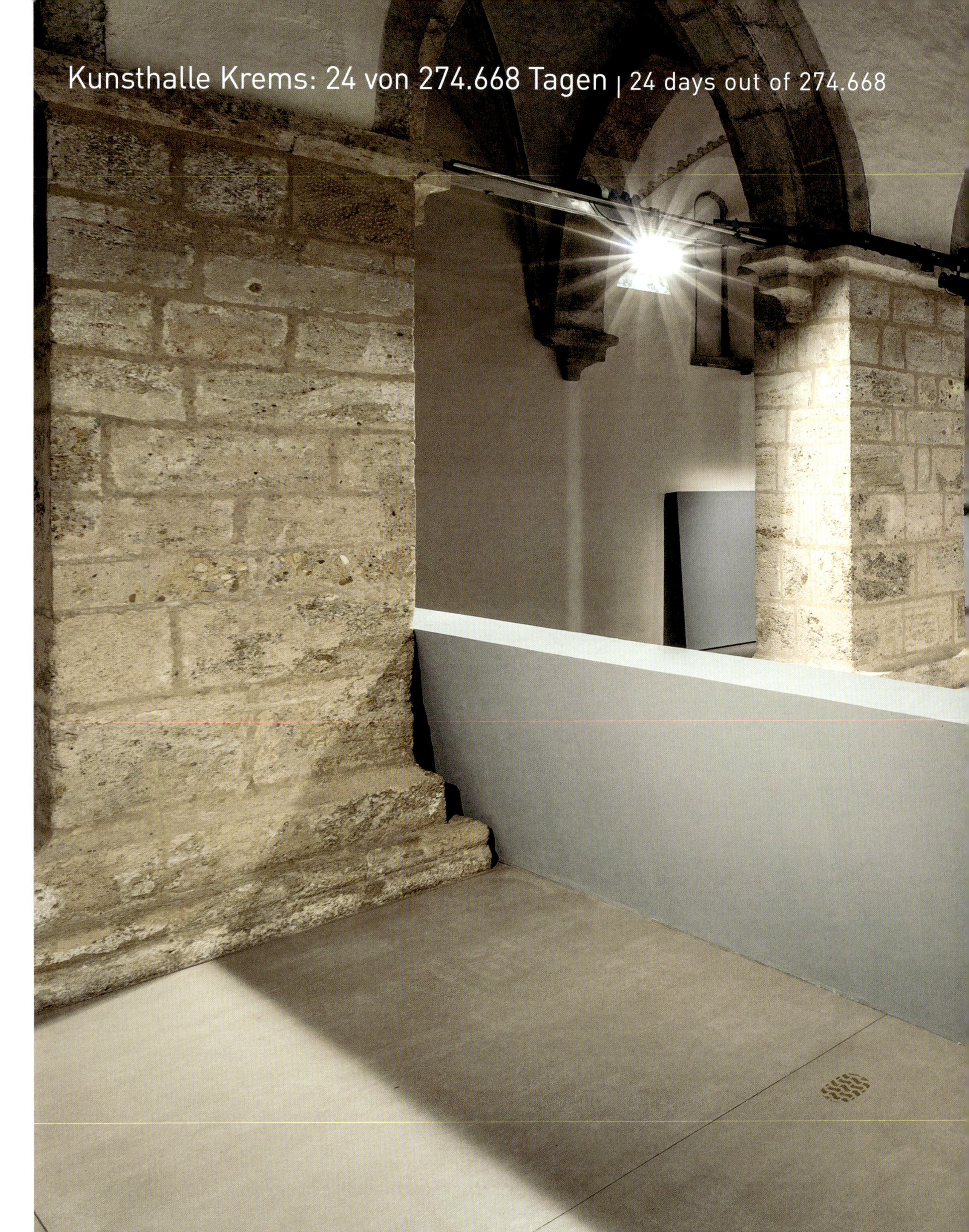

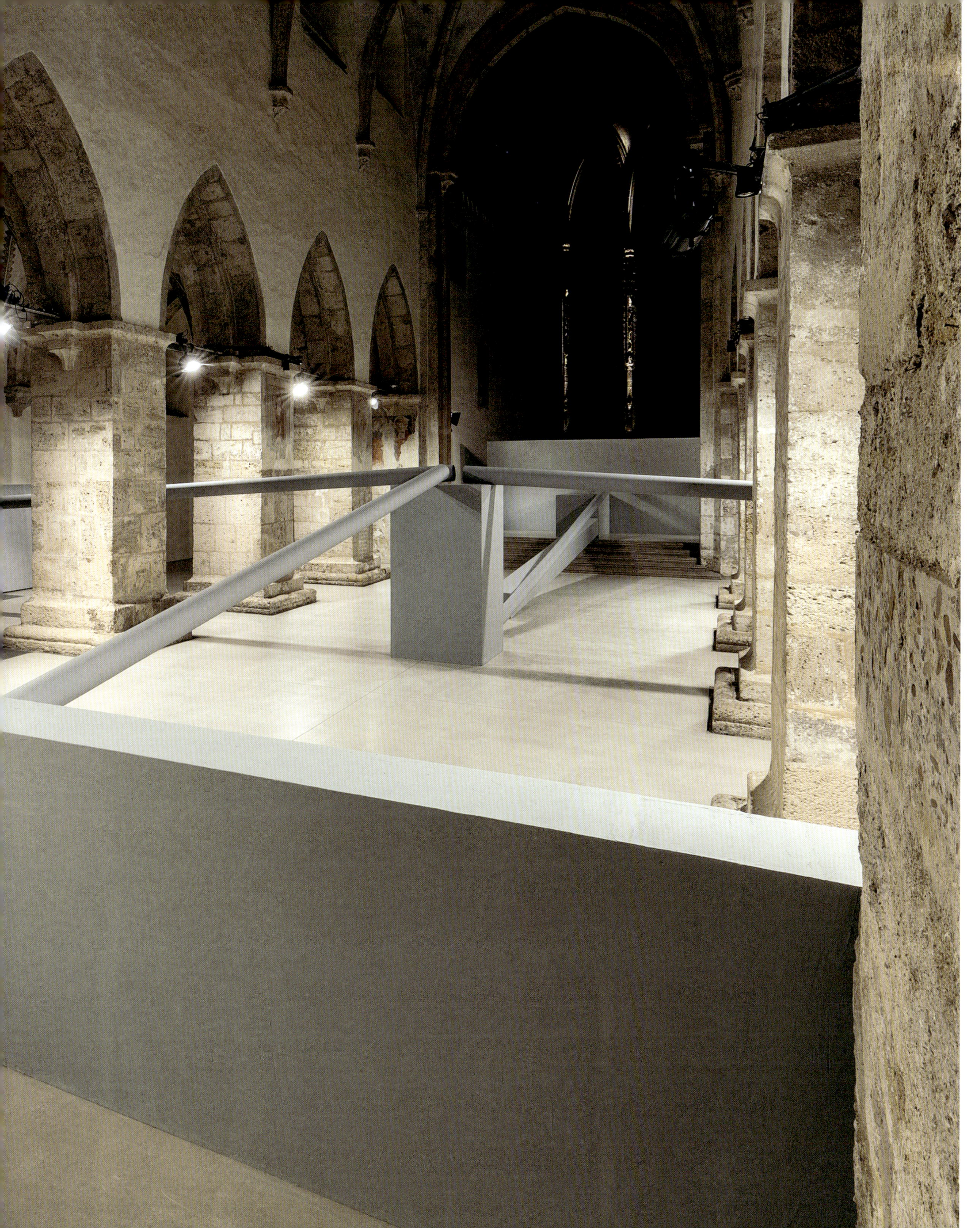

24 von 274.668 Tagen, Michael Kienzer

Florian Steininger

Qualitäten der Materialität, der Montage und Konstruktion sowie die Kontextualisierung des Raums – bis hin zum öffentlichen Raum – spielen im Werk von Michael Kienzer eine zentrale Rolle. Kienzer studierte Bildhauerei bei Josef Pillhofer (1921 – 2010) an der Kunstgewerbeschule Graz und zählt zu den führenden Vertretern der »Neuen Skulptur« der 1980er- und 1990er-Jahre in Österreich. Ausgehend von einer vermehrt expressiven bildhauerischen Aufladung hat sich sein Skulpturenbegriff in Richtung spatialkonstruktivistische Konzeptualität verlagert.

Der Künstler hat im Sommer 2016 für die Kunsthalle Krems den Klangraum Krems Minoritenkirche mit einer ortsbezogenen Installation bespielt, die eigens für dieses Ausstellungsprojekt entstanden ist. Objekt und Raum bedingen sich bei Kienzer gegenseitig; so geht es nicht um ein schlichtes Hineinstellen von vorhandenen Skulpturen, sondern um ein konkretes Arbeiten mit dem Raum. Die architektonische Situation ist Rahmenbedingung. Kienzer interveniert skulptural-installativ, setzt dem Bau etwas entgegen, opponiert, aber arbeitet auch mit ihm, indem er ihn akzentuiert und den Besuchern und Besucherinnen noch bewusster macht. Es geht um eine Sensibilisierung der räumlichen Wahrnehmung. Kienzers skulpturale Intervention besteht materiell aus Metallrohren und Holzwänden, bzw. zwei Kuben, die in einer gebrochenen kreuzförmigen Konstruktion im gotischen Kirchenbau positioniert werden. Diese Elemente verspannen Haupt-, Seitenschiff und Chor miteinander. Im Zentrum des Hauptschiffs ist ein vertikaler Kubus aufgestellt – abgeleitet von den massiven steinernen Pfeilern –, auf dem labil drei Rohre lasten, die den Raum vermessen und an deren Enden massive Platten montiert sind. Die nördlich und südlich ausgerichteten Elemente scheinen Schub und Kraft auf die Außenwände auszuüben, sich gegen den gotischen Bau zu stemmen. Kienzer spielt mit elementaren Größen von Tragen und Lasten, Gravitation, Masse und Leichtigkeit, Stabilität und prekärer Instabilität. Das westlich orientierte Modul markiert mit seiner schräg geneigten Platte eine Art Brüstung und Barriere für den Besucher, das gegenüberliegende östliche fungiert als am Boden befindlicher Lettner, der den Chor vom Langhaus trennt. Die vektoriellen Einschreibungen der skulpturalen Elemente scheinen Kraft und Instabilität zu vermitteln, sind in einem dekonstruktivistischen Schwebezustand und auf Distanz zu einer martialisch minimalistischen Geste, wie etwa bei Richard Serra (geb. 1938) und seinen tonnenschweren abstrakten Eisenplastiken.

Kienzer begreift hier Skulptur nicht als in sich geschlossenes System, sondern als offenen raumorientierten Kosmos, in dem wir uns bewegen. Es gibt zig Perspektiven auf das Kunstwerk, man befindet sich inmitten oder ist von ihm abgeriegelt.

Man kann hierbei mehr von einer Montage als einer konventionellen Skulptur sprechen. Der Bildhauer wird zum Monteur, zum Konstrukteur. Erinnert sei hierbei an Wladimir Tatlins (1885 – 1953) Eckreliefs von 1915, abgeleitet von Pablo Picassos (1881 – 1973) und Georges Braques (1882 – 1963) Collagen und

Assemblagen, die den Raum erobert haben, sowie an Alexander Rodtschenkos (1891 – 1956) dreidimensionale Hängekonstruktionen. Sie alle bestehen zumeist aus geometrischen Elementen, die durch Montage zur Raumplastik werden – bei Kienzer wird der Maßstab deutlich vergrößert und architektonisch verankert. Der Künstler verzichtet in jener Installation auf jegliche Materialästhetik, indem er sowohl die Holzplatten als auch die Stahlrohre mit grauer Farbe bestreicht und neutralisiert; ganz im Unterschied zu den meisten seiner Arbeiten, die sich durch den Eigenwert des Materials, ob Glas oder Metall, auszeichnen. Grau ist indifferent homogen und schön.

Der Titel der Ausstellung »24 von 274.668 Tagen« bezieht sich auf die Laufzeit der Ausstellung im Verhältnis zum Bestehen der Minoritenkirche, die 1264 geweiht wurde. Michael Kienzers Skulptur im mittelalterlichen Raum ist also nur in dieser in situ-Situation existent.

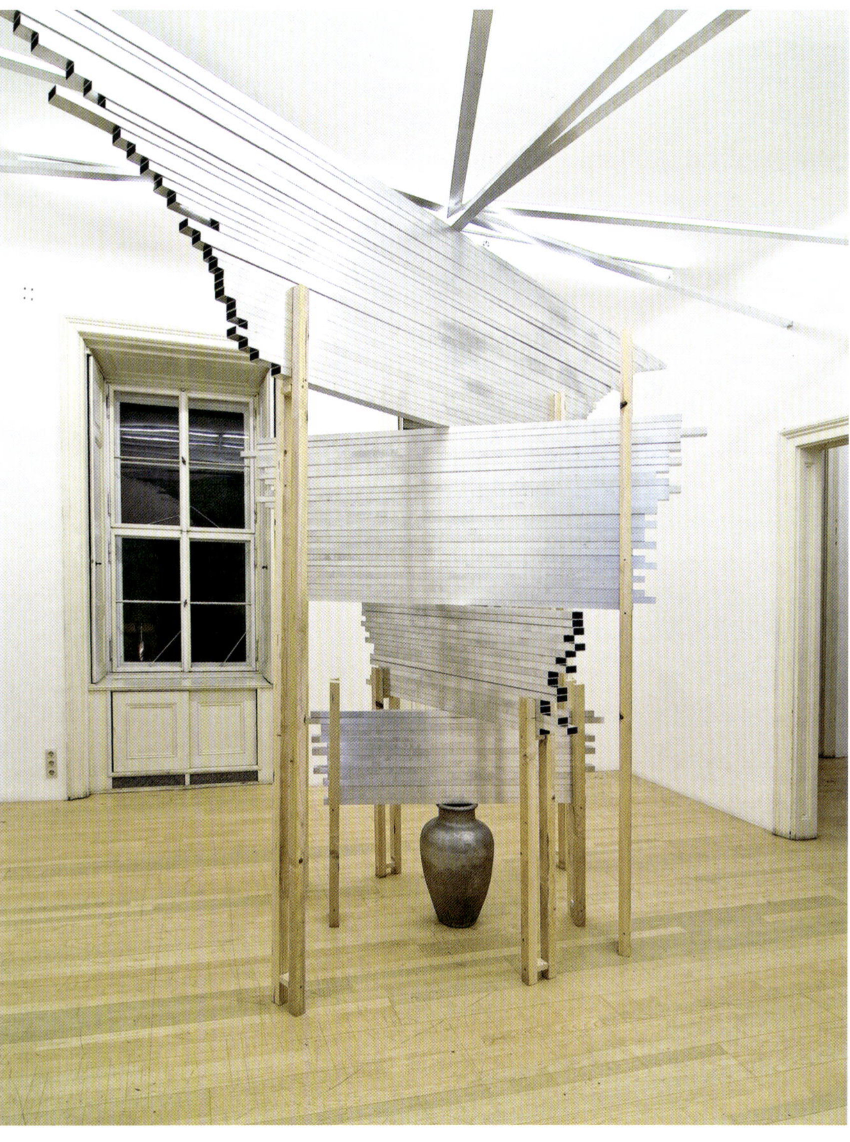

Verschlag, 2007, Aluminium, Holz
Crating, 2007, aluminium, wood

24 days out of 274,668, Michael Kienzer

Florian Steininger

Qualities of materiality, montage and construction along with the contextualisation of space – even public space – play a central role in the work of Michael Kienzer. Kienzer studied sculpture under Josef Pillhofer (1921 – 2010) at the School for Applied Arts, Graz, and numbers among the leading exponents of the "New Sculpture" of the 1980s and 1990s in Austria. Originally primed with an increasingly expressive sculptural charge, his concept of sculpture has shifted in the direction of spatial-constructivist conceptuality (ill. p. 37).

In summer 2016, commissioned by the Kunsthalle Krems, the artist orchestrated a place-specific installation for the "Klangraum" of the Minorite Church in Krems – creating a work expressly for this exhibition project. Object and space reciprocally define one another in Kienzer's work; thus, it is not a matter merely of bringing in and placing existing sculptures but of physically working with the space. The determining factor is the architectonic situation. Kienzer intervenes with his sculptural installation, setting something in counterposition to the building but also working with it, by accentuating it, and further heightening the visitors' conscious awareness. The crux of the matter is a sensitisation of spatial perception. Materially, Kienzer's sculptural intervention consists of metal pipes, wooden walls and two wooden cubes. These elements are positioned within the Gothic church building in a disjointed cross-shaped construction, bracing together the nave, side-aisles and choir. In the centre of the nave is an upright cuboid – echoing the solid stone pillars – and loosely rested upon it are three pipes which gauge the space, the other ends of which are attached to solid slabs. The elements oriented towards the north and the south seem to exert thrust and force on the outside walls, apparently bracing themselves against the Gothic structure. Kienzer plays with elementary variables of load-bearing and weight, gravity, mass and lightness, stability and precarious instability. The module oriented to the west,with its tilted slab, forms a low partition wall demarcating a kind of barrier for the visitor; its opposite number facing east functions as a rood screen across the floor, separating the choir from the nave. The vectoral delineations of the sculptural elements seem to convey power and instability, being in a deconstructivist state of suspended disintegration and distanced from any martial, minimalist gesture of the kind found, for instance, in Richard Serra's (b. 1938) abstract iron sculptures that weigh tonnes.

Here, Kienzer's conception of sculpture is not as a self-contained system but as an open and space-oriented cosmos in which we move around. There are any number of perspectives on the artwork, from standing in the middle to being barricaded out of it.

In this respect it may be more appropriate to talk more about a montage than a conventional sculpture. The sculptor becomes the monteur, the constructor, prompting recollections of Vladimir Tatlin's (1885 – 1953) Corner Reliefs of 1915, inspired by Pablo Picasso's (1881 – 1973) and Georges Braque's (1882 – 1963) collages and assemblages which took over the space they occupied, and of Alexander Rodchenko's (1891 – 1956) three-dimensional Hanging Constructions.

All of them consist largely of geometrical elements that are transformed into three-dimensional works through montage – although the scale in Kienzer's work is substantially enlarged and architectonically anchored. In the Krems installation, the artist dispenses with material aesthetics of any kind by using grey paint to coat and neutralise both the wooden elements and the steel tubes; this is wholly in contrast to most of his works, which are distinctive for the intrinsic value of the material, be it glass or metal. Grey indifferently lends homogeneity and beauty.

The title of the exhibition, "24 days out of 274,668" refers to the duration of the exhibition in relation to the existence of the Minorite Church, which was consecrated in 1264. In other words, only in this in-situ situation, and there alone, is Michael Kienzer's sculpture in the medieval space existent.

Installation Minoritenkirche, 2016, Eisen, Holz, farbig gefasst
Installation Minoritenkirche 2016, iron, wood, paint

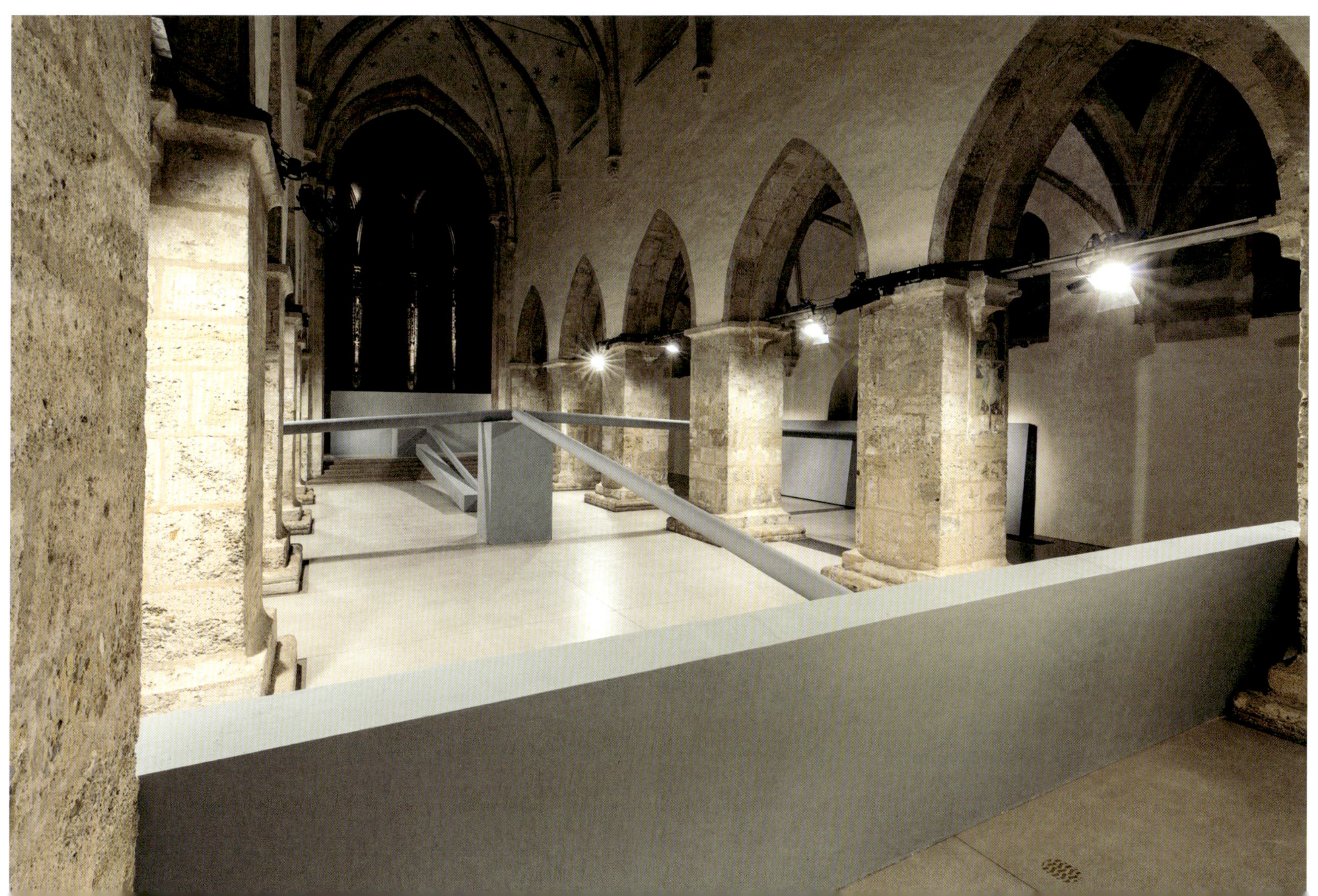

24 von 274.668 Tagen

Margareta Sandhofer

Waren die Skulpturen von Michael Kienzer in den letzten Jahren zumeist gebündelte Kräfte, gestapelte Lagen, ein Ineinanderspielen oder wechselweise Aufeinanderwirken einzelner Elemente aus industrieller Erzeugung (Platten, Rohre, Bleimatten, Gummimatten...) oder auch einzelne Linien, die das Raumvolumen maximal und autonom nutzten ohne ihn zu tangieren (»Sich«, 2012, Installation Kunsthaus Graz, Abb.) oder sich als frei gezeichneter Strich eigenwillig in den Raum erhoben (»et voilà«, 2011; »Zeichnung Vol. 4«, 2014; Abb. S. 27), so waren sie fast immer durch ein Im-Raum-Agieren geprägt. Sie waren auf sich selbst bezogen, introvertiert, verschlungen in eine inwendige wesensmäßige Gebundenheit und manchmal innere Problematik (»Verbiegung Vol. 2«, 2015; »Haltung Vol. 9«, 2014; »Selbstmaschine«, 2013; »CARS«, 2000; Abb. S. 53).

Die Arbeit »24 von 274.668 Tagen« (Abb. S. 34, 39, 44–51) in der Minoritenkirche in Krems zeigt sich demgegenüber sehr andersartig. An die Stelle des Im-Raum-Agierens tritt ein Gegen-Ihn-Agieren: Die Skulptur stößt an die Grenzen des Raums, sie fordert diesen heraus – für 24 Tage, denn das ist die Ausstellungsdauer und damit der Zeitraum, den sie innerhalb des Bestehens des Kirchenbaus beansprucht (seit seiner Einweihung 1264 bis zum Ausstellungsende). Der Titel hat außer der nüchternen auch eine poetische Dimension. Er weist auf die Vergänglichkeit der Erscheinung hin, ohne allerdings die permanente Gegenwärtigkeit eines hintergründigen substanziellen Gehalts auszuschließen. Die Grundelemente der Skulptur sind maschinelle Versatz-

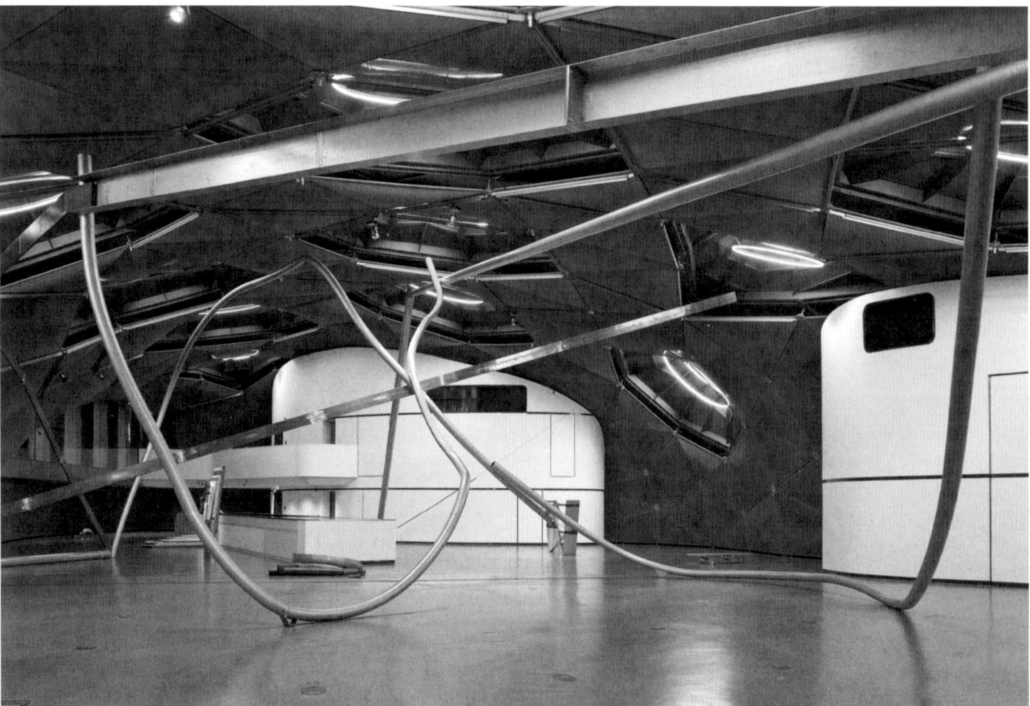

Sich, 2012, Aluminium, Stahl
Self, 2012, aluminium, steel | 35 x 18 x 8 m

stücke, nicht zuzuordnen in ihrer Materialität, vieldeutig in neutralem Grau. Diese Reduziertheit fördert die Konzentration auf Form und Formalität, die unmittelbar und in bizarrer Eigenwilligkeit in kraftvoller Bewegung auftritt. Wollten andere Werke von Michael Kienzer uns etwas von ihrer Verfasstheit mitteilen, so tut dies die aktuelle Arbeit nicht. Sie verweigert nicht einmal diese Möglichkeit, denn diese stellt sich nicht. Diese Arbeit ist ausschließlich mit sich selbst und der Architektur als ihrem Gegenüber beschäftigt. Der Betrachter wird nicht involviert, er ist reiner Zuseher dieses Dialogs.

Die Architektur der Minoritenkirche an der Schwelle zwischen Romanik und Gotik erscheint in ihren ausgewogenen Proportionen perfekt. Sowohl ihr mächtiger Bau als auch das ihr innewohnende Raumvolumen imponieren in souveräner Präsenz. Man, und das meint hier die Skulptur, könnte sich beugen, unterordnen, fügen. Das will sie nicht. Entgegen früheren Werken von Michael Kienzer, die sich offensichtlich als formulierte Kunst-Gebilde, d. h. als von Künstlerhand Geschaffenes präsentieren, scheint diese Arbeit selbständig zu sein: selbsttätig. Das Objekt ist hier Subjekt. Die Präsenz des Künstlers tritt hinter die eigenwillige Aktion des Werks zurück, die Urheberschaft als die künstlerische Autorität hinter das Potenzial der Kunst.

Die Skulptur »24 von 274.668 Tagen« scheint ein Zentrum zu haben und sich von diesem ausdehnend entwickelt zu haben. Den möglichen Ausgangspunkt, Quelle der unberechenbaren Kraft und Bewegung sucht man unwillkürlich in einem zentral im Langhaus positionierten, aufragenden kubischen Element, das gleichwohl nicht Pfeiler und nicht Sockel ist und sich doch an den gemauerten Pfeilern misst, die ringsum das mächtige romanische Gewölbe tragen. Dieses lichte graue kubische Element hat auf eigenartige Weise etwas Freches, Witziges, als signalisierte es den historischen Pfeilern gegenüber ein aufmüpfiges »Das kann ich auch«. Denn sein Grundriss entspricht dem der Pfeiler und es trägt eine Art Gestänge, dessen Verbundenheit sich soeben gelockert und aufgelöst hat, wenn es überhaupt verbunden gewesen ist. Hierin liegt nicht nur das zentrale Motiv der Skulptur, sondern auch die Pointe, der Humor.

Auf ihm ruhen die Enden von drei Stangen, die sich offensichtlich als subjektivierte Elemente verselbständigt haben. Diesen Stangen scheint eine paradoxe enorme Stärke immanent, denn sie stemmen jeweils eine massive Platte gegen die architektonischen Grenzen der Kirche; seitlich durch die Reihe der Pfeiler hindurch gegen die Außenwände der Seitenschiffe – wie die Stangen die Platten dorthin manövriert haben könnten, ist unklar. Eine Stoßrichtung ist frontal auf den Kircheneingang gerichtet, gegen das erste Pfeilerpaar, als wollten sie diese Hindernisse wegdrücken oder zumindest deren Beständigkeit ausloten. Es zeigt sich ein Kräftemessen, nicht martialisch, mehr spielerisch, von lustvollem Ehrgeiz und mit plastischer Eleganz. Gegen den Chor streckt sich die Skulptur in die vierte Richtung. Die Stange mit ihrer Platte scheint in ihrem Streben gegen den Chorraum vom zentralen kubischen Element herabgerutscht zu sein, begleitet von mehr oder weniger lose neben ihr am Boden liegenden Elementen. Das eine, von kubischer Form, könnte dem zentralen Element zugehörig sein, als der ergänzende Teil zu einer vollständigen Stütze. Das andere ist ein langer robuster Körper mit quadratischem Querschnitt, dessen Funktion und Zusammenhang, dessen Vorhandensein überhaupt, in unverbindlicher Eigenmächtigkeit vorliegt.

Dieselbe Eigenmächtigkeit zeichnet prinzipiell die Skulptur »24 von 274.668 Tagen« aus. Anarchistisch hat sie sich ihre eigene Logik entwickelt, aus der heraus ihre Substanz und energetische Entfaltung rührt. Die eigenwillige Konstellation agiert nach ihrer eigenen Gesetzmäßigkeit. Entstehung und evolutiver Prozess sind nach einer abwegigen, nur sich selbst verpflichteten Logik verlaufen, welche die Entität des Werks grundsätzlich bestimmt. Ihre Zwangsläufigkeit vollzieht sich asymmetrisch, aufsässig und undogmatisch, in vieler Hinsicht brüchig und widerspricht sich selbst. Eine kausale Erklärung bleibt aus und gerade deshalb stellen sich verbindende Ideen ein.

Die Skulptur impliziert eine vorherige Daseinsform wie eine zukünftige, und darin eine Differenz im ontologischen, im physischen, im räumlichen und zeitlichen Sinn, ohne etwas davon greifbar aufzuweisen. Dieses innere Spannungsmoment verstärkt die Dialektik der Intervention im Kirchenbau. Die Skulptur durchsetzt die spätromanische Pfeilerordnung mit einem flexiblen und durchlässigen System, durchdringt das Raumvolumen in Höhe und Breite und provoziert die gemauerte Kirchenarchitektur. Sie arbeitet gegen deren gefestigte Historizität und deren dominantes, mächtiges Auftreten – in dynamischer Gegenwärtigkeit, zeitgenössisch in ihrer Autarkie und Selbsttätigkeit, und entgegnet der sakralen Mystik mit einer andersartigen Vision.

Das helle neutrale Grau, die geglättete gespachtelte Oberfläche verleihen der Skulptur eine Leichtigkeit, die bei ihren imposanten Volumina widersprüchlich anmutet und den Eindruck einer abstrakten Situation erhöht. Licht- und Schattenwurf werden auf dieser entindividualisierten Oberfläche hervorgehoben und dynamisieren die suggerierte Bewegung der einzelnen Teile sowie die unterschwellige Überhöhung der gesamten Konstellation. Dem zunächst sehr Zeichenhaften der Skulptur widerfährt in der Kontextualisierung im architektonischen System des Kirchenbaus sein Deutungspotenzial: Die Kirche mit ihrem Ehrfurcht gebietenden Bau steht emblematisch als Institution für strikte Systeme oder scheinbar unverrückbare Reglements. Allerdings ist die Minoritenkirche säkularisiert, Relikt einer überholten Machtstruktur und als solche ein sinnentleerter Raum, wenngleich mit mächtigem Statement. In der skulpturalen Auflehnung gegen diese ausgehöhlten Festen einer starren Ordnung lassen sich aktuelle Problematiken assoziieren und umfassende Bezüge zu prekären Situationen der heutigen Menschheit spannen, die sich allgegenwärtig abspielen – im politischen und weltlichen wie im religiösen oder ideologischen Sinn und Irrsinn.

Michael Kienzers Intervention in der Minoritenkirche unterwandert nicht nur formal die räumliche Struktur des Kircheninneren, sondern sie intendiert einen übertragenen Effekt: einen vergleichbaren Prozess der widerständigen Kritik und Reflexion bezüglich Prinzipien bestehender Denkgebäude, deren Gültigkeit bezweifelt werden kann und lustvoll herausgefordert sein soll. Archaische Architektur und temporäre Skulptur performieren ein mehrdeutiges Spiel gegenläufiger Intensitäten, das sich in spannungsvoller Balance hält – als eine momentane Situation, denn der skulpturale Teil, der sich gegen den Chorraum dehnt, scheint noch im Drang zur Bewegung und hält darin eine stille Dramatik, eine sich subversiv fortsetzende Dynamik.

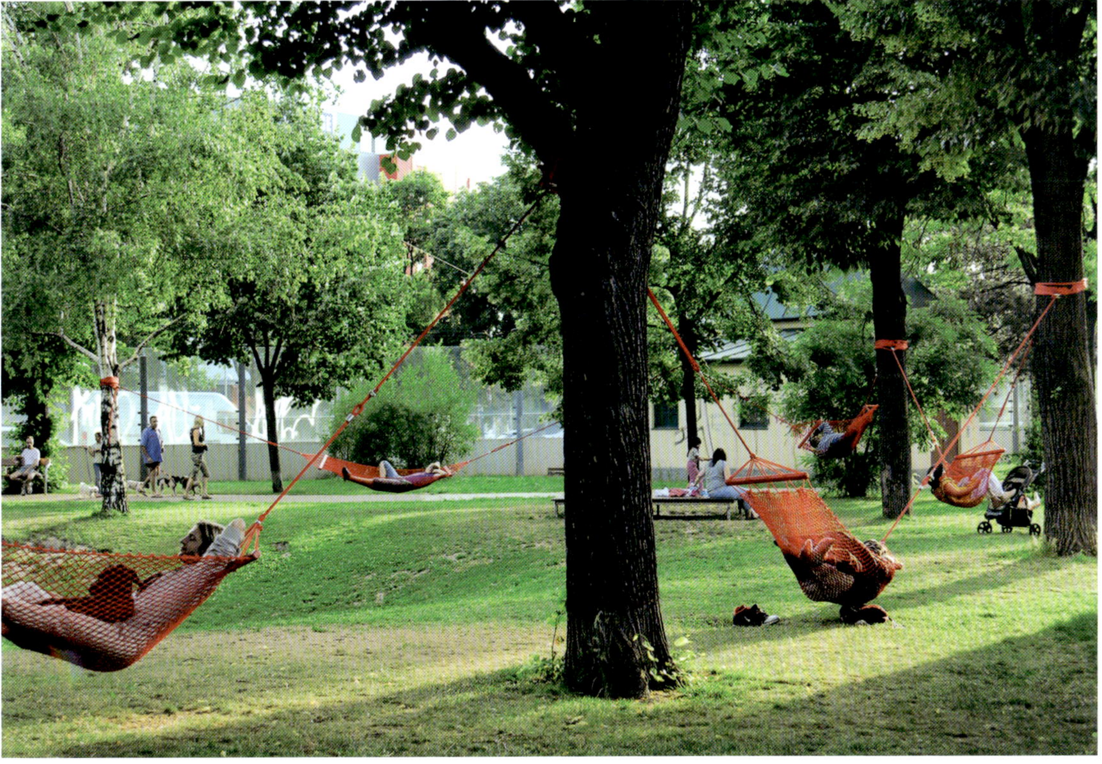

Hanging Around, 2009, Hängematten, Seile
Hanging Around, 2009, hammocks, ropes

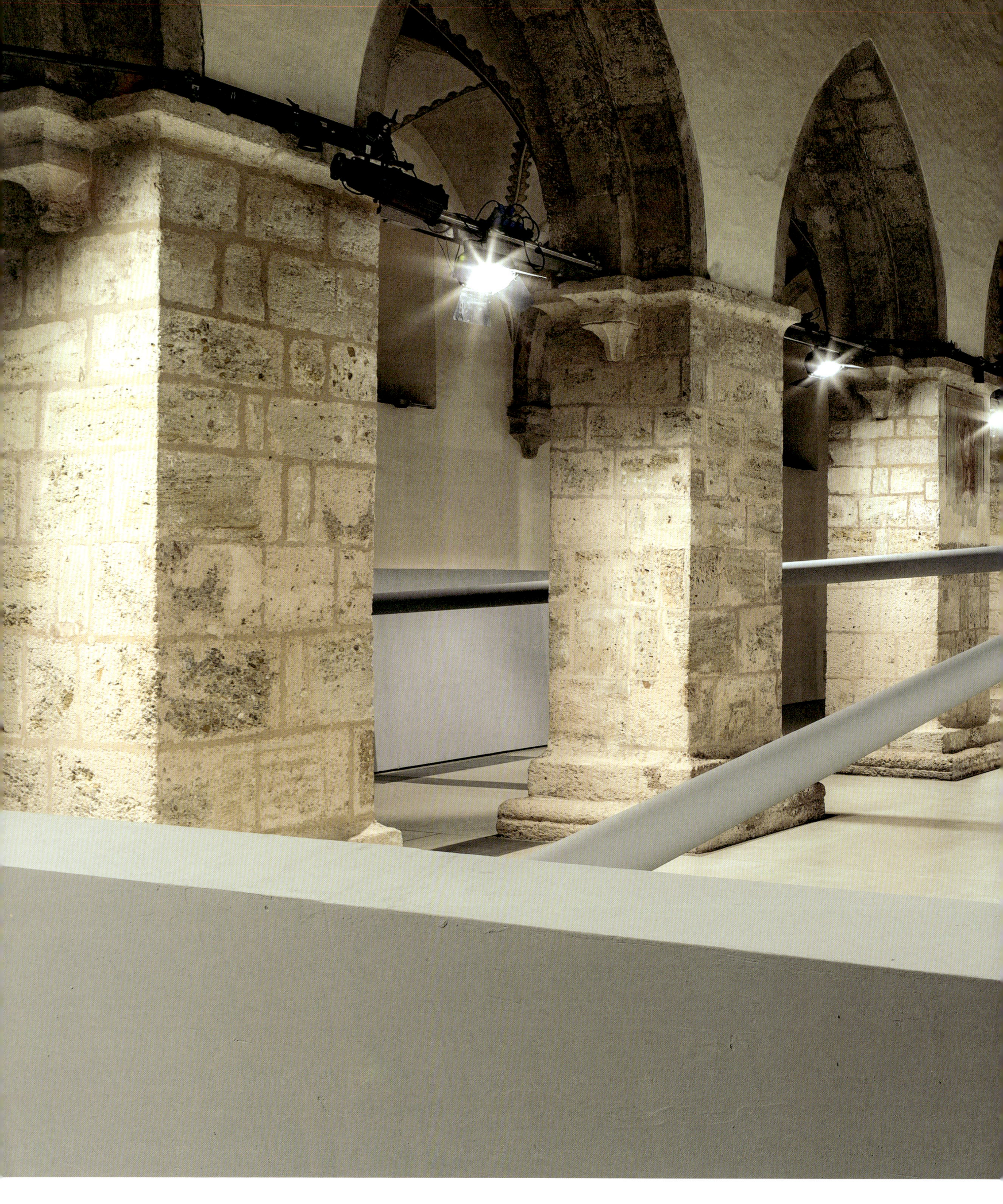

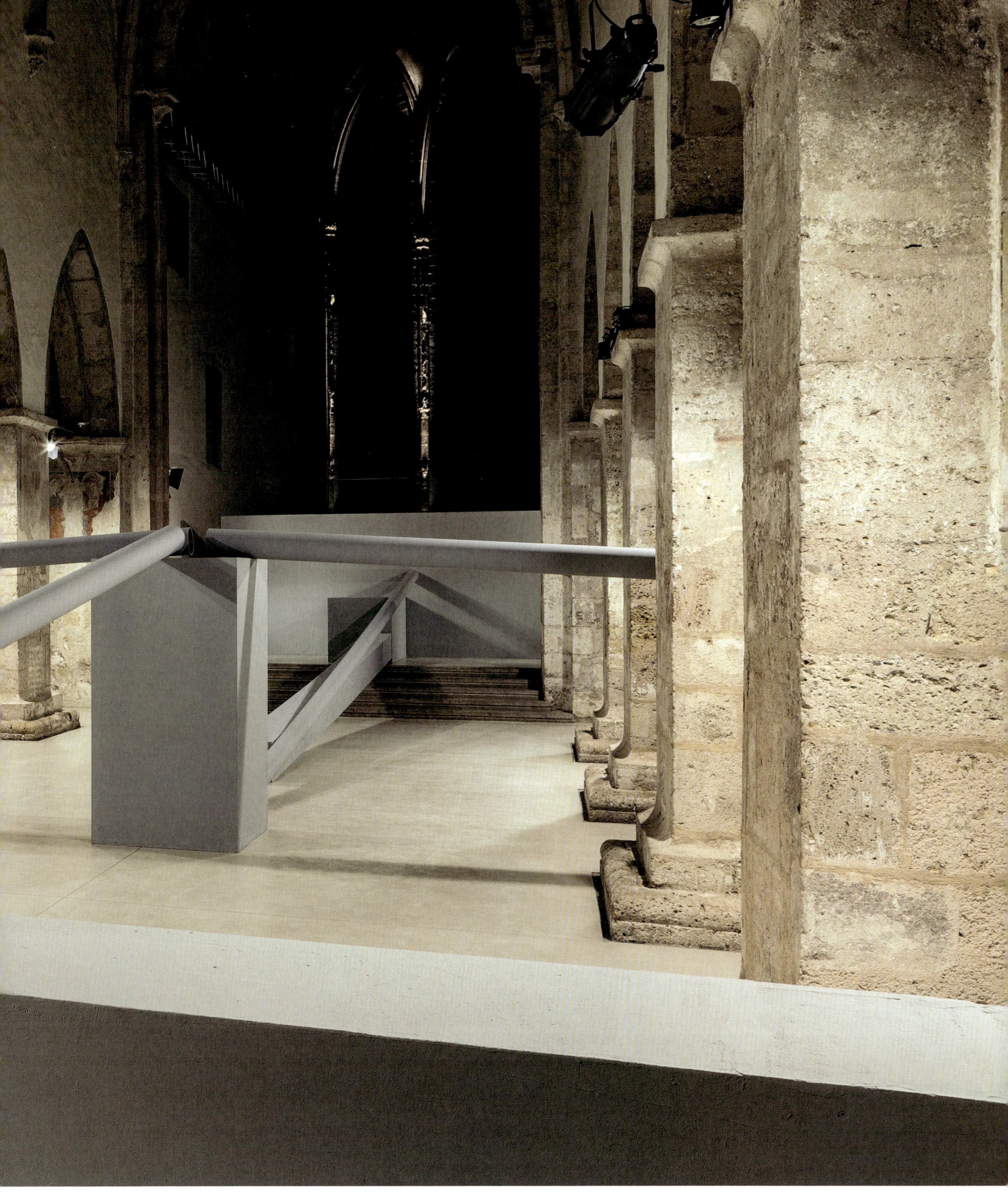

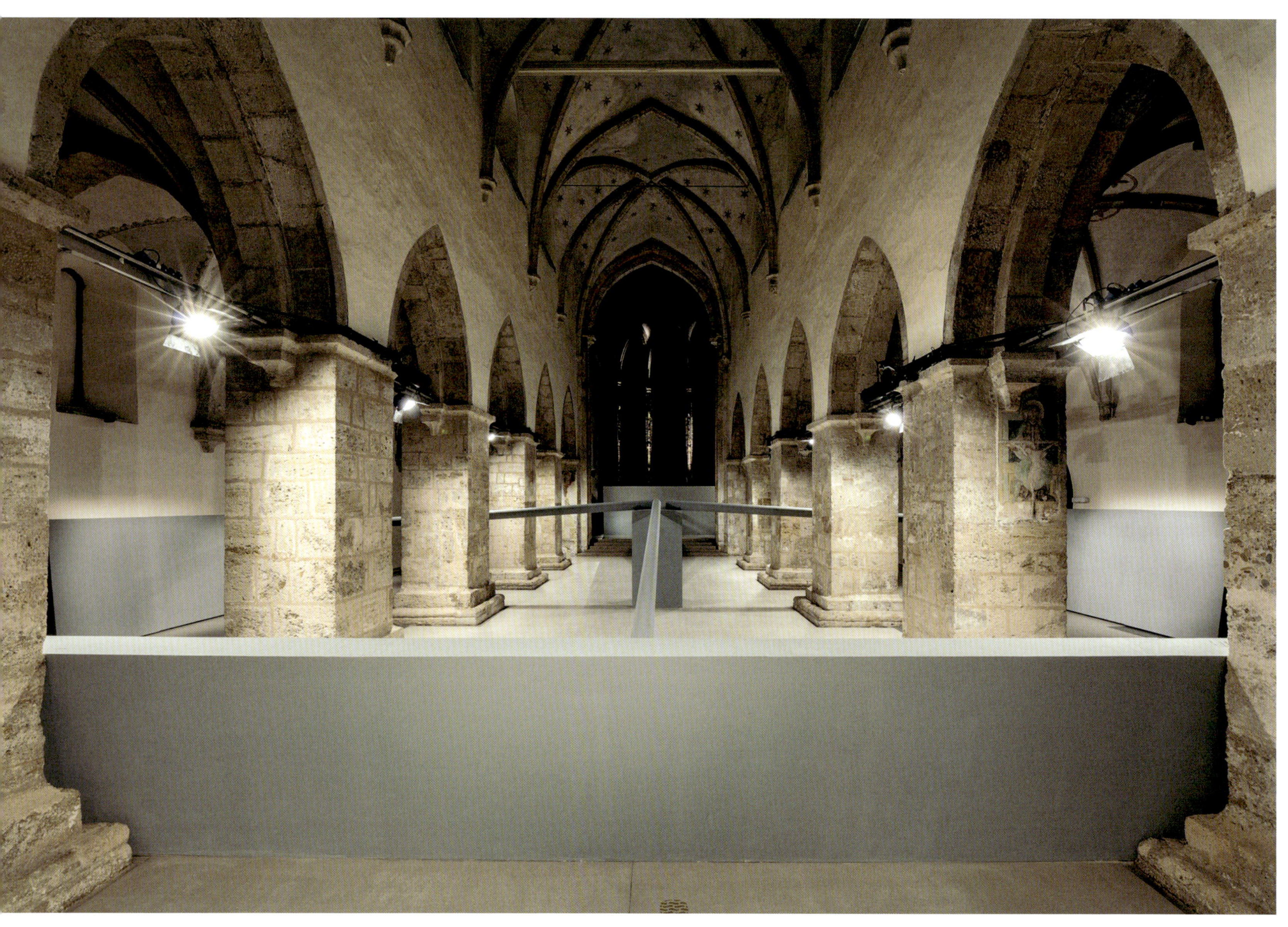

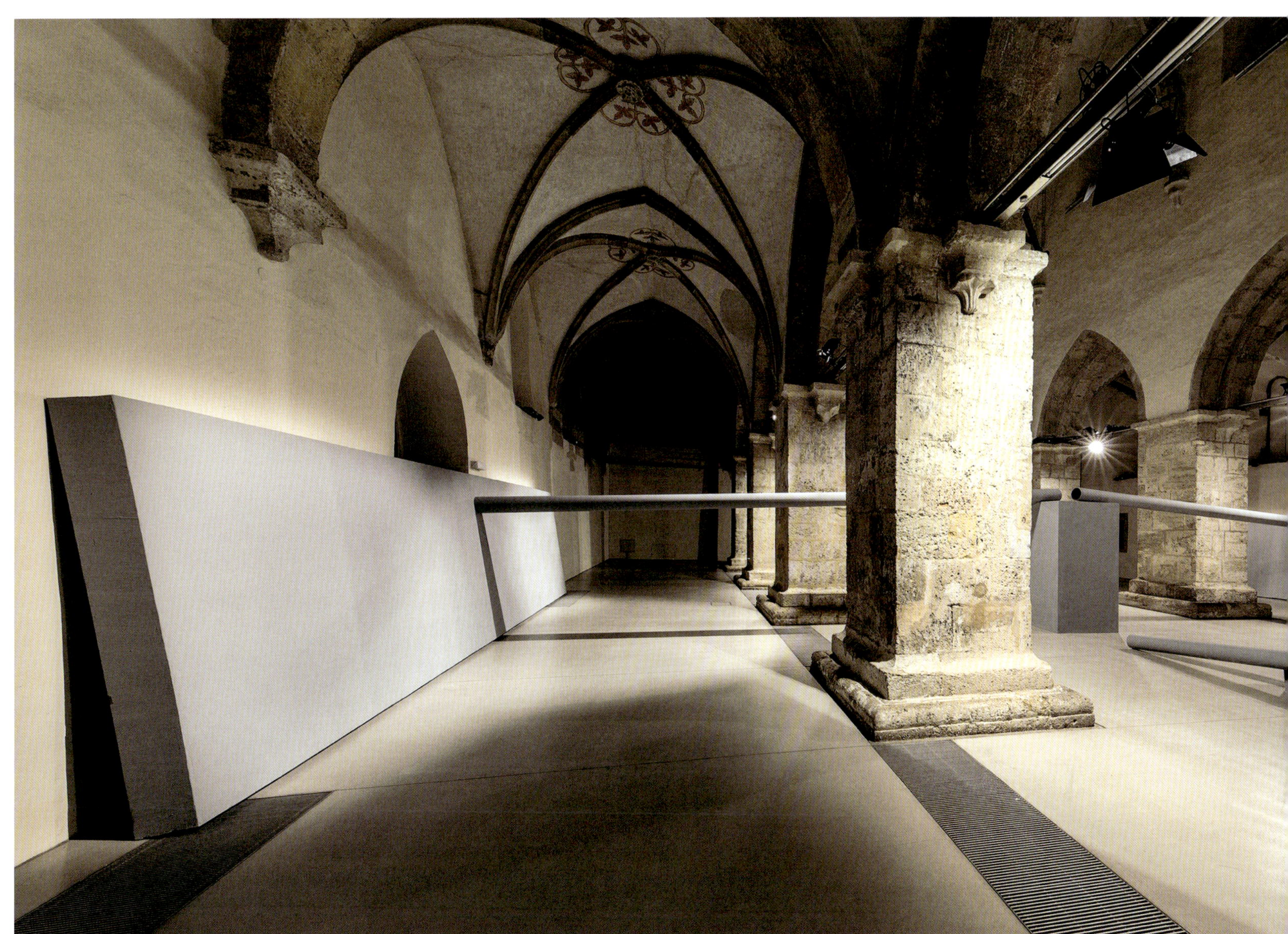

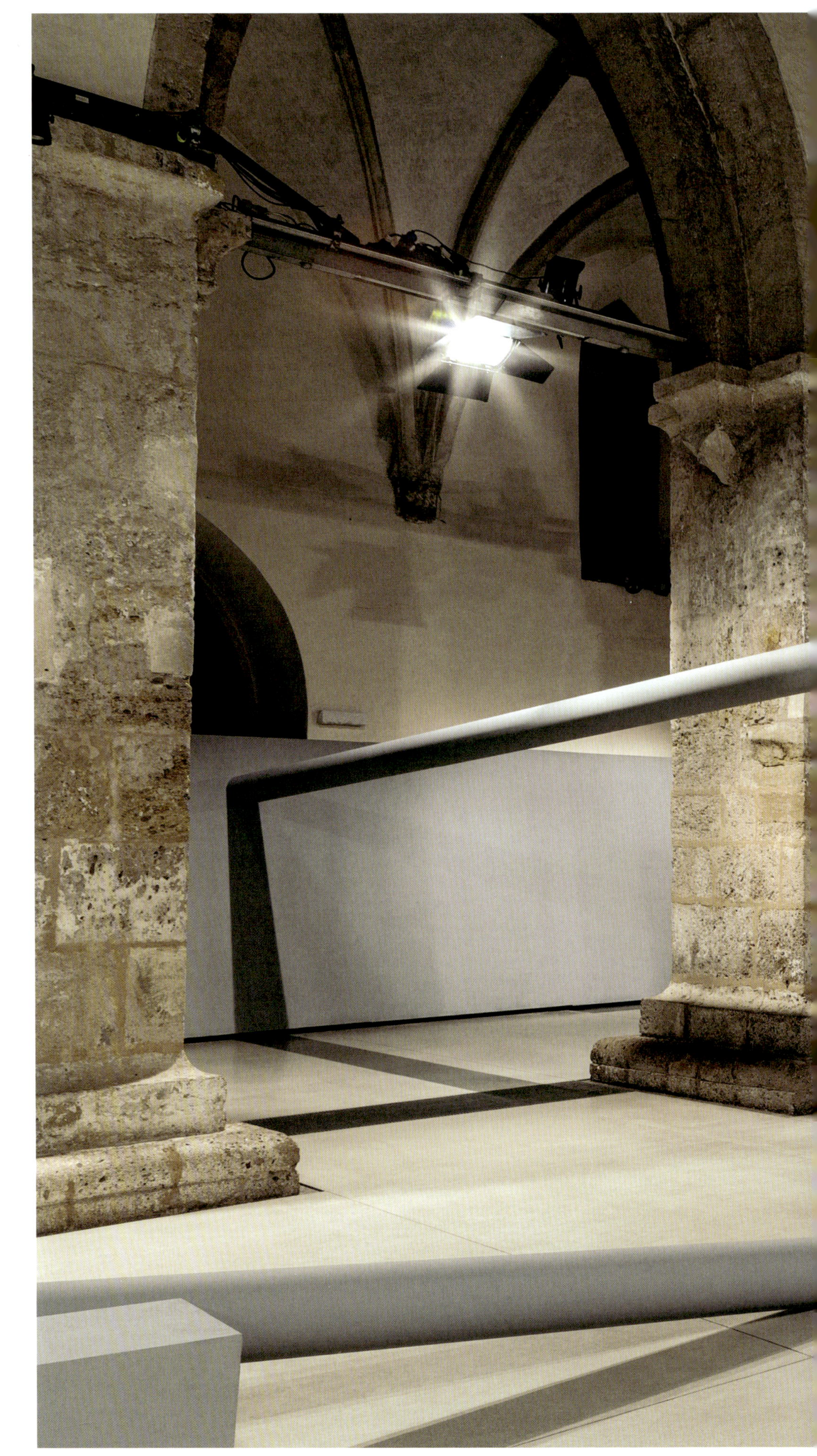

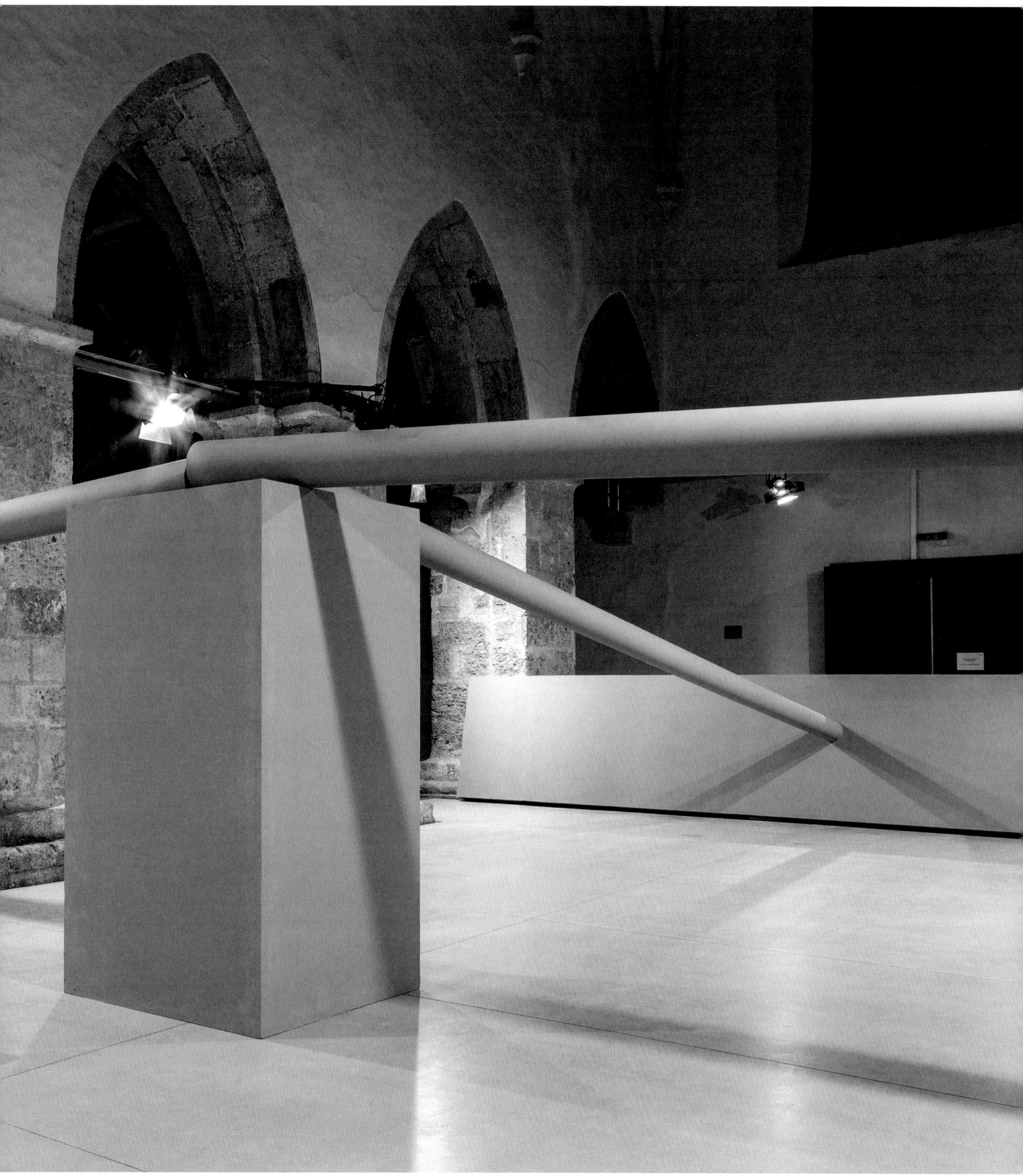

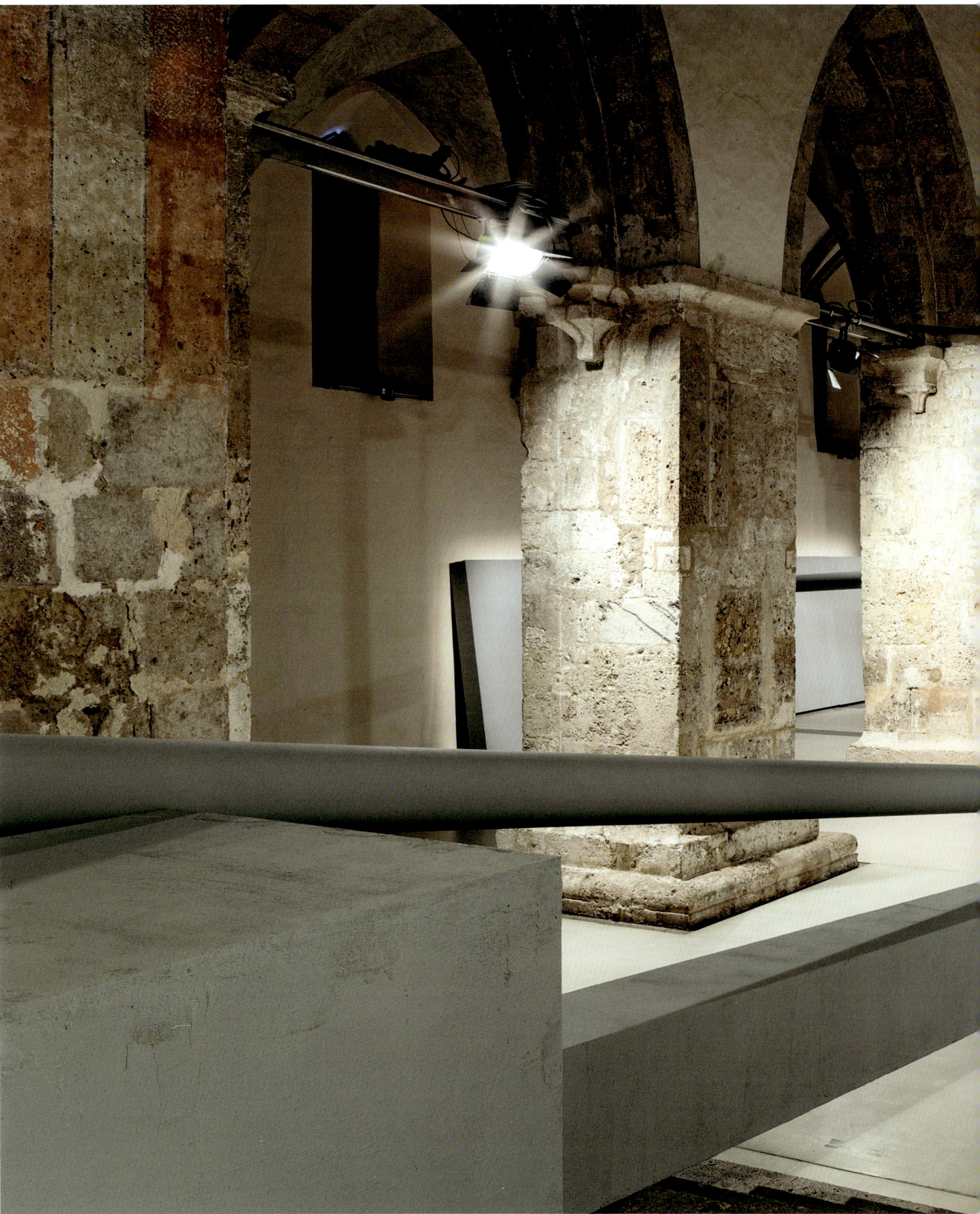

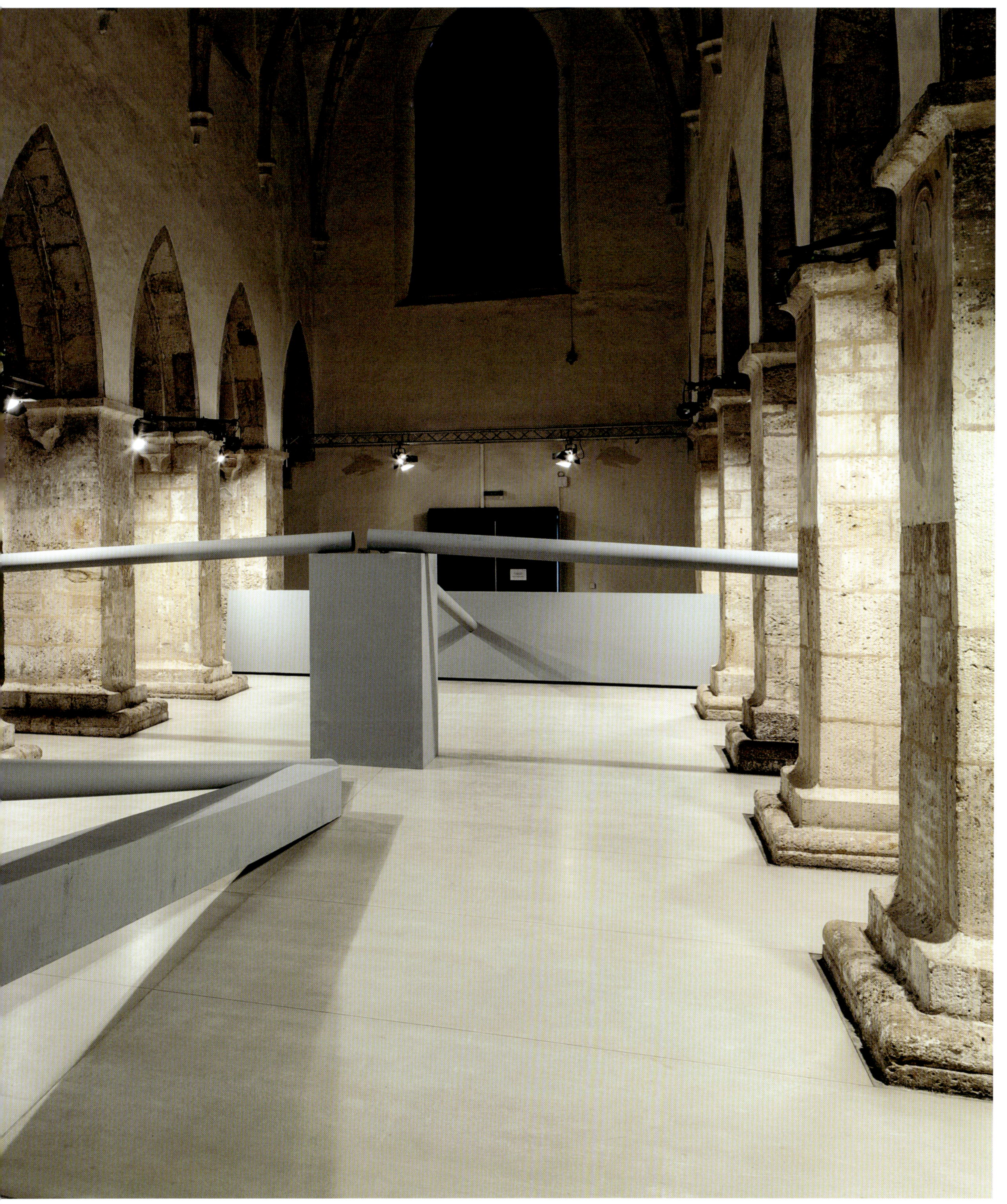

24 days out of 274,668

Margareta Sandhofer

Most of Michael Kienzer's sculptures of the last few years were either concentrated forces, stacked layers, an interplay or exertion of effects back and forth between the different industrially-fabricated elements (sheet materials, boards, pipes, lead mats, rubber mats…), or else individual lines making maximum and autonomous use of the room's volume without infringing on it ("Sich" (Itself), 2006, installation, Kunsthaus Graz; ill. p. 40) or soaring capriciously into the space as freehand strokes ("et voilà", 2011; "Zeichnung Vol. 4" (Drawing vol. 4), 2014; ill. p. 27). Their characteristic mode, almost always, was that of acting within the space. They were self-referential, introverted, entwined in some intrinsic constriction and sometimes inner problematique ("Verbiegung Vol. 2" (Bend vol. 2), 2015; "Haltung Vol. 9" (Posture vol. 9), 2014; "Selbstmaschine" (Self-machine), 2013; "CARS", 2000; ill. p. 53).

In evident contrast, the work "24 von 274.668 Tagen" (24 days out of 274,668; ill. pp. 34, 39, 44–51) in the Minorite Church in Krems, Austria operates in a very different mode. Acting within the space has been superseded by acting contrary to it: the sculpture collides with the boundaries of the space and challenges it – for 24 days, which is the exhibition's duration and hence the period of time it claims within the lifespan of the church building (from its consecration in 1264 until the end of the exhibition). Notwithstanding this dispassionate rationale for the exhibition's title, it also has a poetic dimension. It points to the transience of appearances but without ruling out the enduring presence of some underlying substance. The basic elements of the sculpture are mechanical set-pieces, defying categorisation in terms of their materiality, ambivalent in neutral grey. Reduction to this extent promotes concentration on form and formality, which instantly makes its presence felt with bizarre capriciousness in powerful momentum. Whereas other works by Michael Kienzer wanted to tell us something about their composition, the current work does not. Not that it rejects this possibility; it simply never arises. This work deals exclusively with itself and the architecture as its counterpart. The viewer is not involved, but observes this dialogue purely as a bystander.

The architecture of the Minorite Church, poised at the threshold between Romanesque and Gothic, appears perfect in its balanced proportions. Both its colossal structure and the spatial volume of its interior are supremely imposing. Anyone or anything – in this case, the artwork – might bow, submit, yield to such a commanding presence. This sculpture will not. Unlike earlier works by Michael Kienzer, which openly present themselves as formulated works of art, i.e. something created by the artist's hand, this work seems autonomous: automatic. Here, the object is the subject. The artist's presence takes a back seat to the work's capricious action; authorship as artistic authority recedes behind the potential of art.

The sculpture "24 days out of 274,668" seems to have a centre and to have evolved radially from that. Seeking the possible starting point, the source of the incalculable force and momentum, one looks involuntarily to a towering, cubic element positioned centrally in the nave. Although it is neither pillar nor pedestal,

Verbiegung Vol. 2, 2015, Blei, Gummi
Bend Vol. 2, 2015, lead, rubber | 17 x 39 x 55 cm

Selbstmaschine, 2013, Aluminium, Blei, Stahl
Self Machine, 2013, aluminium, lead, steel | 90 x 120 x 180 cm

Haltung Vol. 9, 2014, Aluminium, Blei, Gummi, Stahl
Posture Vol. 9, 2014, aluminium, lead, rubber, steel | 204 x 157 x 118 cm

CARS, 2000, Autos, Klebeband
CARS, 2000, cars, tape | 300 x 180 x 450 cm

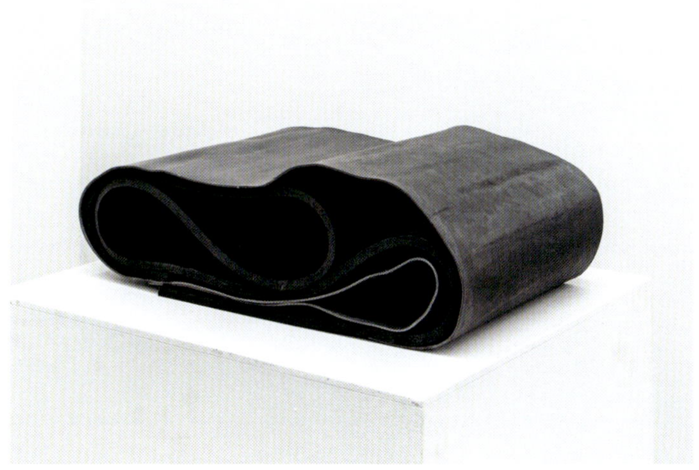

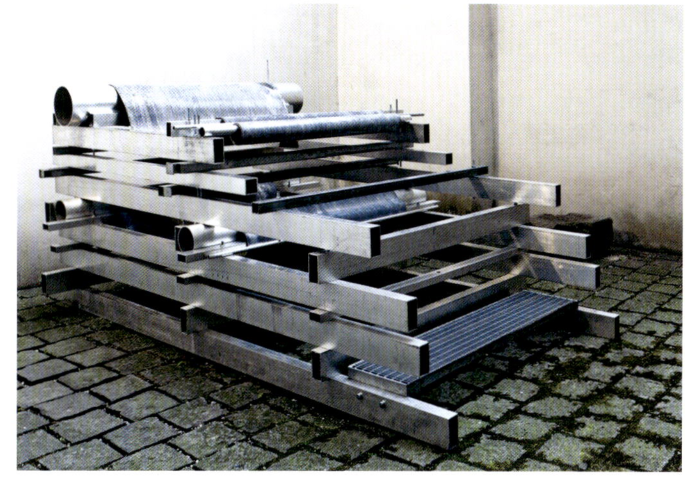

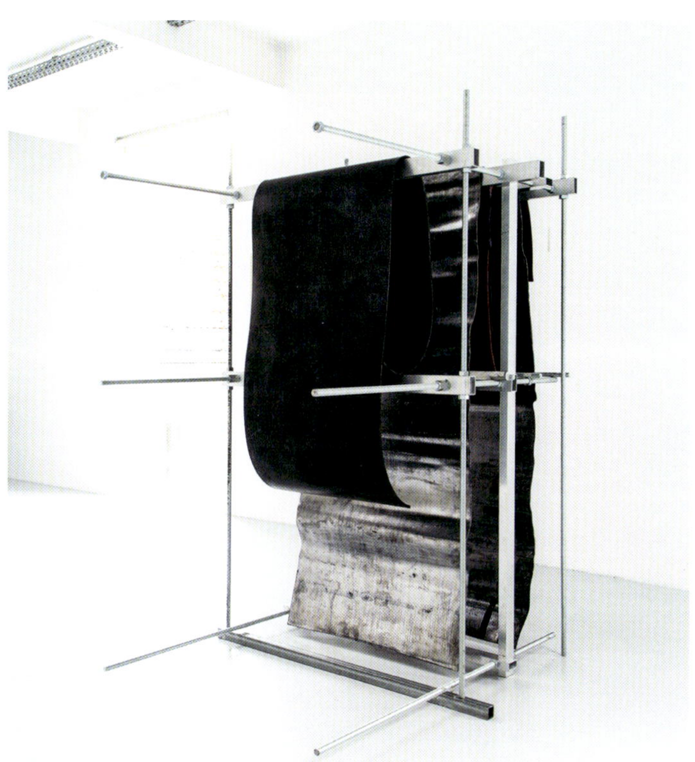

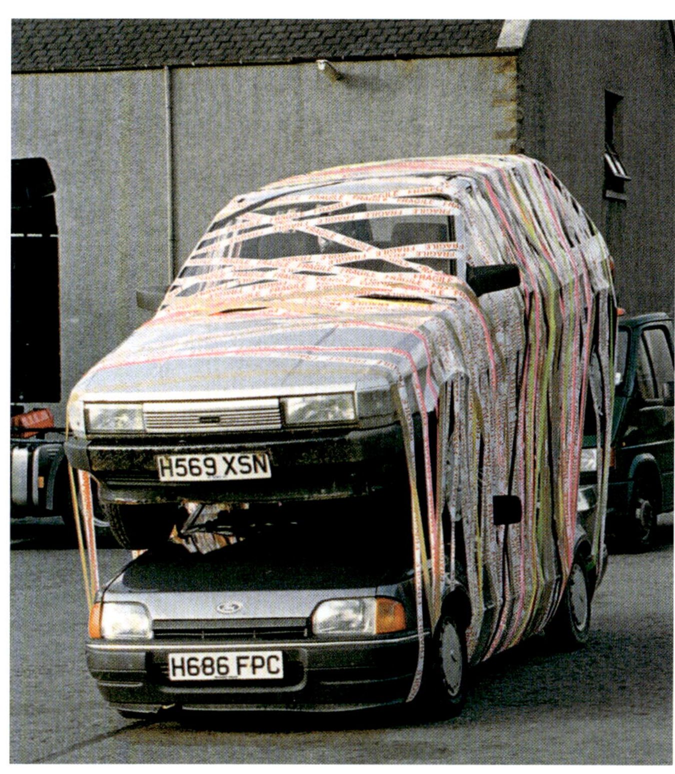

it measures up to the masonry pillars that bear the mighty Romanesque vaulting on all sides. This light grey, cubic element has a curiously impudent, comical air, as if signalling to the historical pillars a defiant "I can do that, too". For it has the same cross-section as the columns, and supports a kind of rod framework which has just worked loose and fallen apart – if it was even connected in the first place. This is not only the sculpture's central motif but its punchline, its humour.

Resting upon it are the ends of three rods, which have obviously taken on an existence of their own as subjectivised elements. Immanent to these rods seems to be a paradoxically vast strength, for each of them is pressing a solid slab against the architectonic boundaries of the church; sideways, through the row of pillars, up against the outer walls of the side aisles – how the rods could have manoeuvred the slabs into that position is unclear. In one direction, frontally towards the church entrance, they thrust against the first pair of pillars as if attempting to push away these obstacles or at least get to the bottom of their permanence. It is demonstrably a test of strength that is not martial but more playful, born of exhilarating ambition and plastic elegance. Towards the choir the sculpture extends in a fourth direction. In its endeavour to reach the choir, the rod attached to this slab seems to have fallen off the central cubic element along with the other elements lying more or less loosely on the floor around it. One, cubic in form, might belong to the central element as the complementary part to form a complete support. The other is a long, robust body with a square crosssection, whose function and relation, whose very presence even, is rooted in noncommittal arbitrariness.

The same arbitrary quality essentially characterises the sculpture "24 days out of 274,668". Anarchically it has developed its own logic, from which its own substance and emergent energy are unleashed. The capricious constellation operates acts as a law unto itself. Its genesis and evolutionary process have been governed by a wayward logic, accountable only to itself, which fundamentally defines the entity of the work. Its inevitability unfolds asymmetrically, defiantly and undogmatically, in many respects disjointedly, and is self-contradicting. No causal explanation is forthcoming, and for this very reason, connecting ideas take shape.

The sculpture implies both a previous as well as a future form of existence, and thereby a discrepancy in the ontological, the physical, the spatial and the temporal sense, without exhibiting anything of that tangibly. This inner momentum of tension reinforces the dialectic of the intervention in the church building. The sculpture interweaves the late Romanesque pillar arrangement with a flexible and accessible system, penetrates the spatial volume upwardly and outwardly, and is a provocation to the church's stonework architecture: it works counter to the latter's steadfast historicity and dominant, powerful appearance – in dynamic presentness, contemporary in its autarchy and self-activation, responding to sacred mystique with a vision of a different kind.

The pale, neutral grey and the smoothed, levelled surface lend the sculpture a lightness that seems at odds with its imposing volumes and heightens the impression of an abstract situation. The incidence of light and shadows is emphasised on this deindividualised surface, and lends dynamism both to the suggested movement of individual parts and the subtle elevation of the entire constellation. The initially very semiotic quality of the sculpture reaches its interpretive potential through contextualisation in the architectonic system of the church building: the church with its awe-inspiring structure stands emblematically as an institution favouring strict systems or apparently intransigent rules. However, the Minorite Church is deconsecrated, a relic of a superseded power structure and, as such, a space voided of meaning, albeit one that makes a powerful statement. Amid the sculptural rebellion against these hollowed-out strongholds of a rigid order, contemporary problematiques can be called to mind associatively and profound connections made with precarious situations of modern humanity playing out in every arena in the political, the secular, the religious or the ideological sense (or senselessness).

Michael Kienzer's intervention in the Minorite Church not only subverts the spatial structure of the church interior formally, but more than that, it is intent upon a figurative effect: a comparable process of robust critique and reflection on principles of existing thought structures, whose validity is open to doubt and should be challenged with gusto. Archaic architecture and temporary sculpture perform an ambivalent play of opposing intensities, held in tension-laden balance – if only for the moment, because the part of the sculpture that extends towards the choir still seems on the brink of motion and therein holds a silent drama, a subversively persistent momentum.

Trailer, 2009, Farbe, Holz, Licht, LKW-Anhänger
Trailer, 2009, colour, wood, light, truck trailers

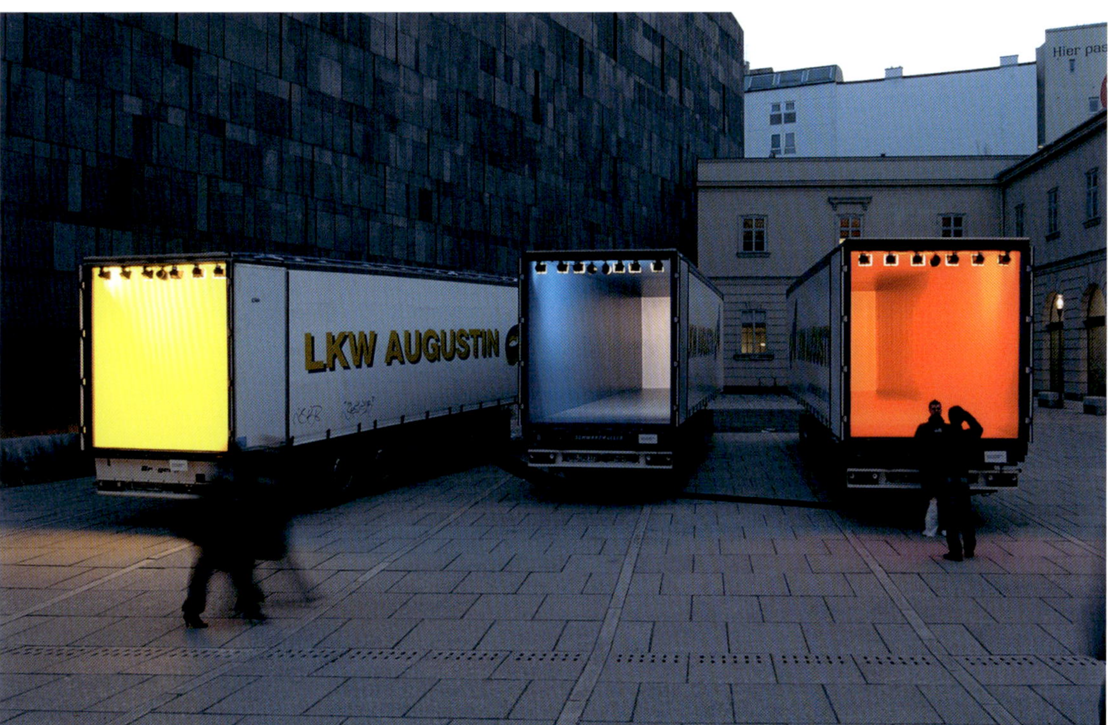

Gerhard-Marcks-Haus, Bremen: Lose Dichte | Loose Density

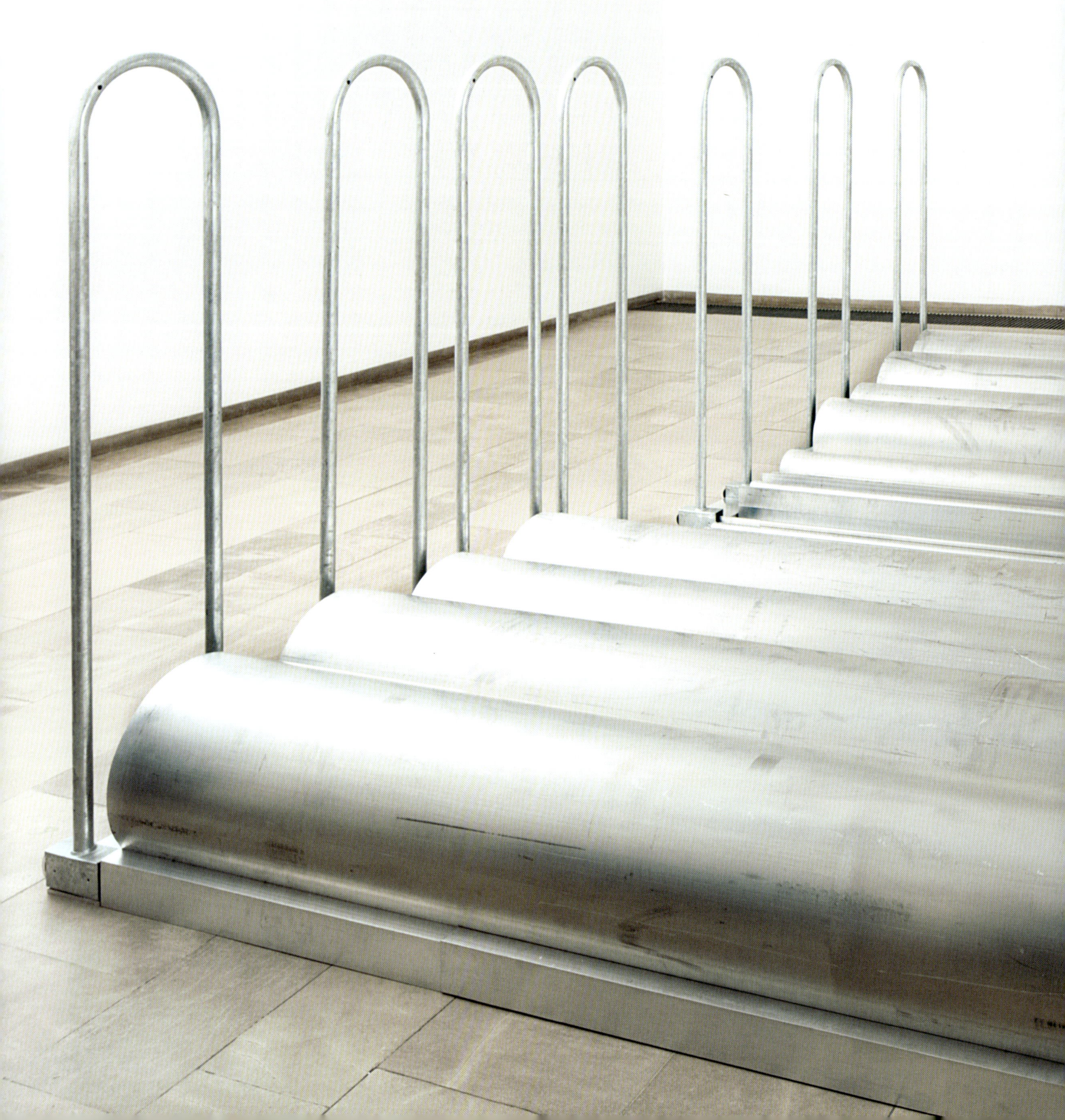

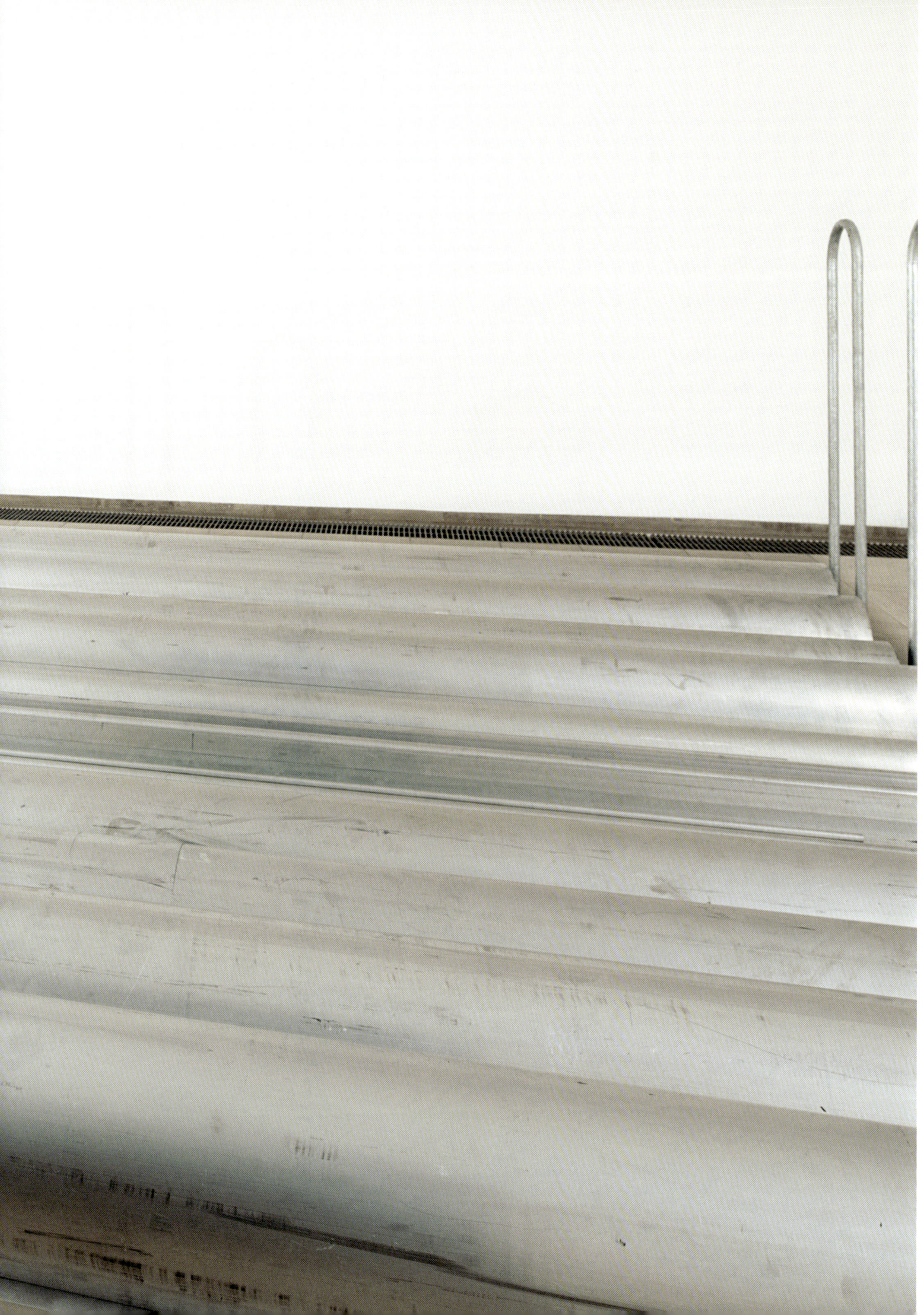

Michael Kienzer: Lose Dichte

Lisa Le Feuvre

25 Aluminiumrohre liegen Seite an Seite. 22 berühren den Boden, drei ruhen sanft auf ihren Kollegen. Fünf sind massiv, schwerer als ihre beweglichen Freunde, deren Formen über lange und schmale innere Räume verfügen, die einen Kreis des umgebenden Ausstellungsraums rahmen, wenn man hindurchsieht. Es gibt sechs, in die ich meinen Arm hineinstecken könnte, bis ganz nach oben. Es gibt zwei, in die mein ganzes Bein hineingezwängt werden könnte. In zwei würde mein Unterarm passen, in eine nur das Handgelenk. Es gibt zwei weitere, in die drei meiner Finger hineingedrückt werden könnten und dann noch zwei, in die nur die Kuppe meines kleinen Fingers passt. Wenn ich mich zu dieser Gemeinschaft von Formen hinzugeselle und mich neben ihnen ausstrecken würde, wären alle länger als ich. Fünf haben eckige Profile und ruhen fest auf dem Boden, wo sie sich an den unentrinnbaren Gesetzen der Schwerkraft festhalten. 20 haben perfekt runde Profile. Sie könnten frei rollen, wenn sie nicht von einem Rahmen am Platz gehalten würden, der sie wie in einem offenen Käfig ordentlich zusammenzieht. Dieses einpferchende Gebilde wurde, obwohl es jetzt statisch ist, entwickelt um mobil zu sein – ausgestattet mit Rollen, die durch eine kleine Manipulation auf den Boden gehebelt werden können und damit die ganze Familie von Formen als Einheit in Bewegung setzen.

In Wahrheit jedoch, das was ich wirklich tun möchte, ist meine Schuhe auszuziehen und barfuß auf diesen Zylindern zu laufen, um zu sehen, ob ich diese funktionell aussehenden Rohre zum Drehen bringen kann und damit die Skulptur in stationäre Bewegung. Es würde sich sicherlich kalt an den Fußsohlen anfühlen, und es ist sehr wahrscheinlich, dass ich falle und als Folge davon mehr Lärm mache, als es in einem Museum üblich ist. Das alles ist allerdings nur Mutmaßung: »Formfolge Vol. 2« (2014; Abb. S. 56, 59) ist eine Skulptur, die mit den Augen wahrgenommen werden soll. Der Titel, ein Akt der Namensgebung, kann ins Englische grob als »character study« übersetzt werden und damit auf eine Analyse der Eigenschaften und Qualitäten verweisen, die die individuelle Natur einer Person als Priorität über die umgebenden Narrativen stellt.

Wie alle Skulpturen Kinzers ist »Formfolge Vol. 2« aus zweckdienlichen Elementen konstruiert, Ressourcen, deren Wert in ihrem Potenzial liegt. Kienzer ist ein Künstler, der sein Material sorgfältig wählt – über die letzten vier Jahrzehnte verwendete er beharrlich Aluminiumrohre, die benutzt werden, um Stoffe in Gebäude zu bringen, Glasscheiben, die Fenster schließen, Gewindestangen, um die Muttern gedreht werden können, Teppich, der soziale Konventionen definiert, normierte Sperrholzplatten, mit denen Wände geformt werden, mechanische Teile, mit denen Fahrzeuge in Bewegung gesetzt werden können, Metallroste, die Barrieren und Brücken schaffen können, Schaum, der Oberflächen vor Schaden schützen kann, Gurte, die alles an ihrem Ort halten, und Magnete, die die Schwerkraft leugnen. In allen Fällen bestehen sie aus einfachen Formen – Kreise, Zylinder, Flächen, Linien und Raster. Kienzer pervertiert jedoch den Gebrauchswert dieser konfektionierten Gegenstände; er orchestriert sie zu unabhängigen Körpern, Wesen, die ihr Recht auf Existenz

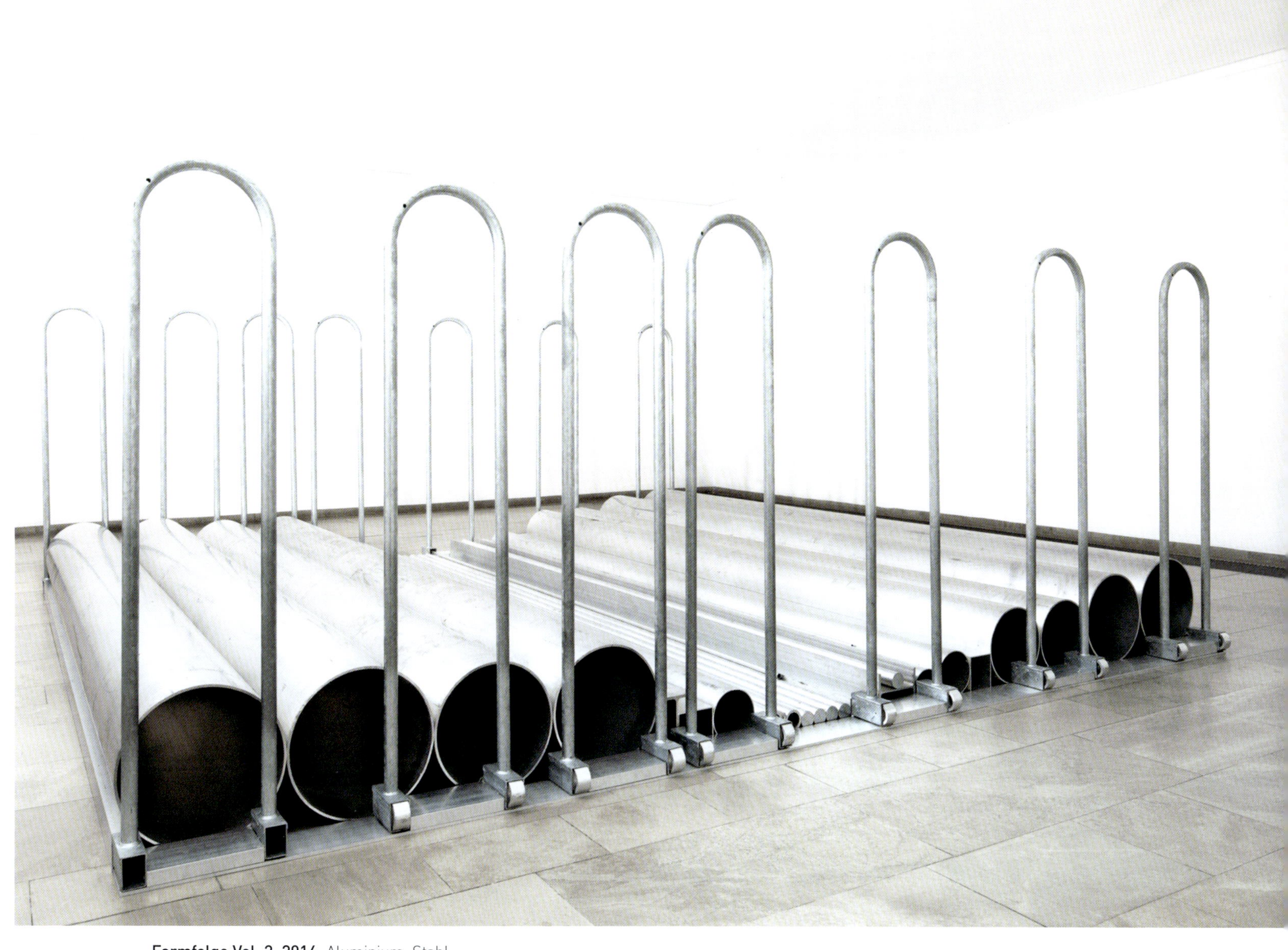

Formfolge Vol. 2, 2014, Aluminium, Stahl
Form Sequence Vol. 2, 2014, aluminium, steel | 147 x 406 x 392 cm

geltend machen. Sie scheinen am glücklichsten zu sein (wäre das möglich, denn natürlich sind es nur Skulpturen und nicht fühlende Wesen), wenn ihre Oberflächen sich berühren. Sie halten ihre Stellung, sie stellen sich denjenigen gegenüber auf, die auf sie treffen, sie strahlen Selbstbewusstsein in ihrer Identität als Skulptur aus.

Trotzdem sind Kienzers Skulpturen offen fragil. Er lässt seine industriellen Objekte nicht tadellos und unberührt; sie sind weit entfernt von minimalistischer Perfektion. Es wurde mit ihnen hantiert, sie wurden fallen gelassen und es wurde mit ihnen vor Ort gerungen und ganz sicher wurden sie ohne Hand-

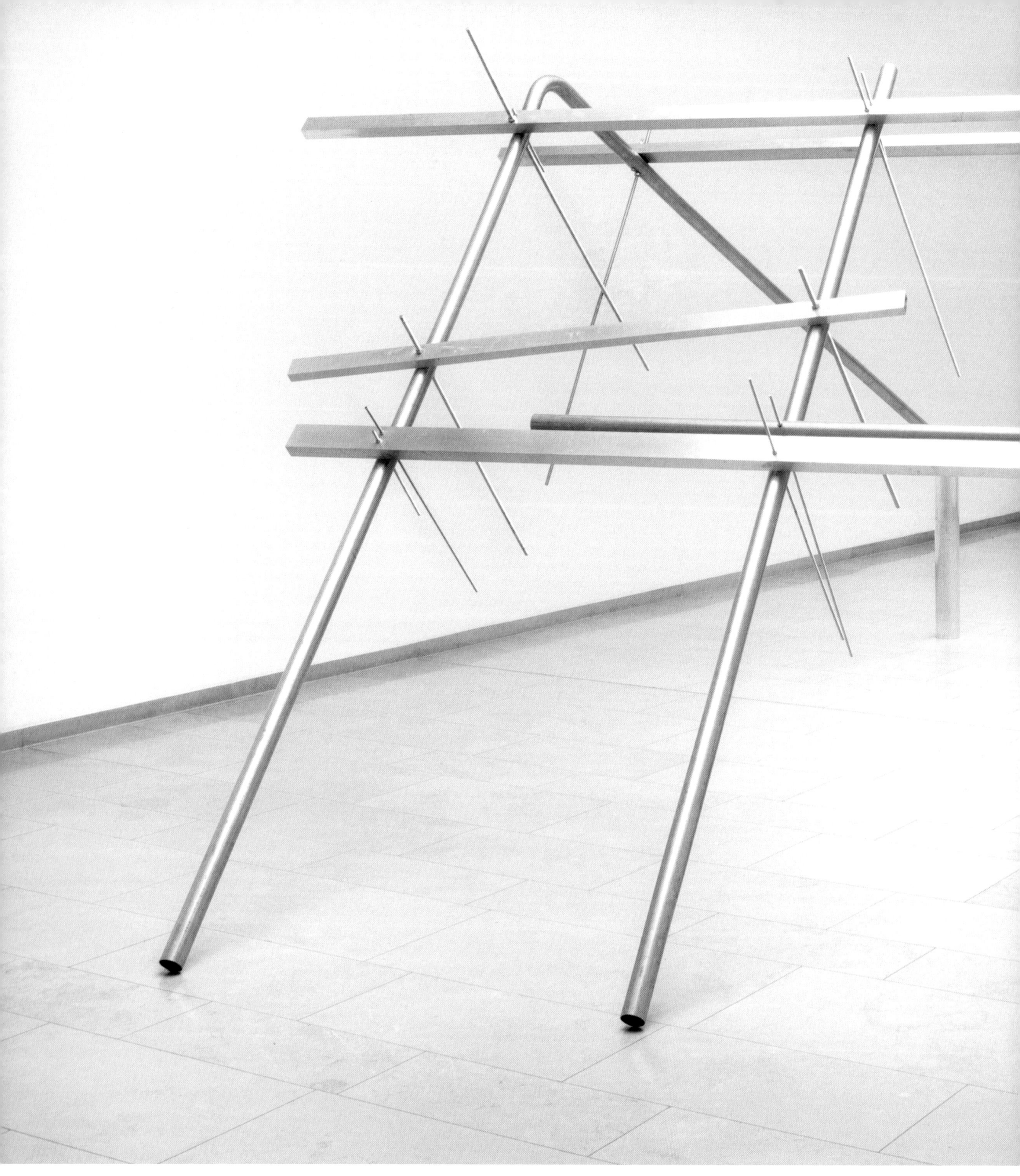

Szene, 2014, Aluminium, Stahl
Scene, 2014, aluminium, steel | 225 x 462 x 477 cm

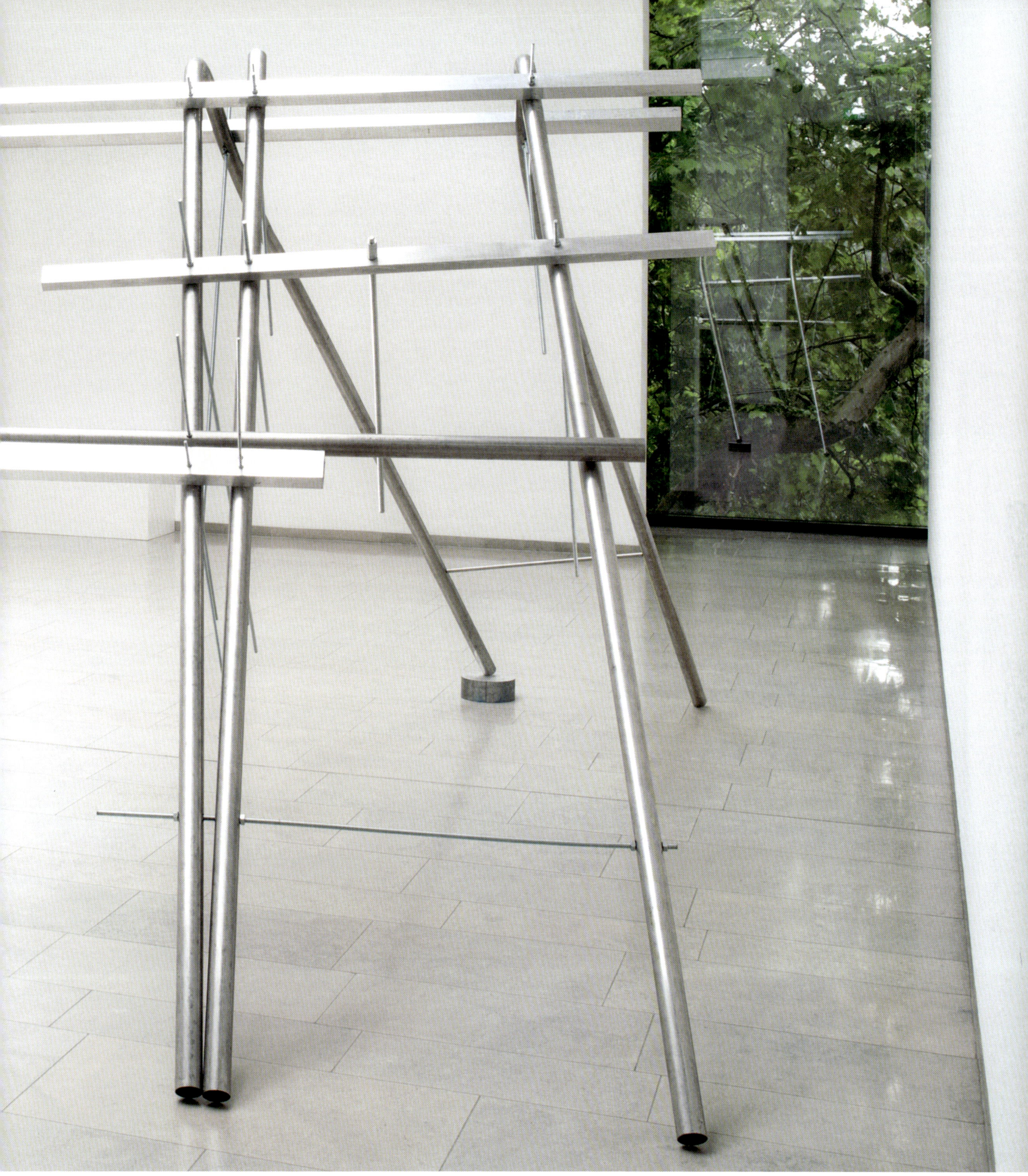

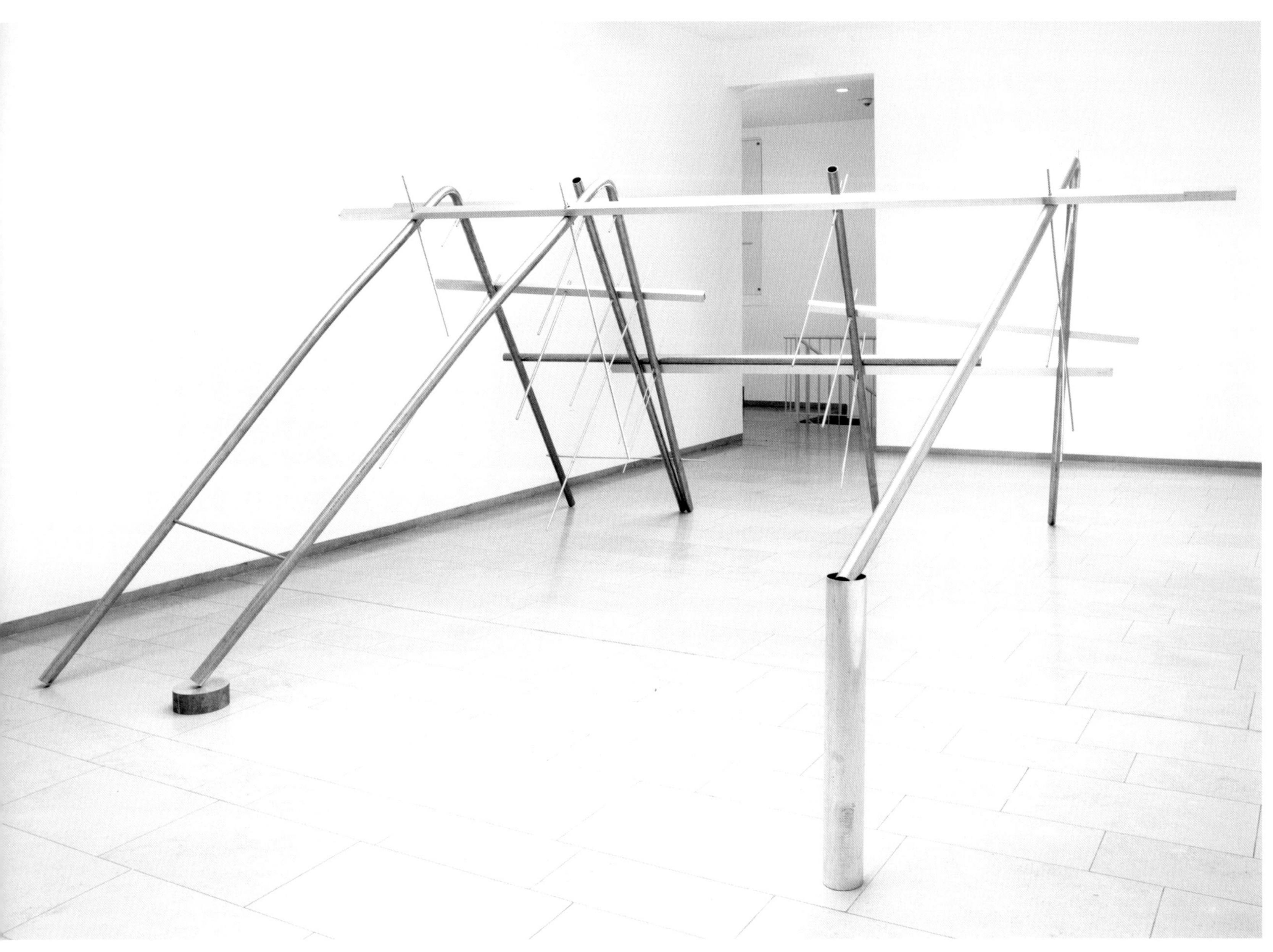

schuhe getragen. Seine Skulpturen sind aus verschrammten und staubigen Materialien, die den Eindruck erwecken, dass einzelne Elemente schon lange herumliegen und dabei sehr wahrscheinlich über Wochen, gar Jahre Atelier-Überbleibsel auf ihren Oberflächen sammeln, während sie darauf warten ausgewählt zu werden. Sie sind schmutzig, verbeult, unperfekt und darum wunderbar menschlich. Sie sind, um die Beobachtung des Kunsthistorikers Rainer Metzger zu benutzen, »gesättigt nunmehr mit der Erfahrung, dass das Leben aus Beschädigung besteht«.[1] »Szene« (2014; Abb. S. 60–62) zum Beispiel macht mich nervös. Ich kann ungeschickt sein und die Grenzen meiner eigenen Körperlichkeit vergessen. Ich laufe regelmäßig in Dinge hinein und genauso wie Kienzers Kunstwerke ist meine Haut oft mit blauen Flecken markiert, die erzählen, dass ich nicht genug auf meine Umgebung aufgepasst habe. »Szene« ist eine gefährlich instabile Skulptur: Die Gewindestangen, die Kienzer so mag, sind fest an ihrem Platz montiert, aber sonst gibt es keine wirklich sichere Verbindung, nur ein paar Milimeter Kontakt mit dem verlässlich konstanten Fußboden. Ich weiß, wenn ich meinen Körper falsch einschätze, während ich daran vorbeigehe, wird sie erschüttert und zittern und mag auch zusammenbrechen. Tatsächlich mag das bei genauer Betrachtung bereits passiert sein. Es gibt schon Beulen und Flecken. Dieser Skulptur-Turner ist trainiert, um straff zu stehen, aber kann er diese Pose über eine längere Zeit halten?

William Tucker hat die Bildhauerei einmal als ein Gegenstand von Schwerkraft definiert, der sich in Licht offenbart [2] – wie uns Menschen zieht die Schwerkraft die Bildhauerei zum Boden und bringt jede Form von Stapelung und Anhäufung nach ihrer eigenen Logik in eine neue Balance. Kienzer fordert die Wahrheit der Schwerkraft heraus. »Szene« ist ein Gleichgewicht wie »Haltung Vol. 5« (2008; Abb. S. 68, 71) – eine selbstsichere Anordnung, die, wie uns der Titel erzählt, Haltung und Gesinnung zeigt. Dies ist ein Reigen von Materialien, der die Frage stellt, wie er konstruiert wurde. Zwei Glasscheiben, drei Spanplatten, drei Holzbalken und zwei Metallprofile werden mit Gummigurten zusammengehalten – wie man sie benutzt, um schweres Baumaterial vom Handel zur Werkstatt oder Skulpturen vom Atelier zu Galerie zu bewegen. Hat der Künstler allein gearbeitet, dabei seine Arme und Beine verdreht, um die Verbindung herstellen zu können, schnell die Gurte zusammengeknotet, mit ein paar misslungenen Versuchen, die das Scheppern von fallenden Teilen auslösten? Oder hat er andere überredet, ihm zu helfen dieses perfekte Gleichgewicht zu finden? Oder hat er im Hintergrund gestanden und die Versuche beobachtet, das Puzzle zu lösen, als ein Beobachter, der Fehler abschätzt?

Eine Skulptur braucht sowohl einen Körper, um sie zu erstellen, als auch um sie wahrzunehmen. Sobald öffentlich gemacht, gibt die Begegnung mit einem wahrnehmenden Körper der Skulptur einen eigenen Körper. Sie hält ihren Ort und weigert sich für irgendjemanden oder irgendetwas Platz zu machen. Egal, wer du bist, du kannst nicht am gleichen Ort wie eine Skulptur stehen – sie insistiert darauf, dass du herumgehst. Ein Körper, ob Mensch oder Skulptur, braucht Raum und andere Körper, um seine eigene Identität zu finden. Kienzers Skulpturen sind gesellig und körperlich. Sie laden zu haptischen

Begegnungen ein, scheinen zu sagen: »probiere mich aus«, und darum zu bitten, dass ihre visuelle Einschätzung direkt in eine haptische Wahrnehmung übergeht.

»Vierung Vol. 2« (2017; Abb. S. 82, 84, 85) ist eine Konstruktion, durch die man hindurchgehen kann, um von der Besonderheit eines jeden einzelnen Körpers vermessen zu werden, der über ihre nicht zu identifizierenden Grenzen hinübertritt. Die Skulptur ist eine Art von Kontrollstruktur, aber sie kann wie jede Architektur nicht für einen speziellen Körper angefertigt werden, sondern nur für generalisierte Versionen. Es gibt eine Drehtür um das Eintreten zu regulieren, in der Art wie man sie am Eingang öffentlicher Schwimmbäder, Sportstadien und älterer Teile des New Yorker U-Bahn-Systems findet. Sie ist gerade groß genug für einen Körper, aber ich bin sicher, dass jemand, der gelenkig und schlank ist, einen Weg finden kann, um sich zu biegen und ohne Drehung der Tür hindurchzuschlüpfen, während ein größerer steckenbleibt und Hilfe benötigt, um befreit zu werden. Rudimentäre Wände sind aus Metallplatten und Betonsteinen aufgebaut – gebrauchte Materialien, die vielleicht im Dunkeln von einem Müllhaufen auf einer Baustelle entwendet wurden. Die Ecken der Steine sind gebrochen. Einer wurde mit Rot und Gelb aus einer Sprühdose unterbrochen, womit für einen sorgfältig gewählten Schuss Farbe innerhalb dieser Gruppierung von Skulptur gesorgt ist. Es gibt dort eine Kombination von zwei Typen von Standard-Stahlfußböden – die Rastervariante, die fließendem Wasser erlaubt, darüber zu laufen, ohne dass Tropfen hängen bleiben, und eine die Antirutschstreifen aufweist, sodass man darauf laufen kann, egal wieviel Flüssigkeit sich auf der Oberfläche ausbreitet. Es gibt jedoch einen Fehler: Ein Stück des Antirutschfußbodens wurde falsch herum installiert, wodurch es so glatt wie Eis wird und zu slapstickartigem Fallen einlädt. Auf dem Boden steht ein Stuhl, ein Drehstuhl ohne Rückenlehne, der den darauf Sitzenden dazu befähigt, aus allen Blickwinkeln zu beobachten.

Dieser Stuhl in »Vierung Vol. 2« ist ein skulpturales Element, aber in einem anderen Werk – »Skulptur mit Sessel Vol. 2« (2008; Abb. S. 66) – wird der Sitz als Skulptur abgelehnt. Der Titel informiert uns, dass der Armstuhl bloßer Träger ist, eine Stütze, ergänzend zur Skulptur. Acht Holzbretter in Standardgrößen sitzen auf diesem Stuhl und neun ruhen an seiner Rücklehne – einer in einer leicht wärmeren Farbe. Dieses Holz ist Holz, aber auch kein Holz – es ist ein menschengemachtes Material, das für Natur einsteht. Es ist billiger als Holz, das von einem Baum geschlagen wird, und es kann in Standardgrößen hergestellt werden. Der Stuhl ist alt und nichts Besonderes. Viele Körper haben sich darauf fallen lassen und nun ist dieser Körper eine Skulptur. Körper und Materialien – Kienzer spielt in all seinen Skulpturen auf ihren Kontakt an.

Wir Menschen versuchen geschäftig die Welt zu kontrollieren. Wir zwingen uns in den Erzählungen, die wir für uns selbst erfinden, uns als Mittelpunkt zu behaupten. Im Versuch, die Ambiguitäten, die uns umgeben, zu verhandeln, bauen wir Gegenstände – manche dieser Dinge sind Skulpturen und manche sind Maßnahmen, um unter all den Dingen, die wir nicht verstehen, eine Annäherung an Objektivität zu finden. 1971 schrieb der Kunsthistoriker Rudolf Arnheim, der Wahrnehmungspsychologie und Kunst mit einander verband, ein schmales Buch »Entropy and Art: An Essay on Disorder and Order«. Er besprach die Beziehung zwischen Kunst und Entropie – ein Begriff aus dem zweiten thermodynamischen Gesetz, der in den 1950er-Jahren Teil der Alltagssprache wurde, als die Angst um die Erschöpfung der Energiequellen zum Mainstream wurde. Arnheim öffnete seine Argumentation: »Ordnung ist die notwendige Vorbedingung für alles, was der Menschengeist verstehen möchte. Den Plan einer Stadt oder eines Gebäudes, einen Satz zusammengehöriger Werkzeuge, eine Warenauslage, oder auch die Darlegung von Tatsachen und Gedanken in Worten, ein Gemälde, ein Musikstück – alles das nennen wir geordnet, wenn ein Beschauer oder Zuhörer ihre Gesamtstruktur erfassen und ihre Verzweigungen im einzelnen verfolgen kann. Ordnung lenkt die Aufmerksamkeit auf Gleichheiten und Ungleichheiten, auf Zusammengehörigkeit und Unabhängigkeit.«[3] Ordnung erlaubt es Annahmen zu machen. Sie wird allgemein als lobenswert gesehen: als ein Indikator von gutem Management, Effizienz und Sorgfalt im Umgang mit knappen Ressourcen. Worte und Zahlen helfen, Ordnungen einzuschätzen und Unwägbarkeiten zu umschiffen. Länge, Höhe, Breite, Gewicht, Textur, Material, Farbe, Form und Masse sind regelmäßige Schlagwörter für die Skulptur, die das permanente Problem der Subjektivität umgehen. Titel sind immer wichtig für Kienzers Skulpturen – sie schaffen Koordinaten für jede Begegnung. Jedes Treffen mit einer bestimmten Skulptur kann unmöglich wiederholt werden – das wechselnde Licht, die wechselnde Welt und die wechselnde Stimmung des Betrachters beeinflussen die Erfahrung. Oft verweisen Kienzers Titel auf grundlegende Prinzipien – in der Zusammenstellung von Skulpturen im Gerhard-Marcks-Haus finden wir »Punkt Linie Fläche« (Abb. S. 71, 73), »20 x 94 Grad« (2010; Abb. S. 69, 72) und »Lose Dichte«. Der letzte Titel ist nicht nur für eine Skulptur, sondern für die gesamte Ausstellung ausgewählt. »Lose Dichte Vol. 12« (2016; Abb. S. 79) hängt an einer Wand an einem Haken. Seine Form besteht aus einer Masse von Linien, die im Zusammenspiel von Magneten gehalten werden. Meine Vermutung – der Künstler mag solche Ambiguität – ist, dass diese Linien aus ehemaligen Metallregalen geformt worden sind, die in eine neue torsoartige Formation verknäuelt wurden.

Dichte bezieht sich auf die relative Kompaktheit jeder Substanz. Wenn sie lose ist kann sie verdichtet werden, kann die Luft herum weggenommen werden. Ein solcher Prozess führt dazu, dass die Masse reduziert wird, während das Gewicht konstant bleibt. Was könnte »Lose Dichte« im Kontext der Skulptur bedeuten? Kienzers Forschung benutzt Körper, Material, Funktion und Schwerkraft. Zwei Jahrzehnte vor »Art and Entropy« schrieb Arnheim über Dichte und Skulptur. Er beschrieb, dass eine Skulptur und der sie umgebende Raum wie zwei Volumen zusammenarbeiten. Sie schenke dem Umraum Volumen durch ihre »Textur, Dichte und Festigkeit«. [4] Ob im Museum, im Herzen der Stadt oder in einer einsamen Landschaft, Skulpturen verlangen eine Begegnung. Sie warten, um wahrgenommen zu werden, warten, um umkreist zu werden, warten, um durch den Körper und den sie umgebenden Raum ver-

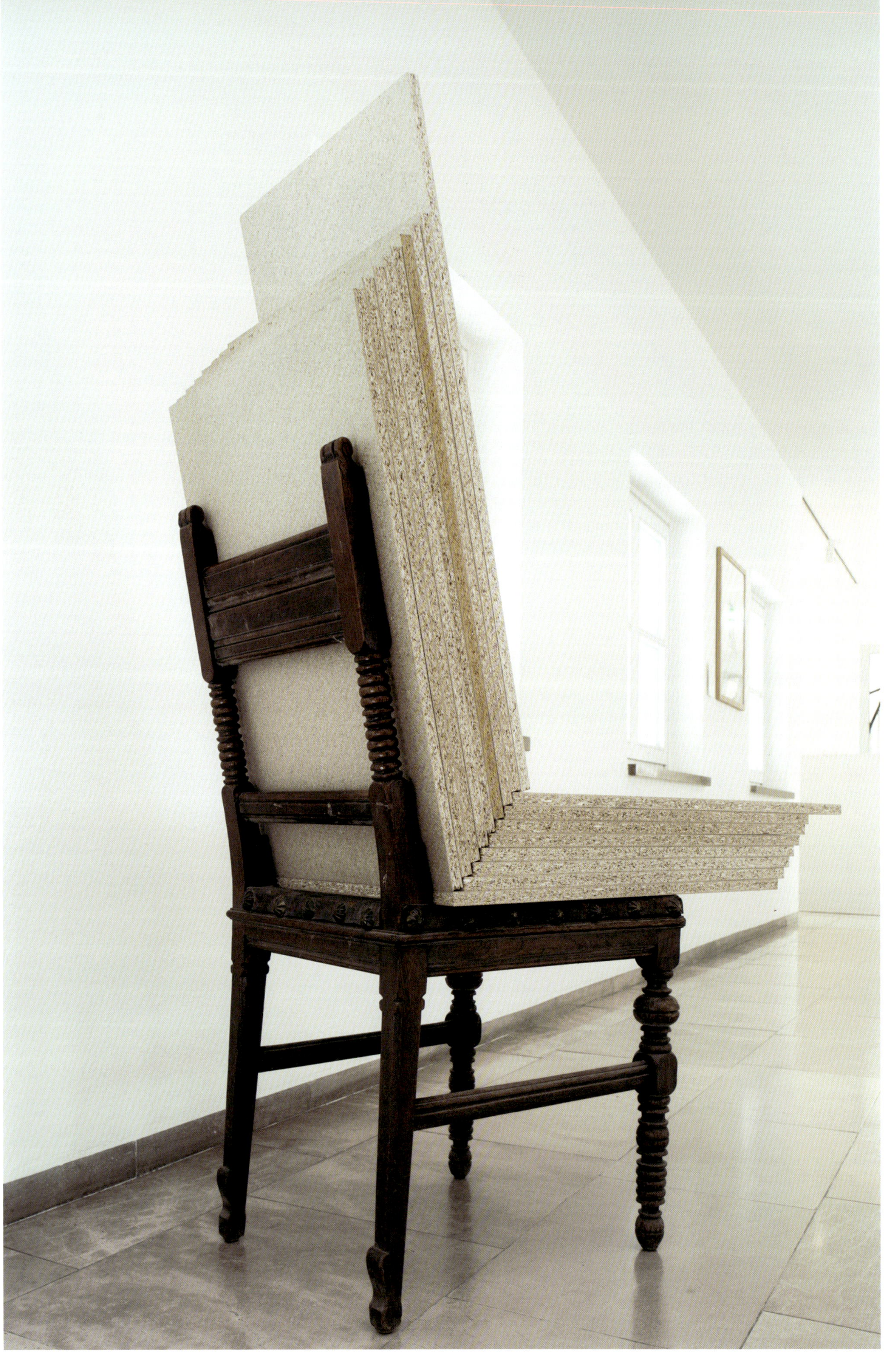

messen zu werden. Eine Skulptur besitzt in jeglicher Art von Raum alles, was sie umgibt – die Dichte einer Skulptur schafft Negativraum. Eine Skulptur sitzt nicht in einer Leere; sie verändert die Eigenschaften von dem, was um sie herum ist. In »Lose Dichte« zeigt uns Kienzer, wie wir über die Welt durch die »eigenen Bewusstseinsleistungen« [5] lernen können, durch die Öffnung eines Wahrnehmungsregisters, das von seinen Skulpturen und ihren Gesprächen initiiert wird.

[1] Rainer Metzger: Kienzers Katachreses. Über die Richtigkeit des falschen Gebrauchs bei Michael Kienzer, in: Michael Kienzer. Verstreute Formen, Ausst. Kat. Landesgalerie am Oberösterreichischen Landesmuseum Linz, Linz 2003, S. 10–16, hier S. 10.

[2] William Tucker: The Condition of Sculpture, London 1992, S. 7

[3] Rudolf Arnheim: Entropy and Art. An Essay on Disorder and Order, Berkeley (Ca) 1971, p. 1. Zitiert nach der deutschen Übersetzung: Entropie und Kunst. Ein Versuch über Unordnung und Ordnung, Köln 1979, S. 9

[4] Rudolph Arnheim: Art and Visual Perception. A Psychology of the Creative Eye, Berkeley (Ca) 1954, S. 242 (eigene Übersetzung).

[5] Christian Denker: Bezugspunkte zwischen Licht und Form, in: Michael Kienzer. Hin und her, Ausst. Kat. Galerie Elisabeth & Klaus Thoman Innsbruck/Galerie Bernard Jordan Paris, Wien 2008, S. 62–63, hier S. 62.

Skulptur mit Sessel Vol. 2, 2008, Holz
Sculpture with Chair Vol. 2, 2008, wood | 138 x 45 x 95 cm

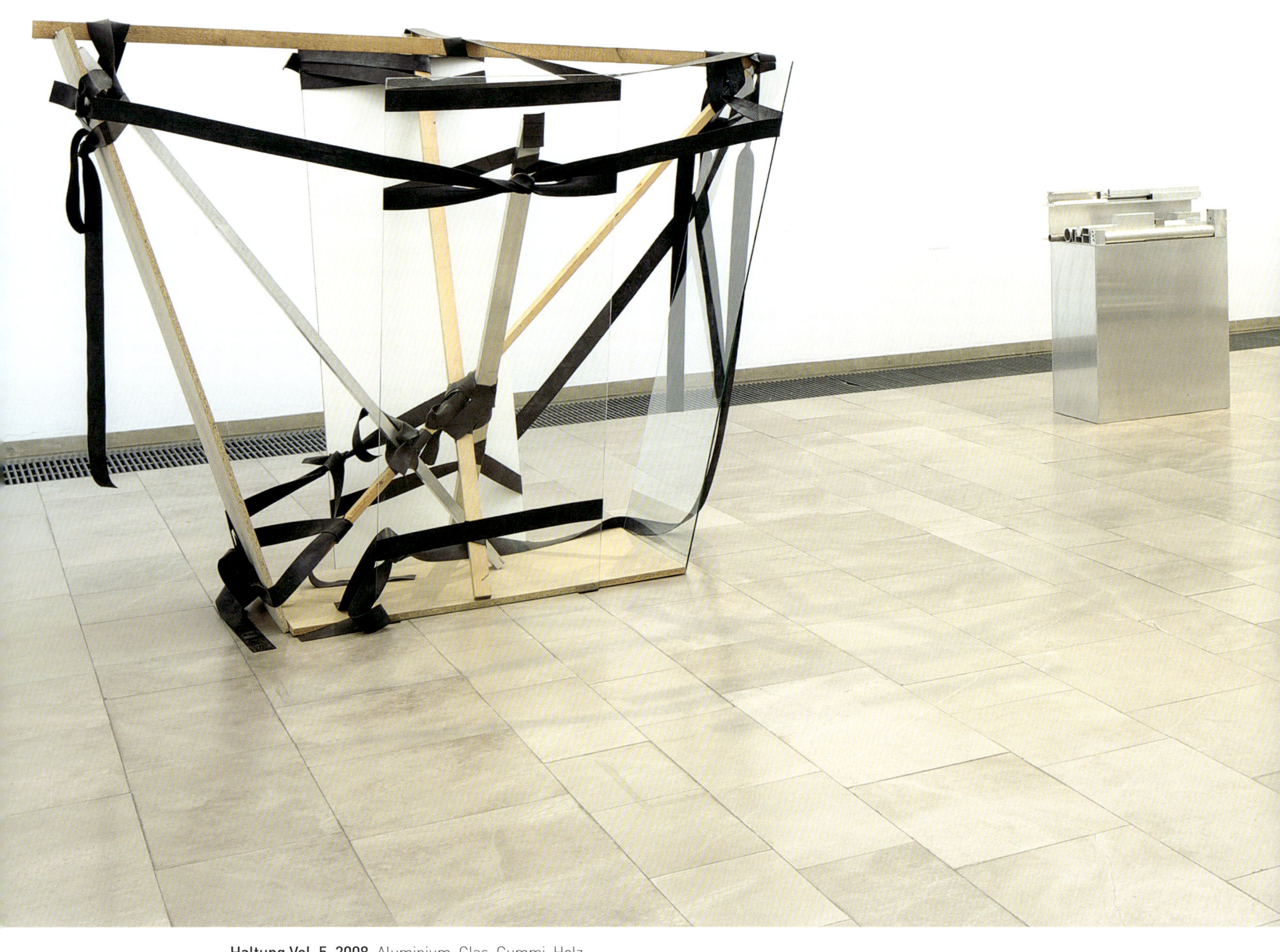

Haltung Vol. 5, 2008, Aluminium, Glas, Gummi, Holz
Posture Vol. 5, 2008, aluminium, glass, rubber, wood | 170 x 222 x 155 cm

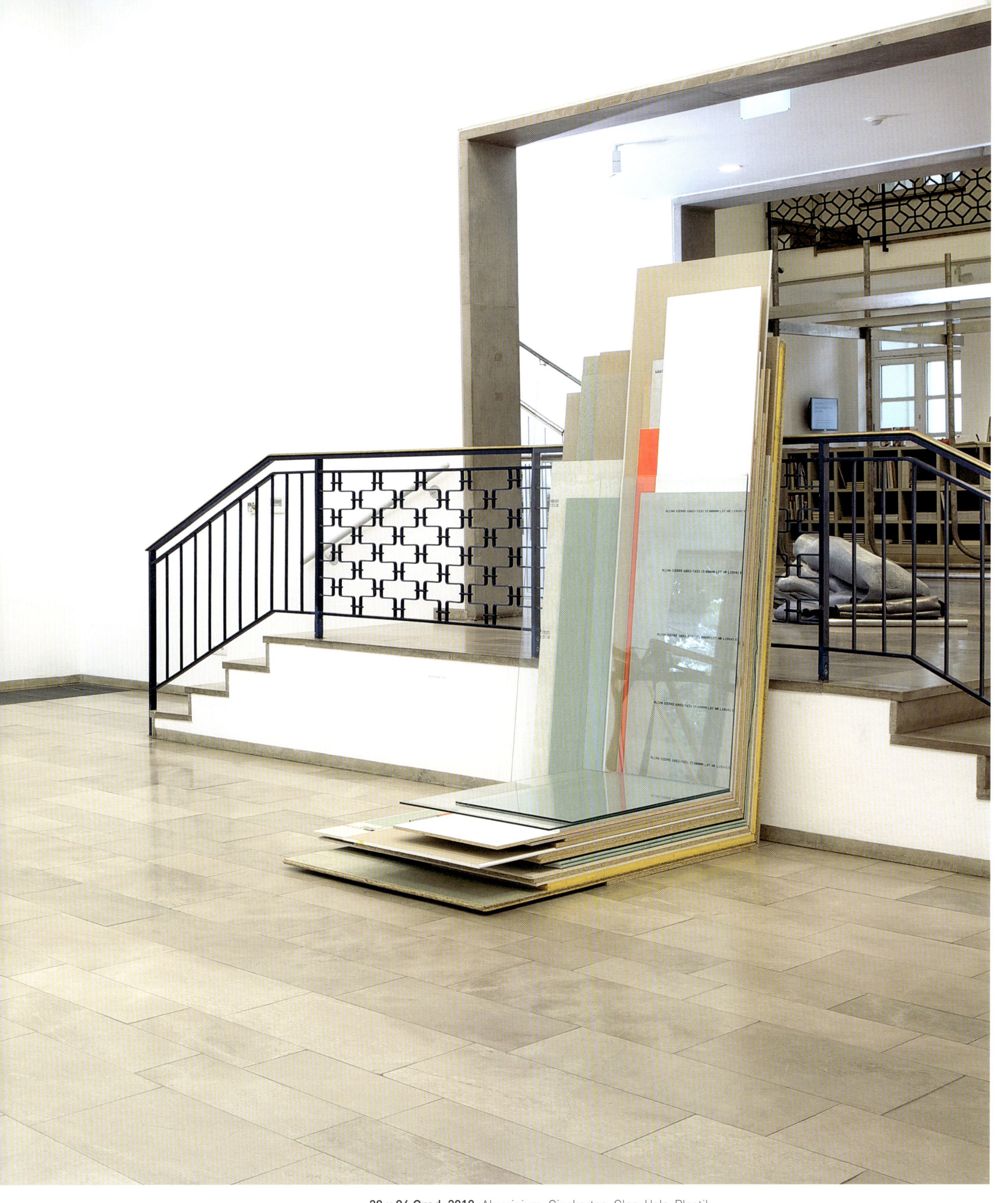

20 x 94 Grad, 2010, Aluminium, Gipskarton, Glas, Holz, Plastik
20 x 94 Degrees, 2010, aluminium, plasterboard, glass, wood, plastics | 242 x 110 x 202 cm

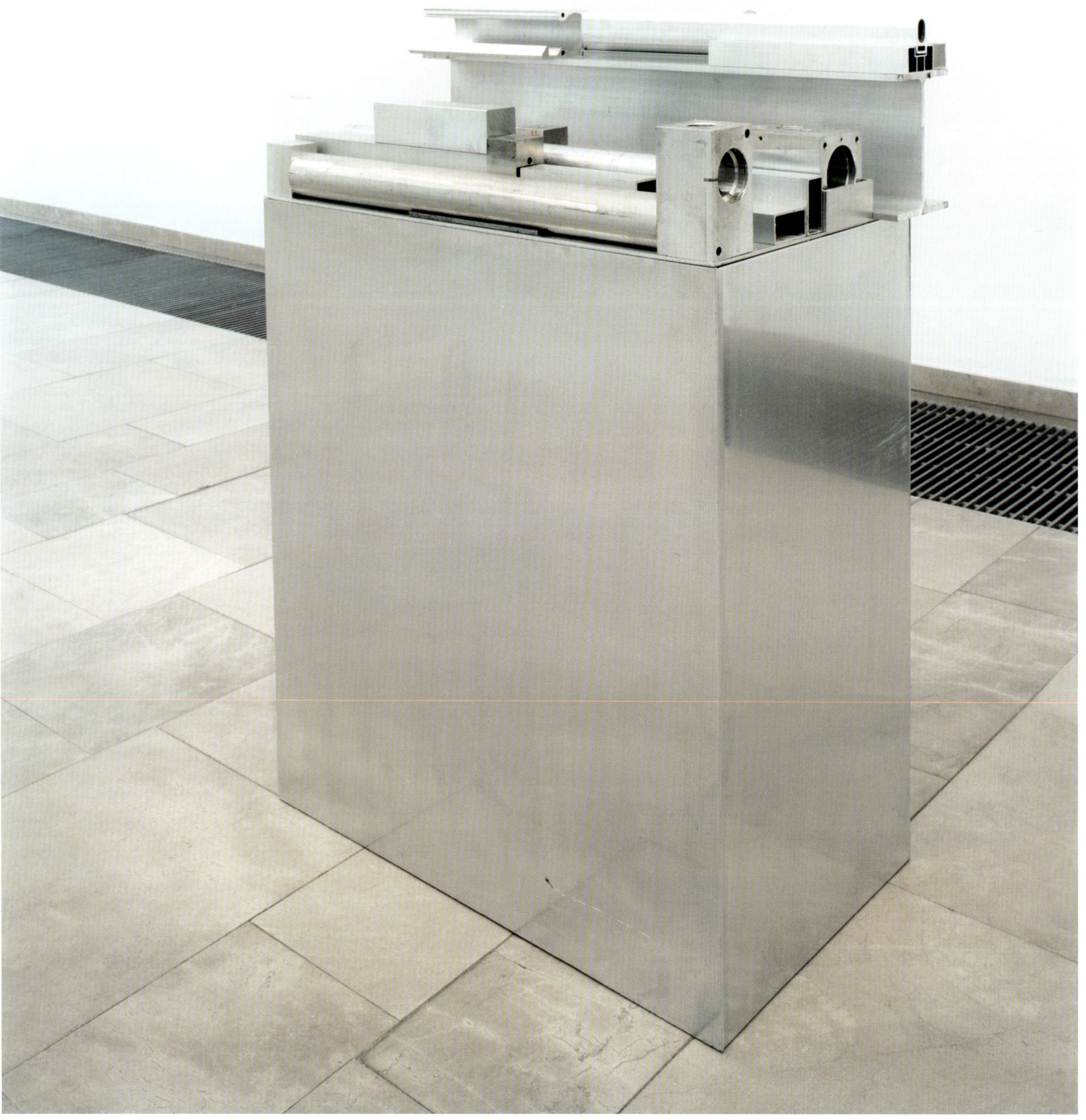

Verlegung Vol. 5, 2016, Aluminium, Stahl
Arrangement Vol. 5, 2016, aluminium, steel | 100 x 84 x 42 cm

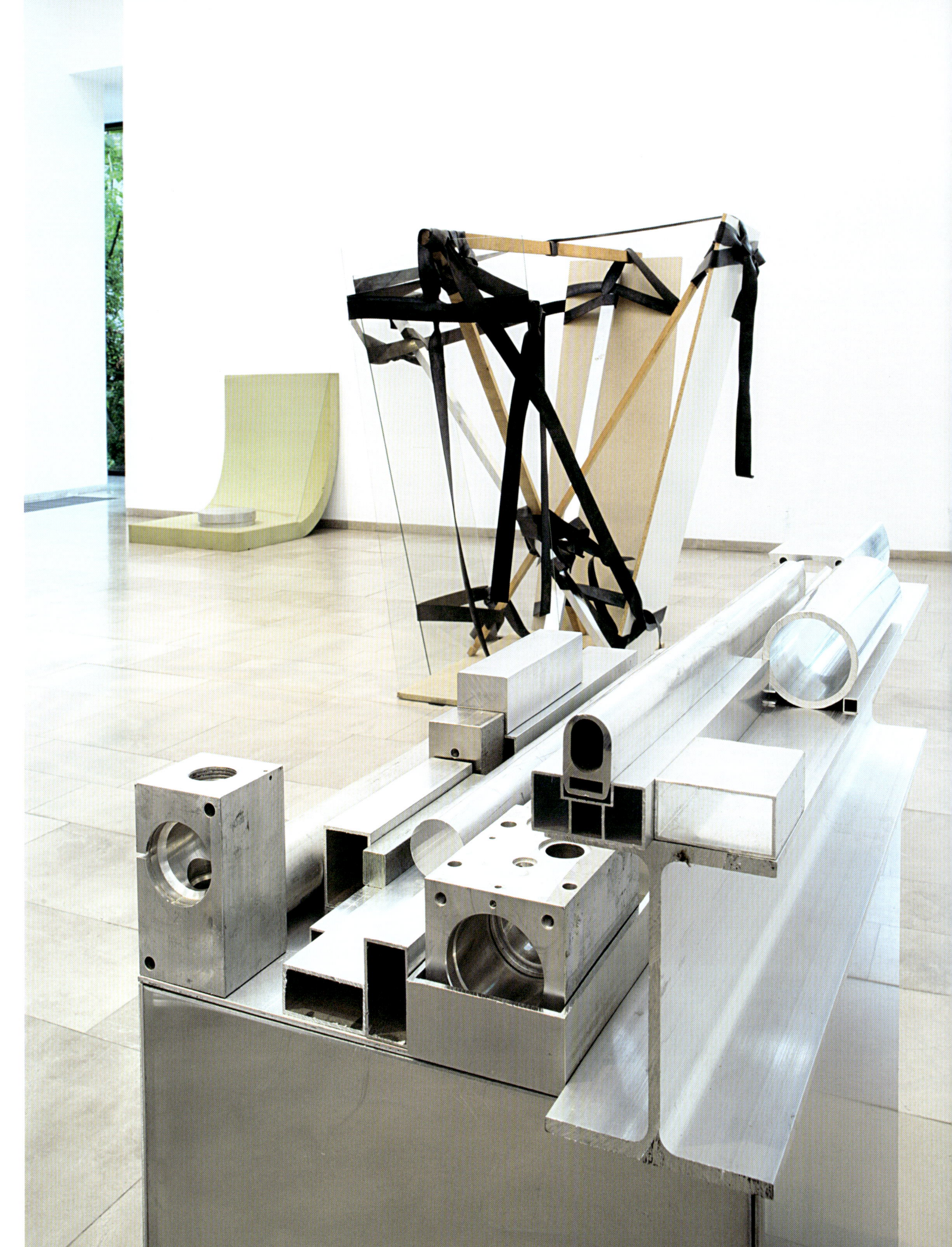

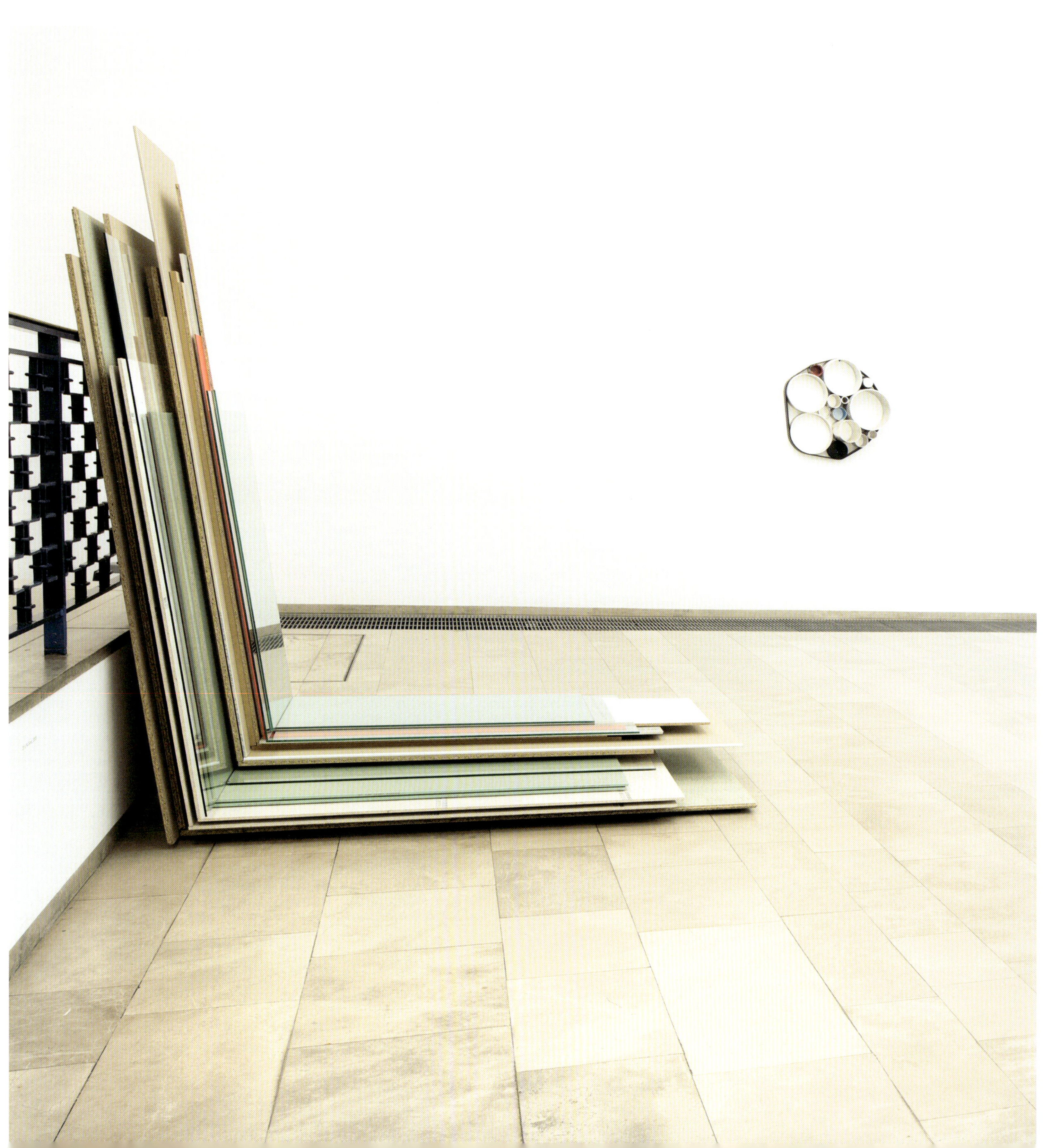

Punkt Linie Fläche, 2012, Aluminium, Glas, Schaumstoff
Point Line Plane, 2012, aluminium, glass, plastic foam | 129 x 101 x 122 cm

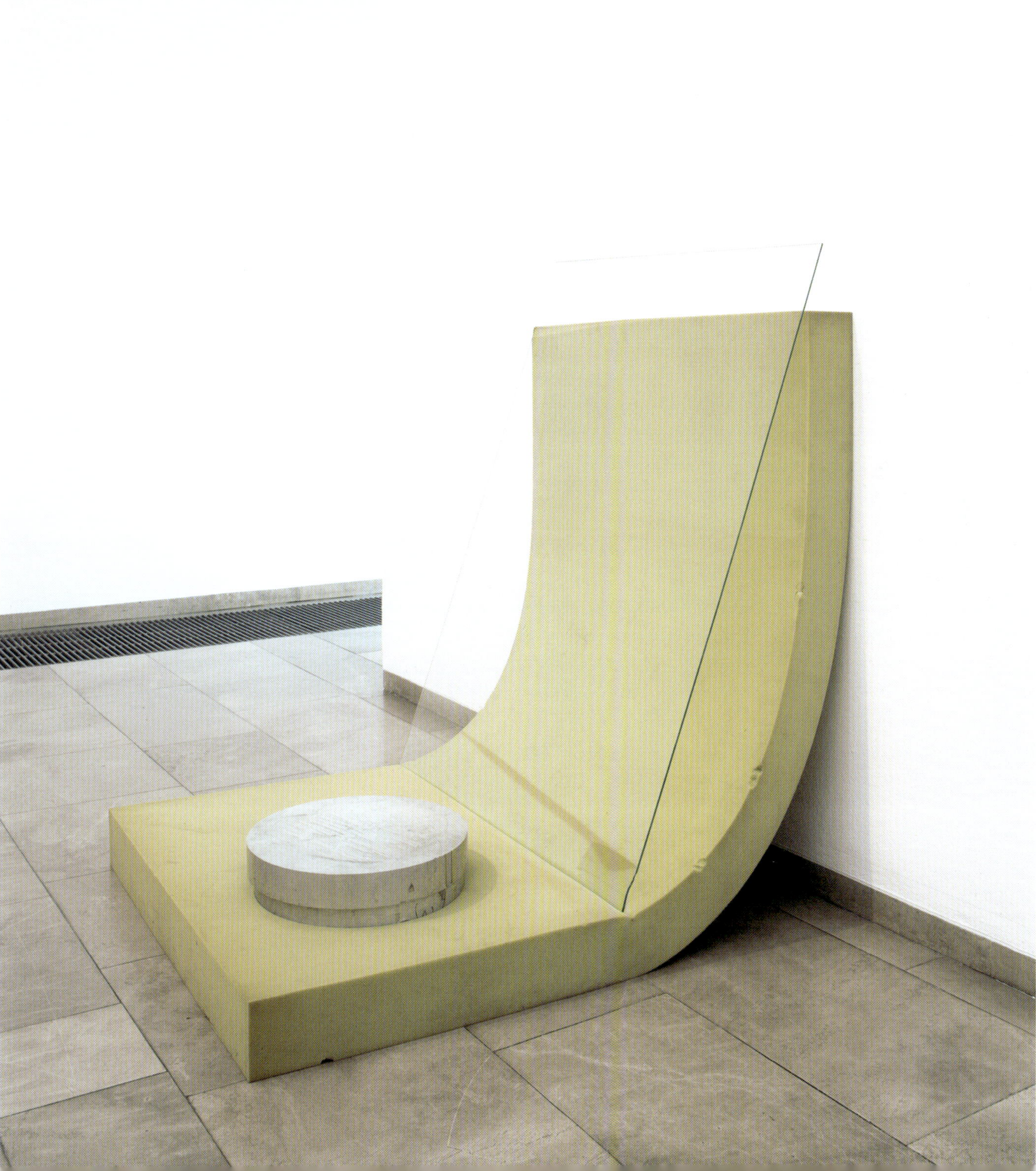

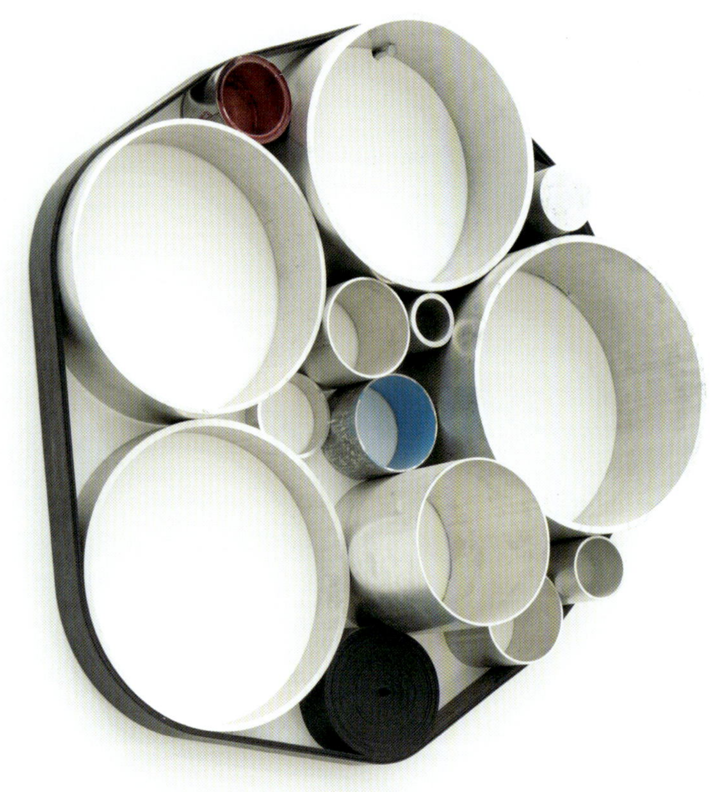

Ohne Titel, 2013, Aluminium, Blech, Gummi, Klebeband, Lack
Untitled, 2013, aluminium, plate, rubber, tape, paint | 85 x 84 x 21 cm

Michael Kienzer: Loose Density

Lisa Le Feuvre

Twenty-five aluminium tubes lie side-by-side. Twenty-two touch the floor, three rest gently on their colleagues. Five are solid, heavier than their nimble friends whose forms possess long and narrow internal spaces that, if you look through, frame a circle of the surrounding gallery spaces. There are six that I could push my arm into, all the way to the top. There are two my whole leg could squeeze into. Two would fit up to my forearm, one just the top of my wrist. There are two more where three of my fingers can be forced in, and then a further two that can only hold the tip of my smallest finger. If I were to join this community of forms and stretch out beside them all would be taller than me. Five have angular profiles and sit firmly on the ground, adhering to the inescapable rule of gravity. Twenty have perfectly circular profiles. They might roll free, were they not held in place by a framework neatly drawing them together in an open cage. This corralling device, although static now, has been made to be mobile – fitted with castors that, with a little manipulation, can be levered to the ground, making this family of forms move as a single unit.

In truth, though, what I really want to do is to take off my shoes and, barefoot, run on top these cylinders to see if I can make these utilitarian-looking tubes spin, setting this sculpture in static motion. It would doubtless feel cold on the soles of the feet, and there is a high likelihood I would fall and, as a result, make more noise than is conventional in a museum. This, however, is all conjecture: "Formfolge Vol. 2" (Form sequence vol. 2, 2014; ill. p. 56, 59) is a sculpture to be perceived with the eyes. The title, an act of naming, can be loosely translated to English as "character study", referring to an analysis of the traits and qualities that prioritise the individual nature of a person over surrounding narratives.

Like all of Kienzer's sculptures "Formfolge Vol. 2" is constructed from useful components – resources whose value lies in their potential. Kienzer is an artist who makes careful material choices – over the last four decades he has persistently deployed aluminium pipes used to bring services to buildings, panes of glass that seal windows, threaded rods that bolts can be twisted around, carpet that defines social conventions, standard sized plywood that can form walls, mechanical parts that enable vehicles to be set in motion, metal grids that can create barriers and bridges, foam that can protect surfaces from damage, webbing that keeps everything in place, and magnets that defy gravity. In all cases, they comprise simple forms – circles, cylinders, planes, lines and grids. Kienzer, though, perverts the use value of these off-the-shelf units; he orchestrates them into independent bodies, beings asserting their right to exist. They seem happiest (well, if that were possible – these are, of course, sculptures not sentient beings) when their surfaces touch each other. They hold their ground, they confront those that encounter them, they exude confidence in their identity as sculptures.

In spite of this, Kienzer's sculptures are openly fragile. He does not leave his industrial objects pristine and untouched; they are distinct from Minimalist perfection. His have clearly been handled, dropped, wrestled into place and, most certainly, carried by gloveless hands. His sculptures are made from bruised and dusty materials, giving the impression individual elements have been hanging around for a while, most likely gathering studio detritus on their surfaces over weeks, even years, as they wait to be chosen. They are dirty, dented, imperfect and, because of this, wonderfully human. They are, to use the observation of art historian Rainer Metzger, "saturated with the experience that life consists of damage."[1] "Szene" (Scene, 2014; ill. pp. 60–62), for example, makes me nervous. I can be clumsy and forget the limits of my own physicality. I regularly walk into things and, like Kienzer's artworks, my skin is often marked with telltale bruises of not having paid enough attention to my surroundings. "Szene" is a precariously stable sculpture: the threaded rods Kienzer is so fond of are firmly bolted in place, but there are no fixings to solid ground and a mere few millimetres contact with the reliably constant floor. I know if I misjudge my body on walking past it will shake and shudder, and may well collapse. In fact, on close inspection, this might have already happened. There are bumps and flaws already. This sculpture-gymnast is trained to stand strong, but over time can it really hold this pose?

William Tucker once defined sculpture as being subject to gravity and revealed in light[2] – like us humans, gravity pulls sculpture to the floor and rebalances any stacking or piling in accordance to its own immutable logic. Kienzer challenges the truth of gravity. "Szene" is a balance, as is "Haltung Vol. 5" (Posture vol. 5, 2008; ill. pp. 68, 71) – a poised stance that, we are told by the title, has posture and attitude. This is a dance of materials that raises questions as to how it was constructed. Two panes of glass, three planes of plywood, three wooden beams and two metal lengths are lashed together with textile straps – the kind used to move heavy building materials from merchant to workshop, or sculptures from studio to gallery. Did the artist work alone, contorting his arms and legs to ensure he could achieve the combination, rapidly tying belts with knots, with a few failed attempts that created a clatter of falling parts? Or did he cajole others to help him find this perfect equilibrium? Or did he stand back and watch attempts to perfect this puzzle, an observer measuring mistakes?

A sculpture needs a body both to make and perceive it. Once made public, the encounter with a perceiving body makes a sculpture possess its own body, hold its place, and refuse to give way to anyone, or anything, else. No matter who you are, you cannot stand in the same spot as a sculpture – it insists you walk around. A body, whether human or sculpture, needs space and other bodies to find its own identity. Kienzer's sculptures are gregarious and corporeal. They invite tactile encounters, seeming to say "try me" and asking their visual assessment to be dialled straight into haptic perception.

"Vierung Vol. 2" (Crossing vol. 2, 2017, ill. pp. 82, 84, 85) is a construction to move through, to be measured by the particularity of each body passing over this unidentified border. This sculpture is some kind of control structure but, like any architecture, it cannot be made for a specific body, it must be made for generalised versions. There is a revolving door to regulate entry – the kind found at the entrances to public swimming pools, sports stadia or older sections of the New York Subway system. It is just big enough for a body, but I am sure that a bendy slender one could find a way to shape-shift and slip through without rotation, while a large one would get stuck and need help to be released. Rudimentary walls are made from metal sheets and concrete blocks – used materials that might have been purloined from the unwanted pile on a construction site after dark. The corners of the blocks are broken. One has been interrupted with red and yellow from a spray can, providing a carefully chosen shot of colour amongst this collection of sculptures. There is a combination of two types of standard steel flooring – the grid variety, enabling flowing water to be walked over without splashes being held back, and the one that has non-slip treads so it can be walked on no matter how much liquid spreads on its surface. There is, however, an error in this ground: one piece of non-slip flooring has been installed the wrong way up, making it as slippery as ice, inviting a slapstick fall. Sitting on the floor is a stool, a backless revolving seat enabling the sitter to observe from all angles.

This seat in "Vierung Vol. 2" is a sculptural component, but in another work — "Skulptur mit Sessel Vol. 2" (Sculpture with Chair vol. 2, 2008, ill. p. 66) — the seat is firmly dismissed as sculpture. The title informs us the armchair is simply a support, a prop, supplementary to the sculpture. Eight planes of standard sized wood sit on this armchair and nine lean on the back – one a slightly warmer colour. This wood is wood, but also not wood – it is a manmade material, standing in for natural form. It is cheaper than wood hewn from a tree, and it can be made to standard size. The chair is old, and nothing special. Many bodies have collapsed on it, and now that body is a sculpture. Bodies and materials – Kienzer alludes to their contact in all of his sculptures.

We humans are busy trying to control the world. We are compelled to assert our centrality in the subjective narratives we invent for ourselves. To try and negotiate the ambiguities surrounding us we build things – some of these things are sculptures, and some of these things are measures to try and find an approximation of objectivity among all the things we cannot understand. In 1971 the art historian Rudolf Arnheim, who connected perceptual psychology to art, wrote a short book "Entropy and Art: An Essay on Disorder and Order". He discussed relationships between art and entropy – a term taken from the Second Law of Thermodynamics that slipped into vernacular language during the 1950s as fears of energy depletion became a mainstream concern. Arnheim opened his discussion stating: „order is a necessary condition for anything the human mind is to understand. Arrangements such as the layout of a city or a building, a set of tools, a display of merchandise, the verbal exposition of facts or ideas, or a painting or piece of music are called orderly when an observer or listener can grasp their overall structure and the ramification of the structure in some detail. Order makes it possible to focus on what is alike and what is different, what belongs together and what is segregated."[3] Order enables assumptions to be made. It is generally seen as something to praise: an indicator of good management, efficiency, care over scarce resources. Words and numbers help judge order and navigate imponderables. Length, height, width, weight, texture, material, colour, form and mass are regular descriptors for sculpture that sidestep the persistent problem of subjectivity. Titles are always important for Kienzer's sculptures – they provide coordinates for each encounter. Every meeting with a particular sculpture is impossible to repeat – the changing light, changing world and changing humour of the perceiver influences the experience. Often Kienzer's title-coordinates allude to basic measures – in this gathering of sculptures at Gerhard-Marcks-Haus we have "Punkt Linie Fläche" (Point Line Area, ill. pp. 71, 73), "20 x 94 Grad" (20 x 94 Degrees, ill. pp. 69, 72) and "Lose Dichte" (Loose Density). The latter is selected not only for a sculpture, but also for the entire exhibition. "Lose Dichte Vol. 12" (Loose Density vol. 12, 2016, ill.) hangs on a wall from a hook, its form a mass of lines held in concert by magnets. My guess – the artist prefers such ambiguities – is these lines are made from what once were metal shelves that have been mangled into a new, torso-sized, formation by handheld tools.

Density refers to the relative compactness of any given substance. When it is loose, there is potential for it to be compacted, for the air around to be taken away. Conducting such a process results in mass being reduced while weight remains constant. What might "loose density" mean in the context of sculpture? Kienzer's investigation uses tools of bodies, materials, use and gravity. Two decades before "Art and Entropy" Arnheim wrote of density and sculpture. He described that a statue and its surrounding space work together as two volumes: sculpture gifts the space holding it volume through its "texture, density, [and] solidity". [4] Whether in the museum, the heart of the city or a remote stretch of landscape, sculptures demand an encounter. They wait to be perceived, wait to be walked around, wait to be measured by the body and the space that holds them. A sculpture in any kind of space possesses all that surrounds it – the density of sculpture creates negative space. A sculpture does not sit in a void; it changes the nature of what is around it. In "Loose Density" Kienzer guides us to learn about the world through "acts of awareness" [5] made possible by the opening of a perceptual register initiated by his sculptures and their conversations.

[1] Rainer Metzger: Kienzer's Catachreses. On the Correctness of Improper Use in Michael Kienzer's Work, in: Michael Kienzer. Verstreute Formen, exh. cat. Landesgalerie am Oberösterreichischen Landesmuseum Linz, Linz 2003, pp. 22–28, p. 22.

[2] William Tucker: The Condition of Sculpture, London 1992, p. 7.

[3] Rudolf Arnheim: Entropy and Art. An Essay on Disorder and Order, Berkeley (Ca) 1971, p. 1.

[4] Rudolph Arnheim: Art and Visual Perception. A Psychology of the Creative Eye, Berkeley (Ca) 1954, p. 242.

[5] Christian Denker: Correlations Between Light and Shape, in: Michael Kienzer. Hin und her, Ausst. Kat. Galerie Elisabeth & Klaus Thoman Innsbruck/Galerie Bernard Jordan Paris, Wien 2008, pp. 66–69, p. 66

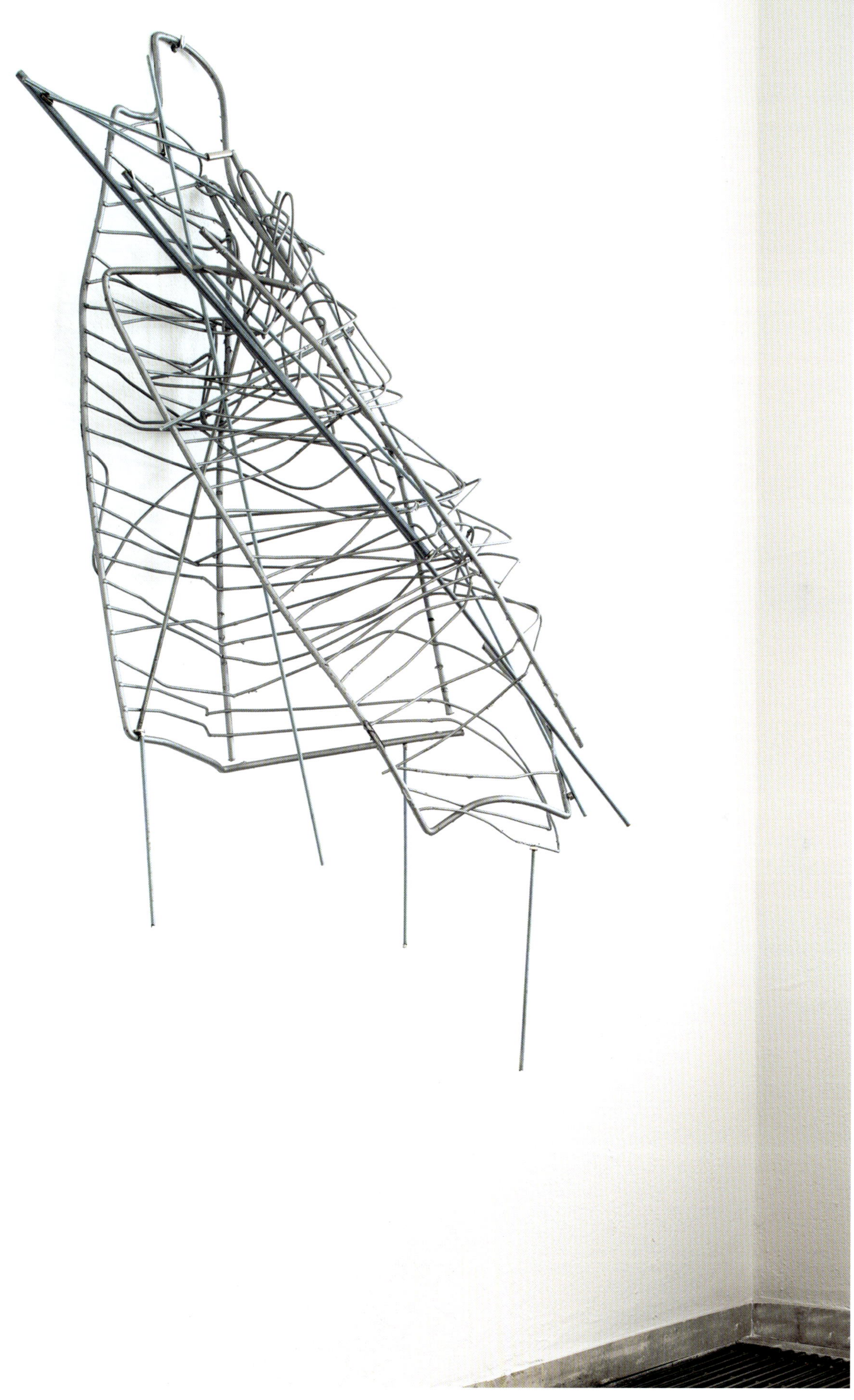

Lose Dichte Vol. 12, 2016, Magnete, Metall
Loose Density Vol. 12, 2016, magnets, metal | 130 x 70 x 47 cm

Ohne Titel, 2017, Eisen, Magnete, Metall, Stahl
Untitled, 2017, iron, magnets, metal, steel | 130 x 30 x 5 cm

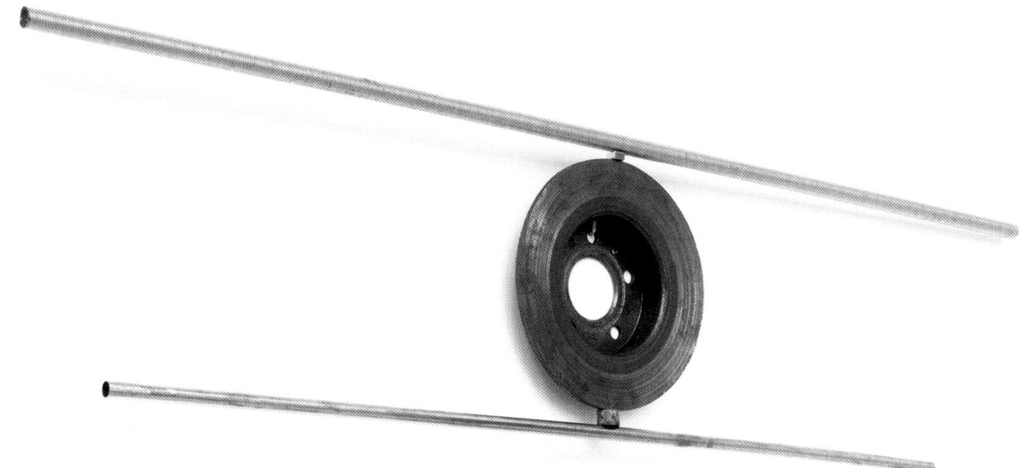

Ohne Titel, 2017, Eisen, Magnet, Metall
Untitled, 2017, iron, magnet, metal | 108 x 102 x 7 cm

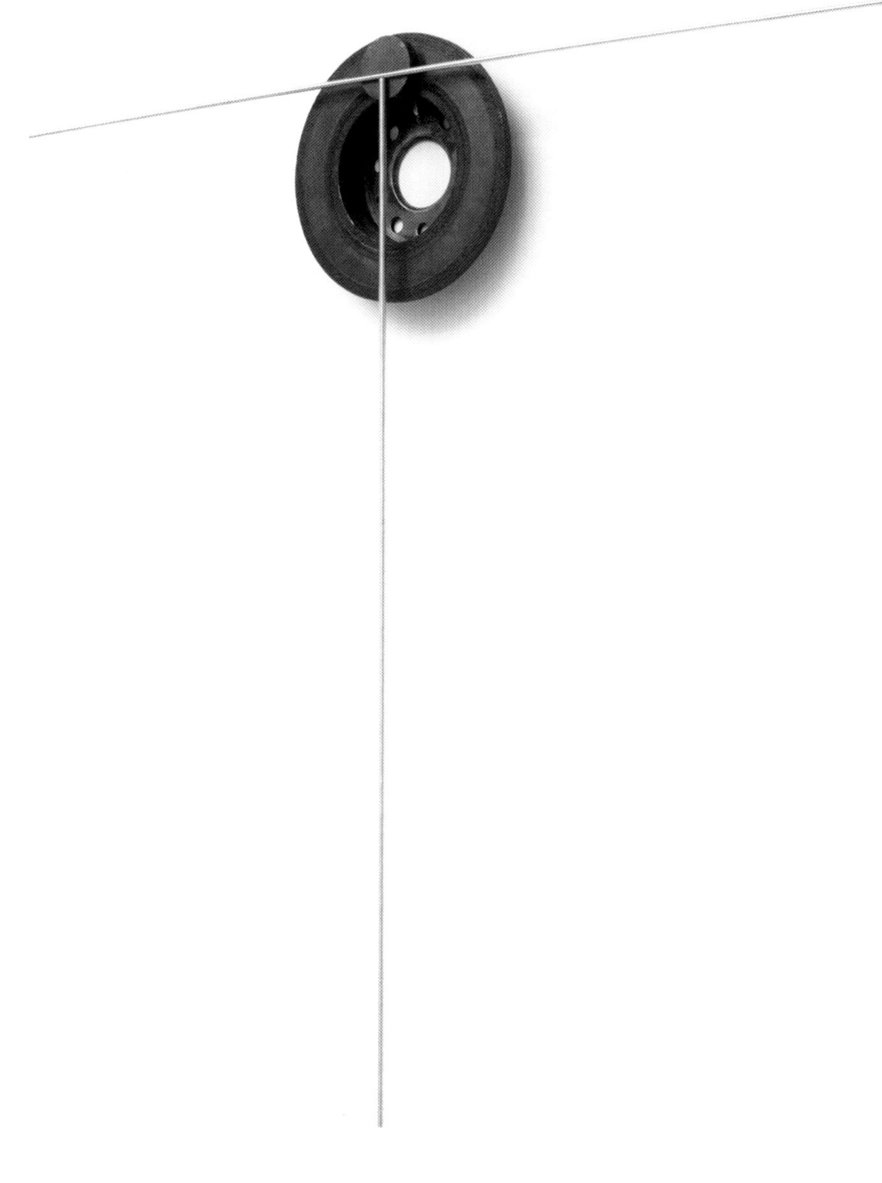

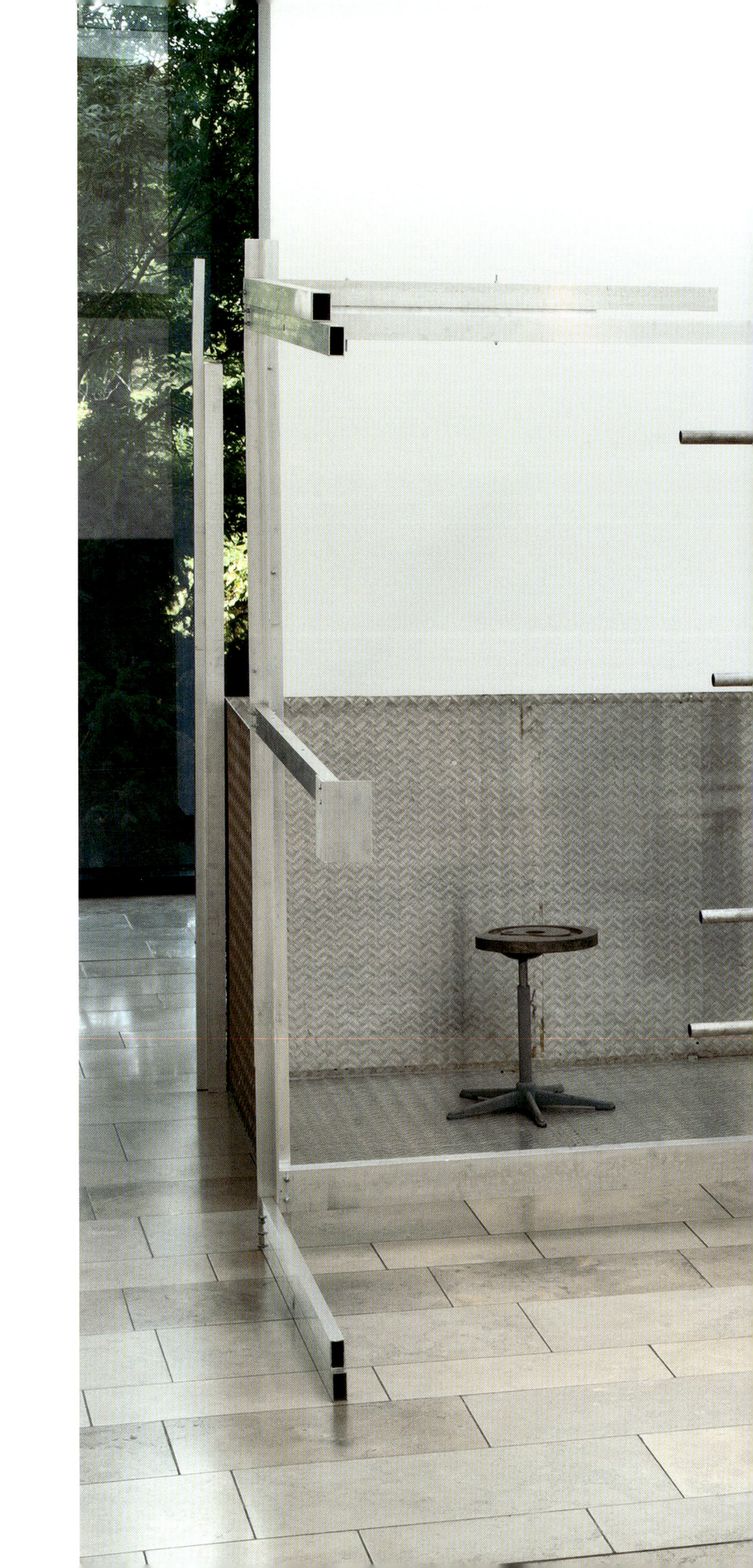

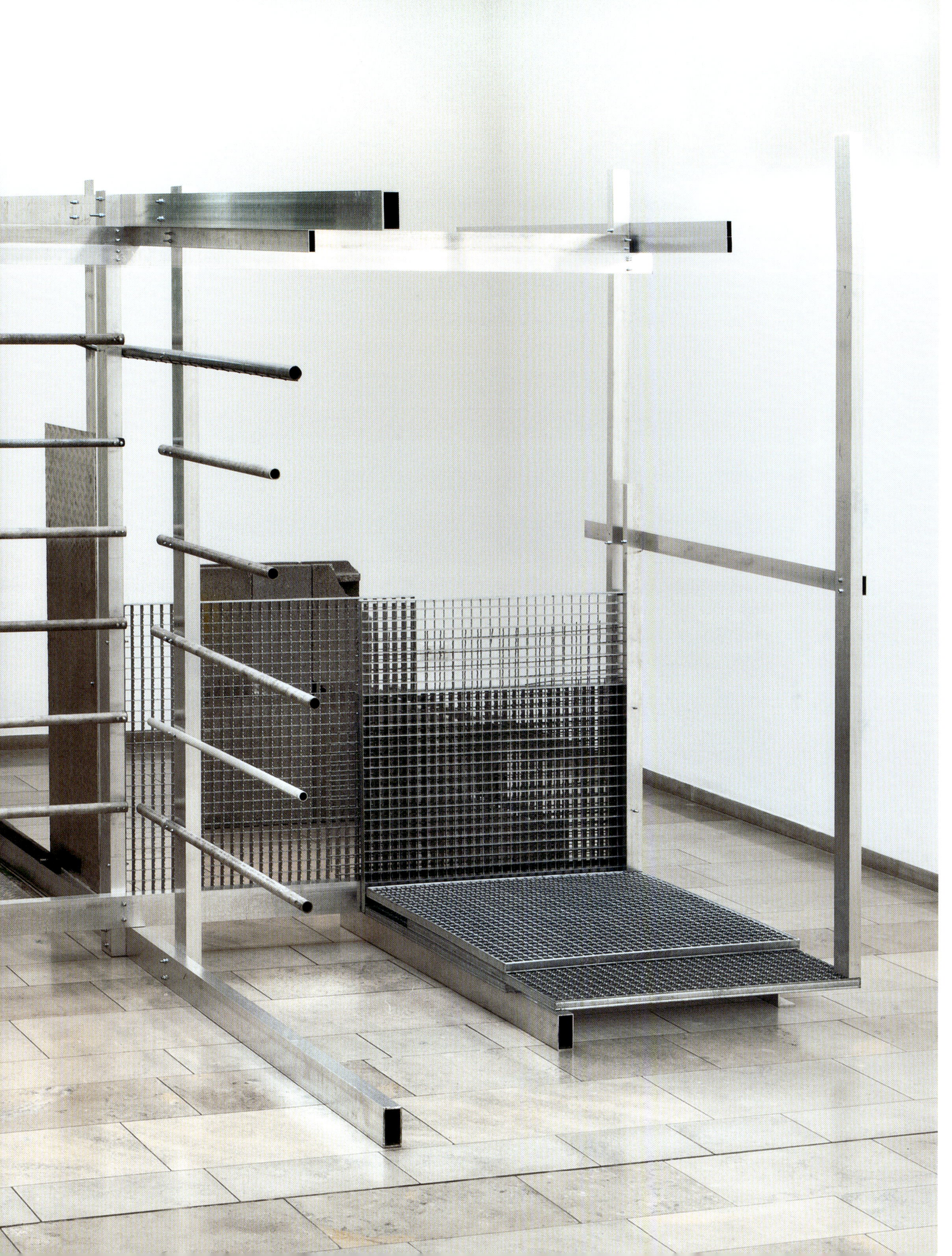

Vierung Vol. 2, 2017, Aluminium, Beton, Eisen, Lack, Stahl
Crossing Vol. 2, 2017, aluminium, concrete, iron, paint, steel | 256 x 377 x 408 cm

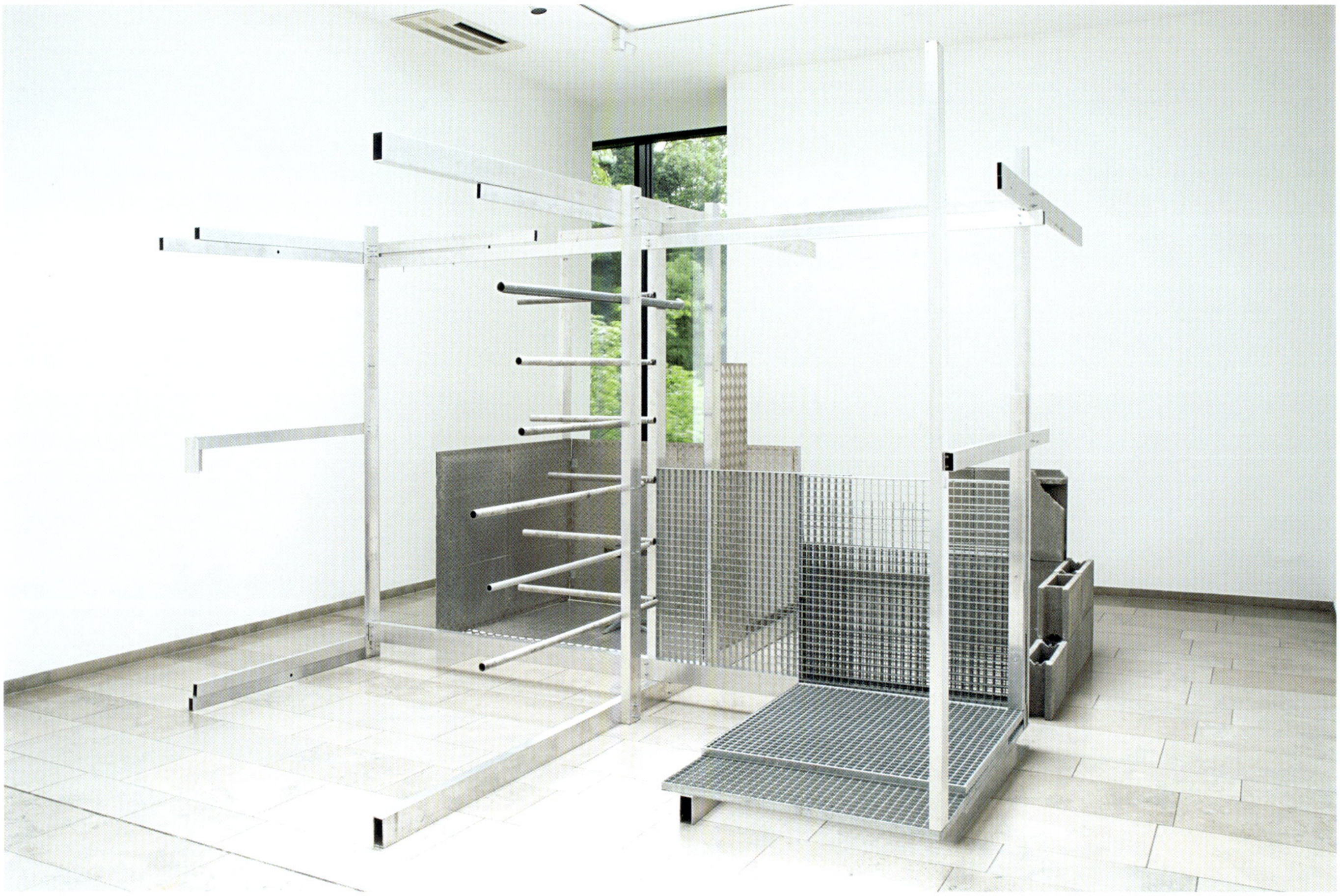

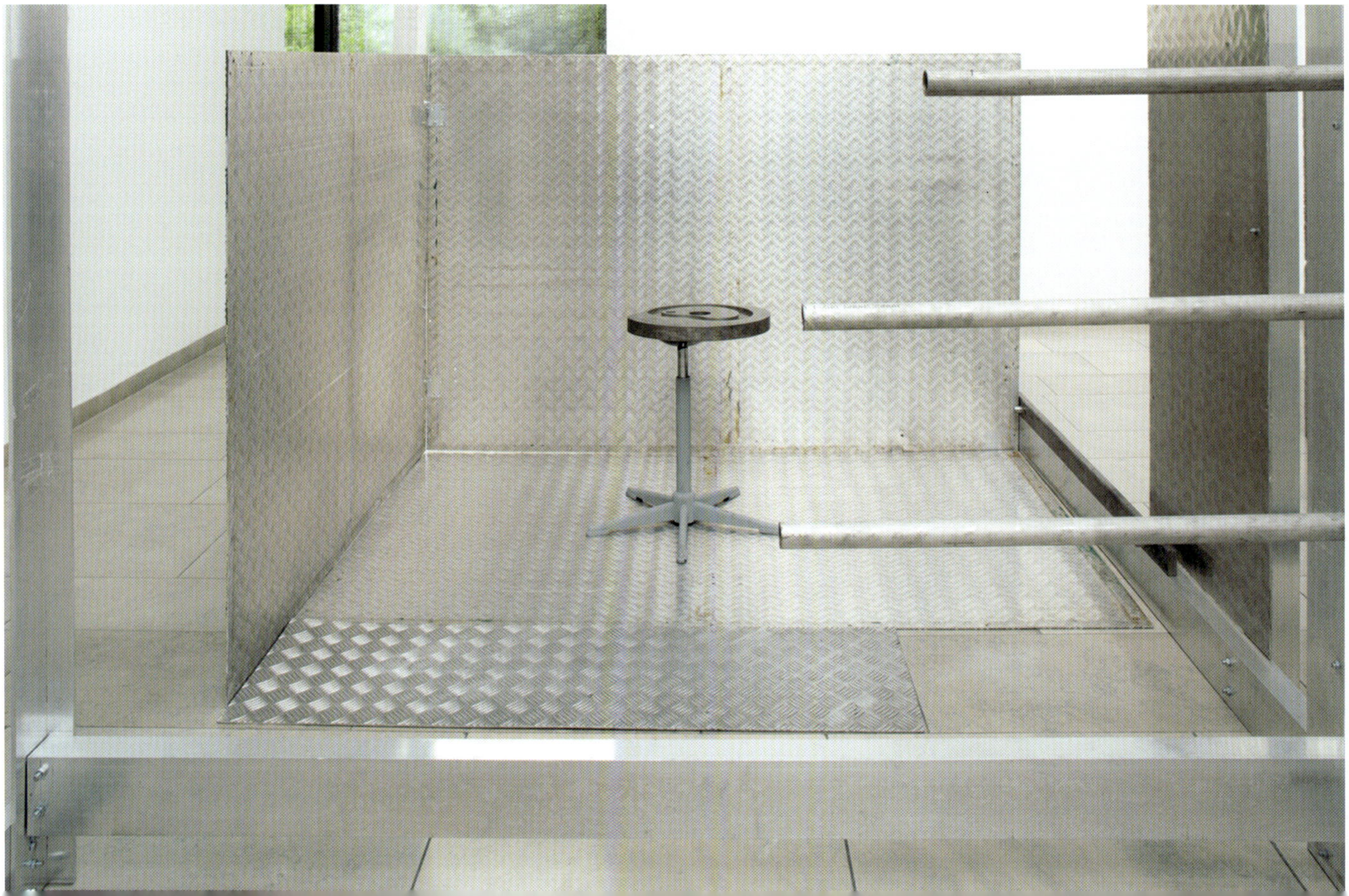

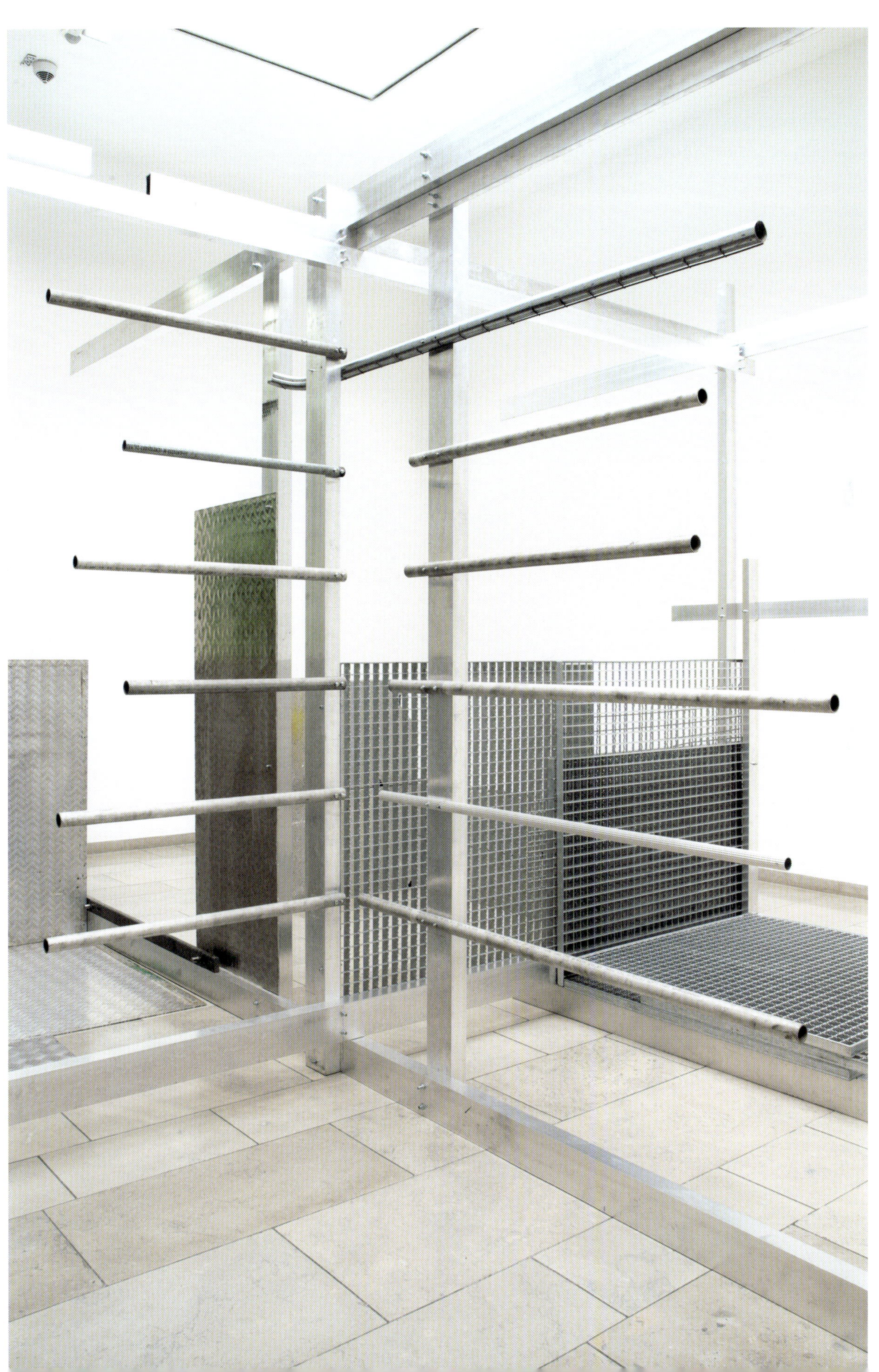

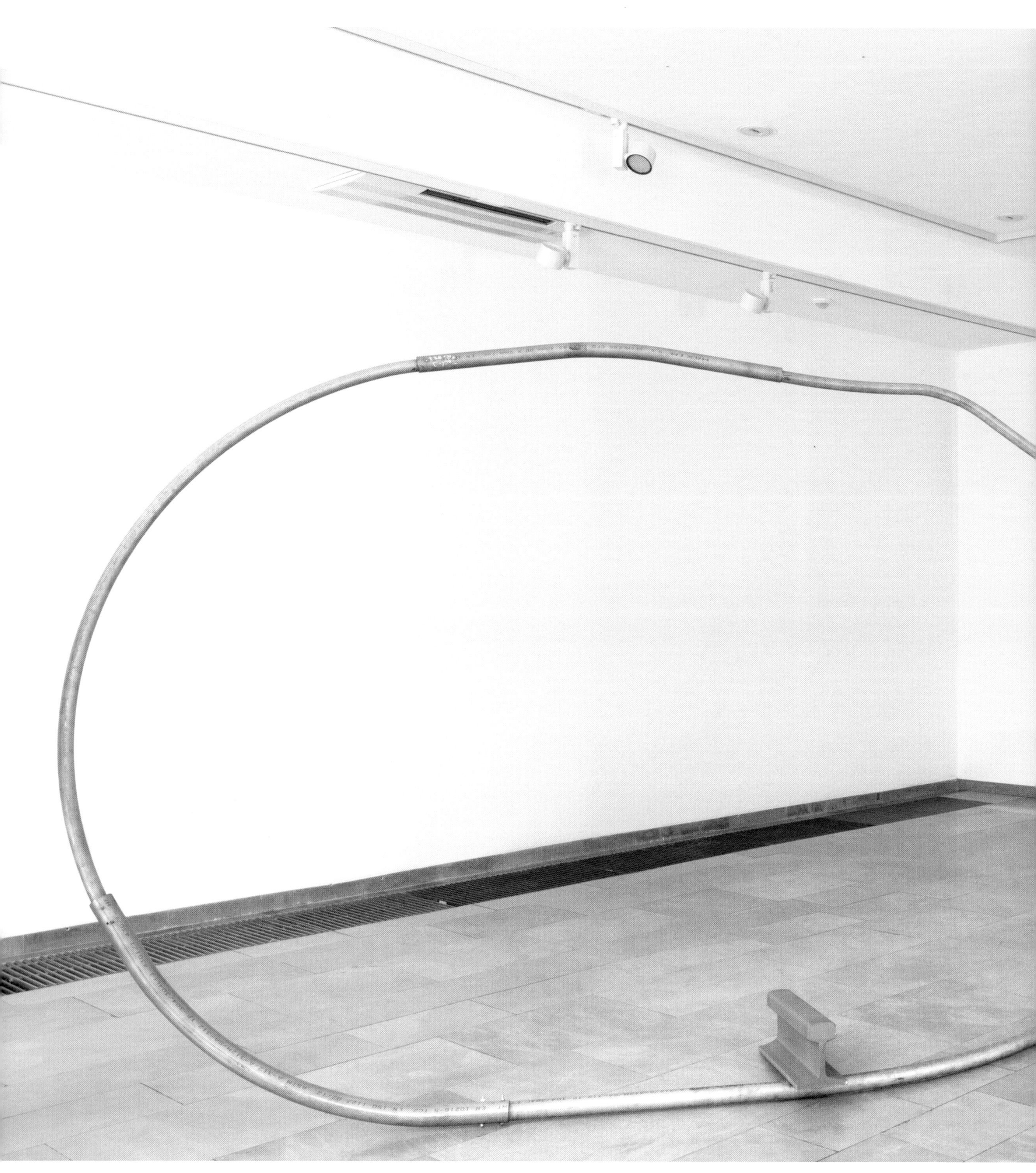

Zeichnung Vol. 3, 2017, Eisen, Stahl
Drawing Vol. 3, 2017, iron, steel | 189 x 480 x 170 cm

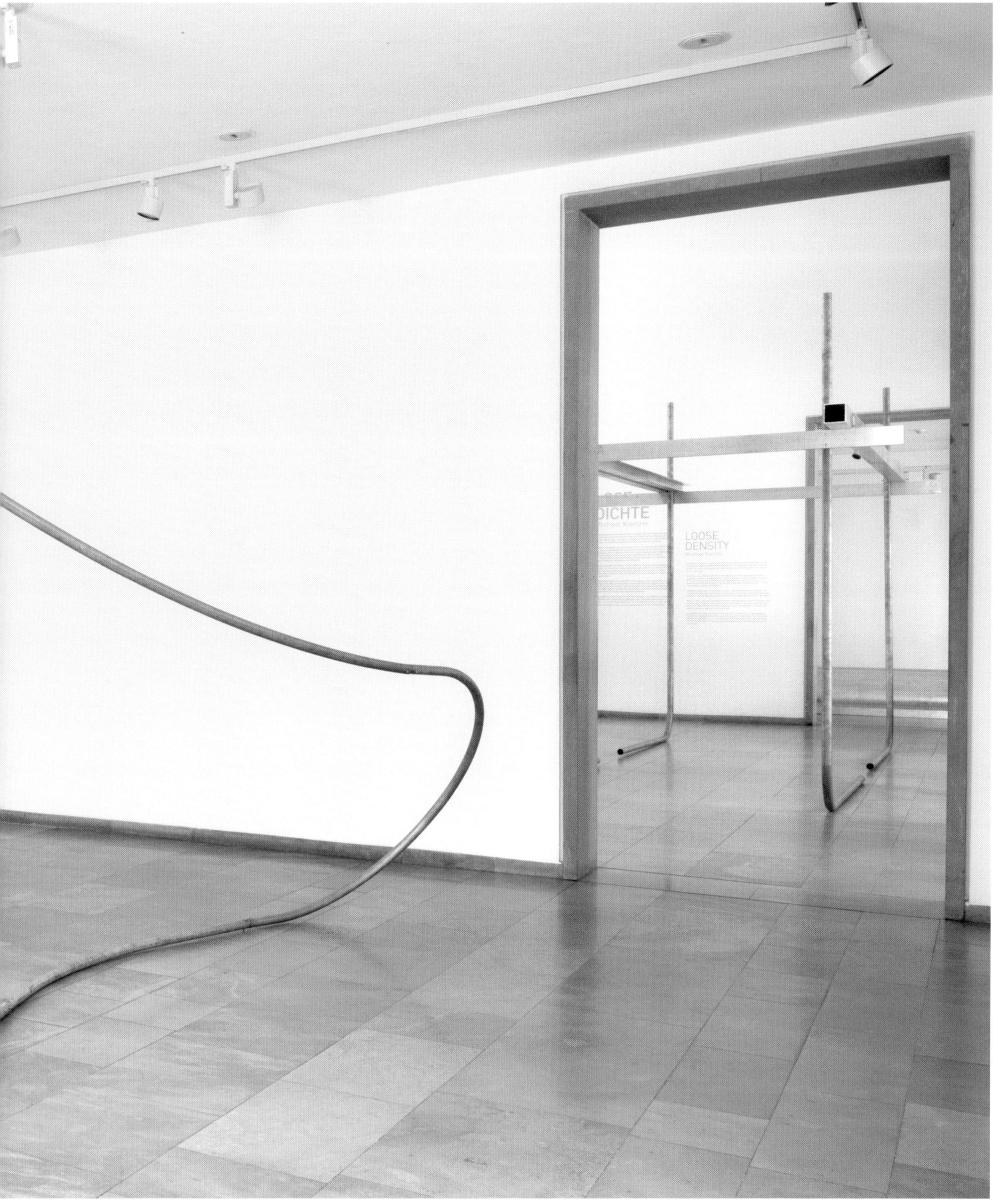
DICHTE
Michael Kienzer
LOOSE
DENSITY

Ohne Titel, 2016, Eisenbahnschiene, Metallstangen
Untitled, 2016, section of railroad rail, metal rods

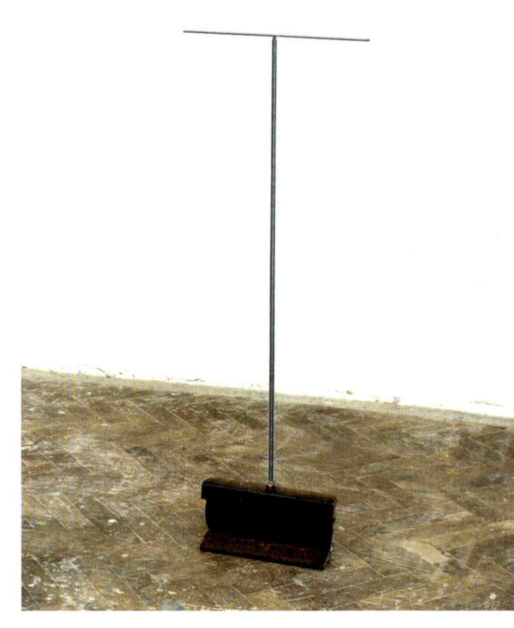

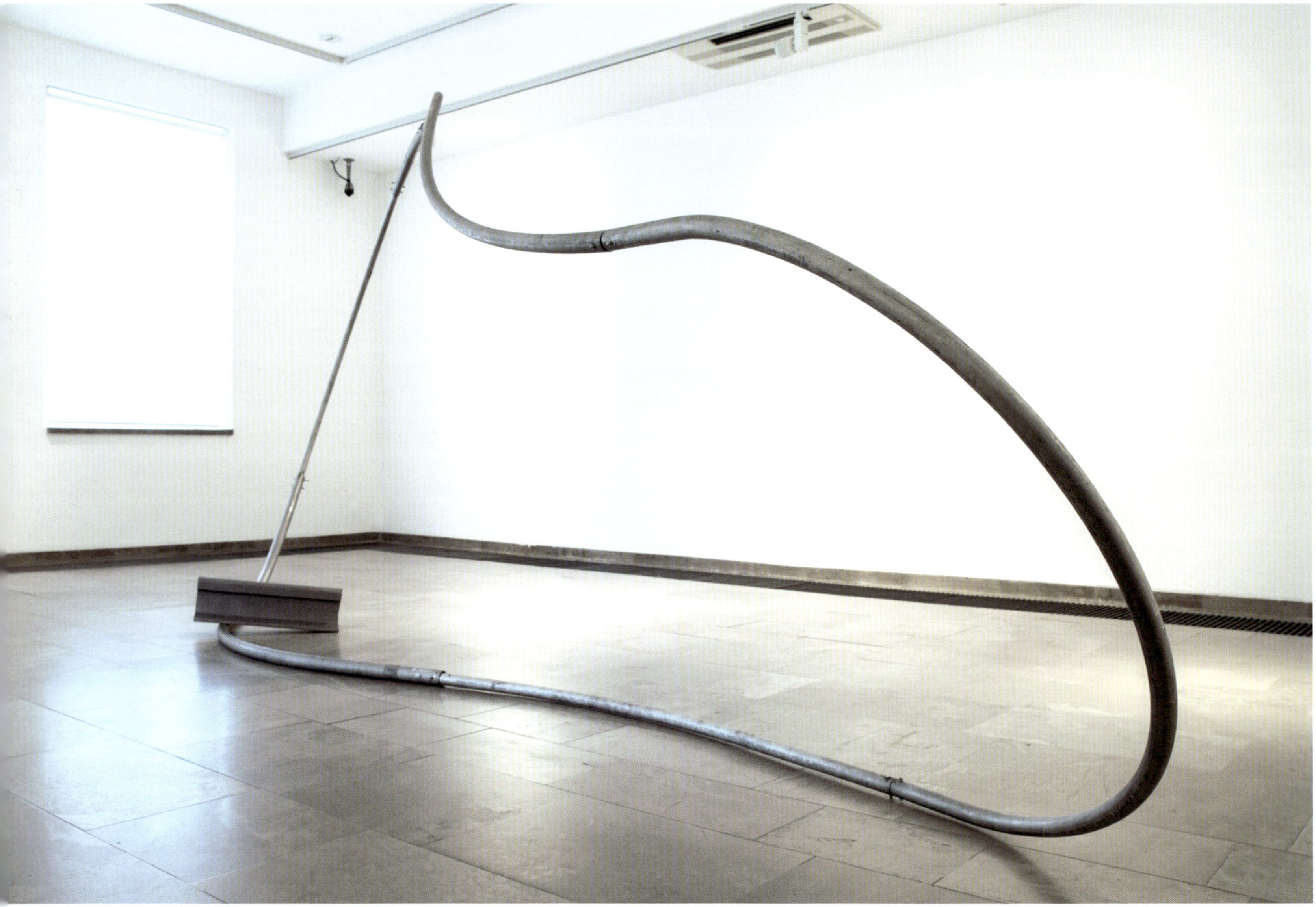

Verlegung Vol. 2, 2012, Aluminium, Blei, Draht, Gummi, Textilien, PVC
Arrangement Vol. 2, 2012, aluminium, lead, wire, rubber, textiles, plastics | 47 x 208 x 83 cm

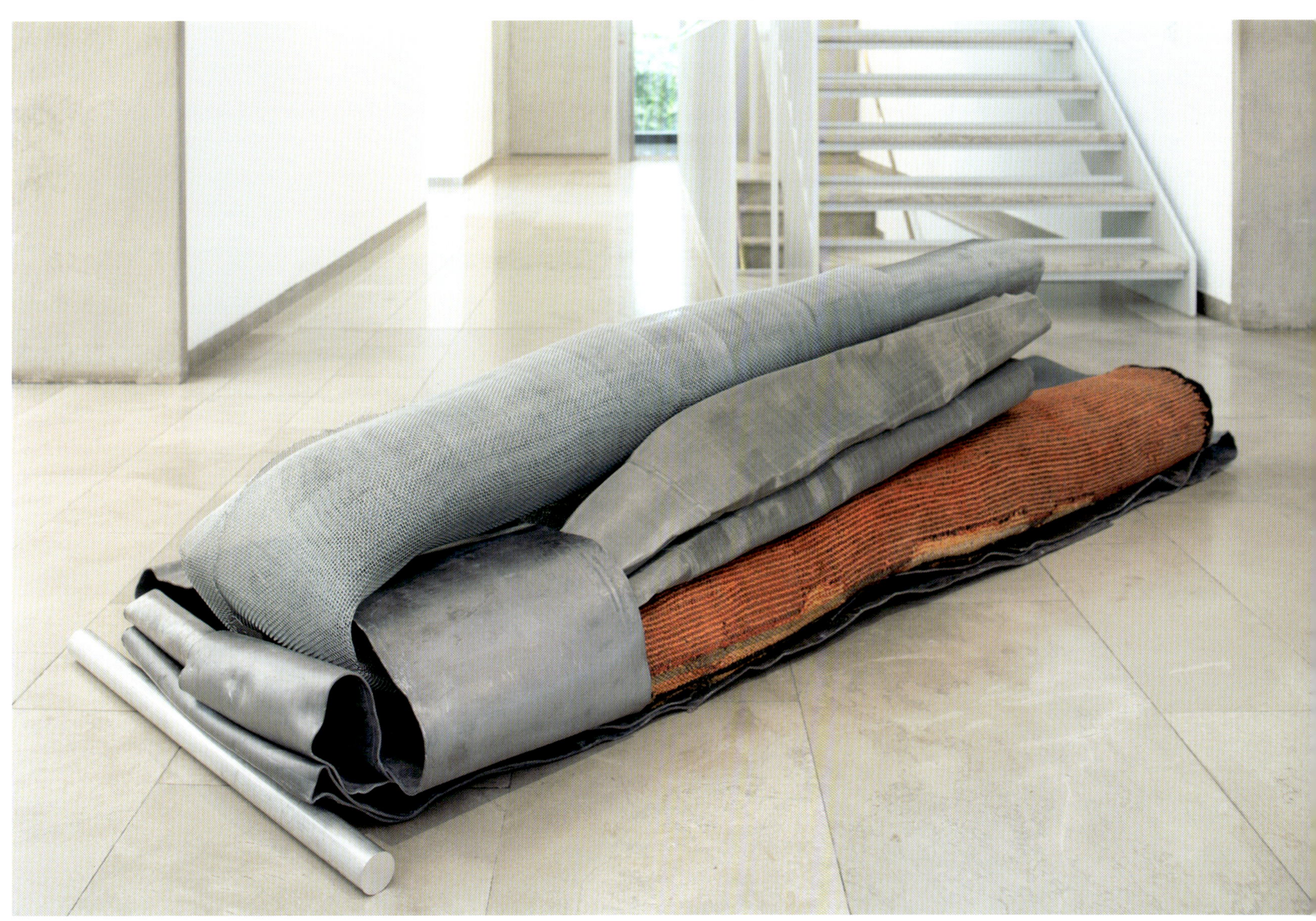

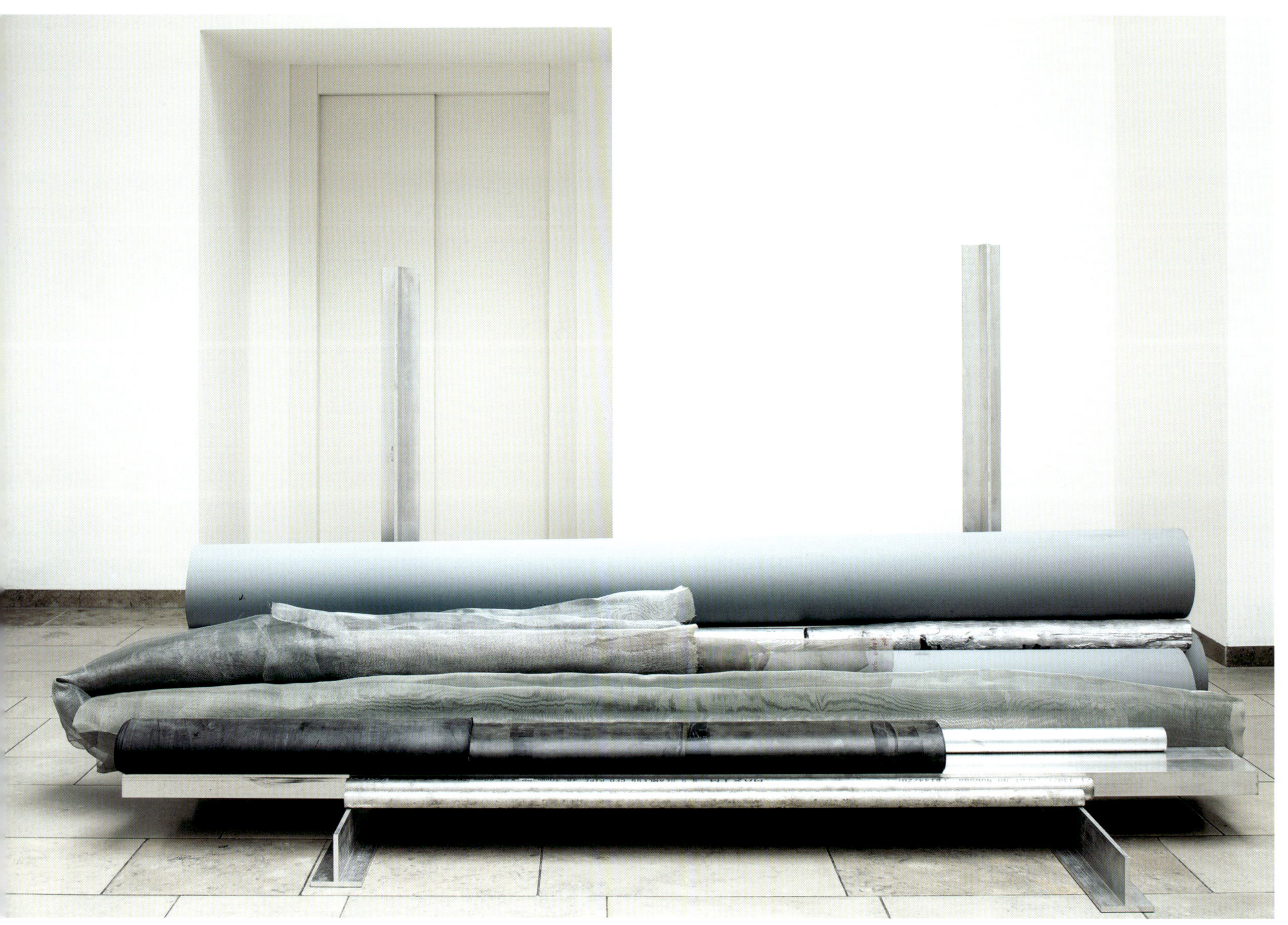

Verlegung Vol. 7, 2017, Aluminium, Draht, Gummi, Holz, Lack, Stahl
Arrangement Vol. 7, 2017, aluminium, wire, rubber, wood, paint, steel | 126 x 174 x 130 cm

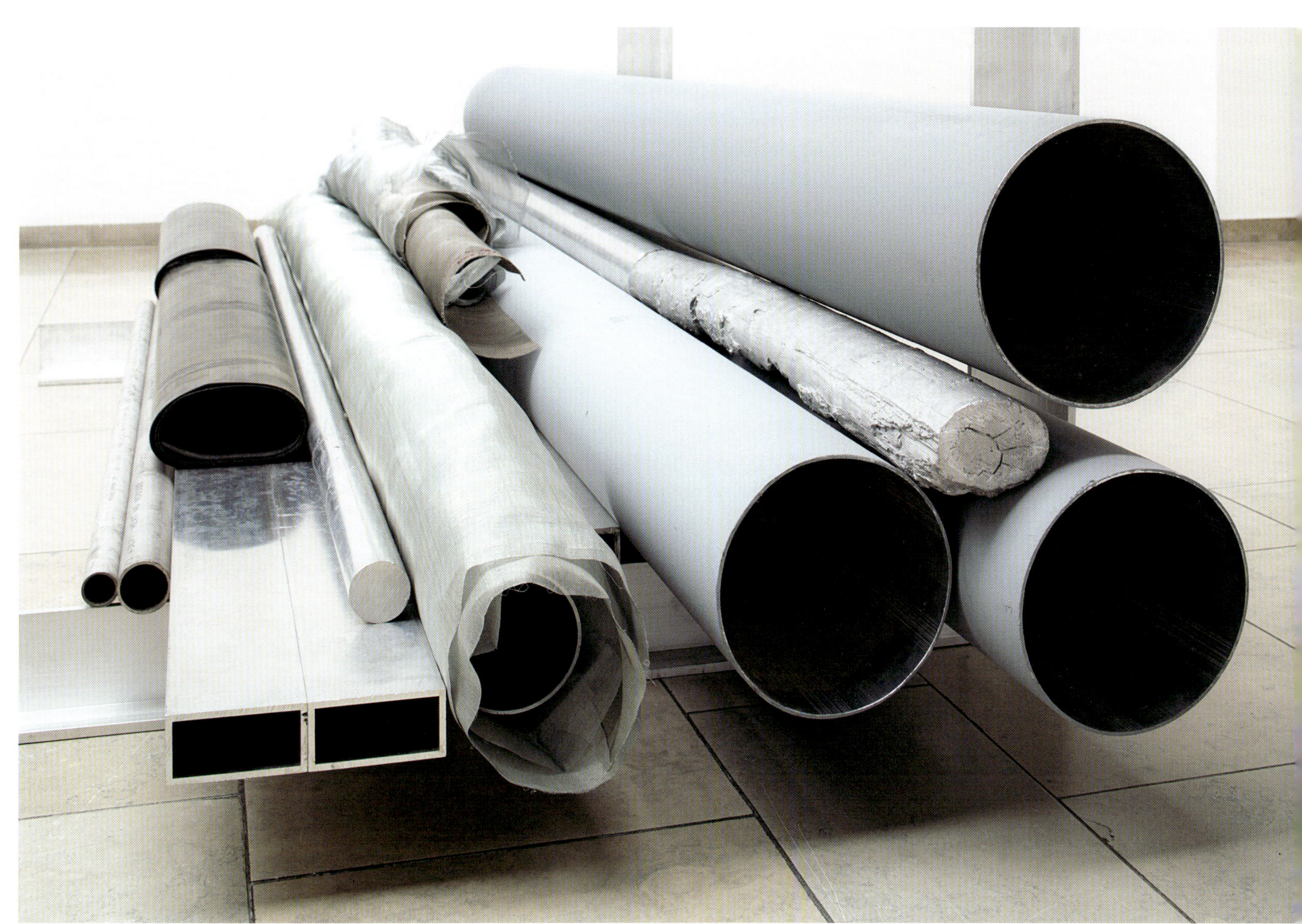

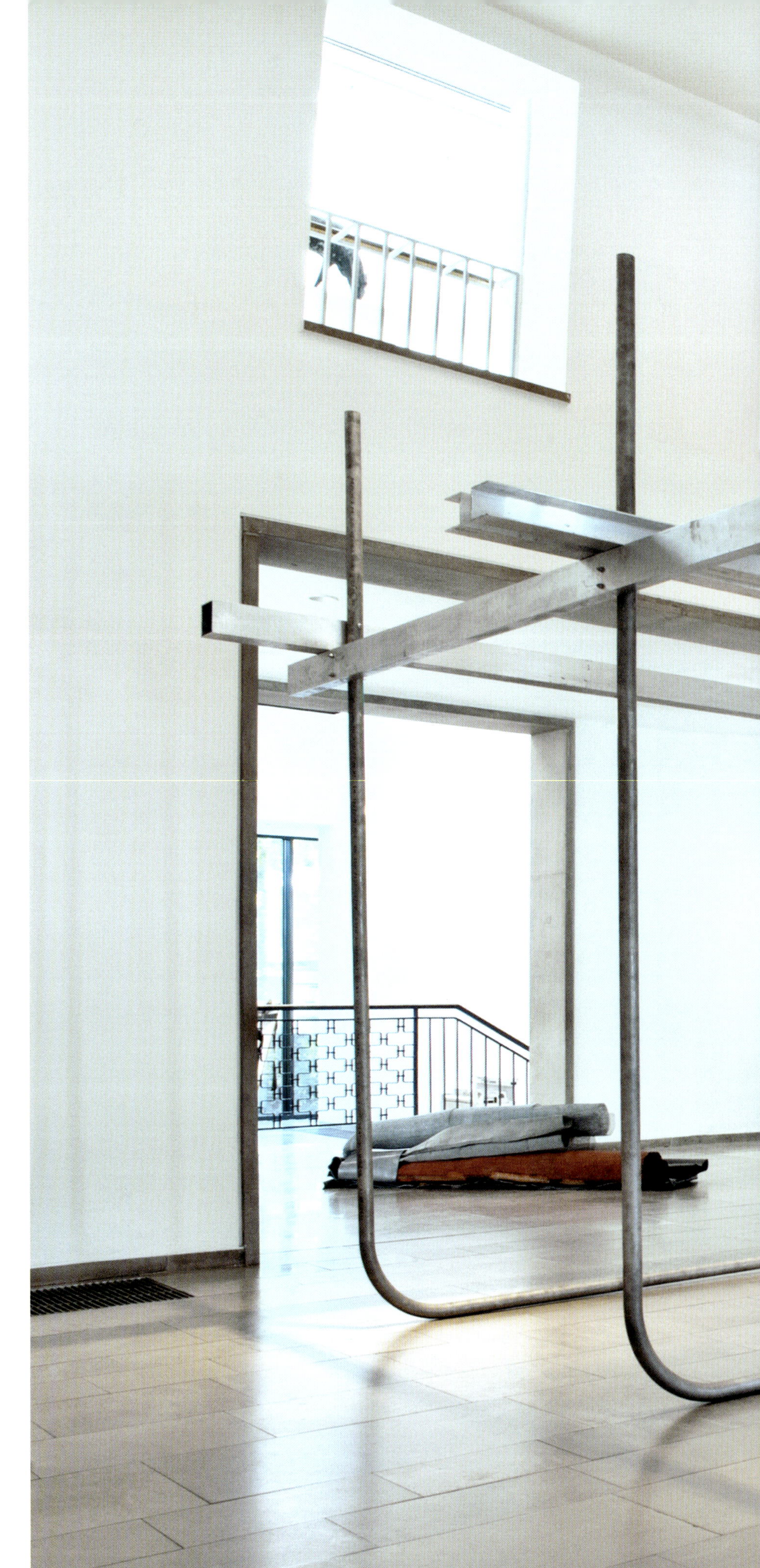

Verwechslung, 2017, Aluminium, Stahl
Confusion, 2017, aluminium, steel | 288 x 555 x 395 cm

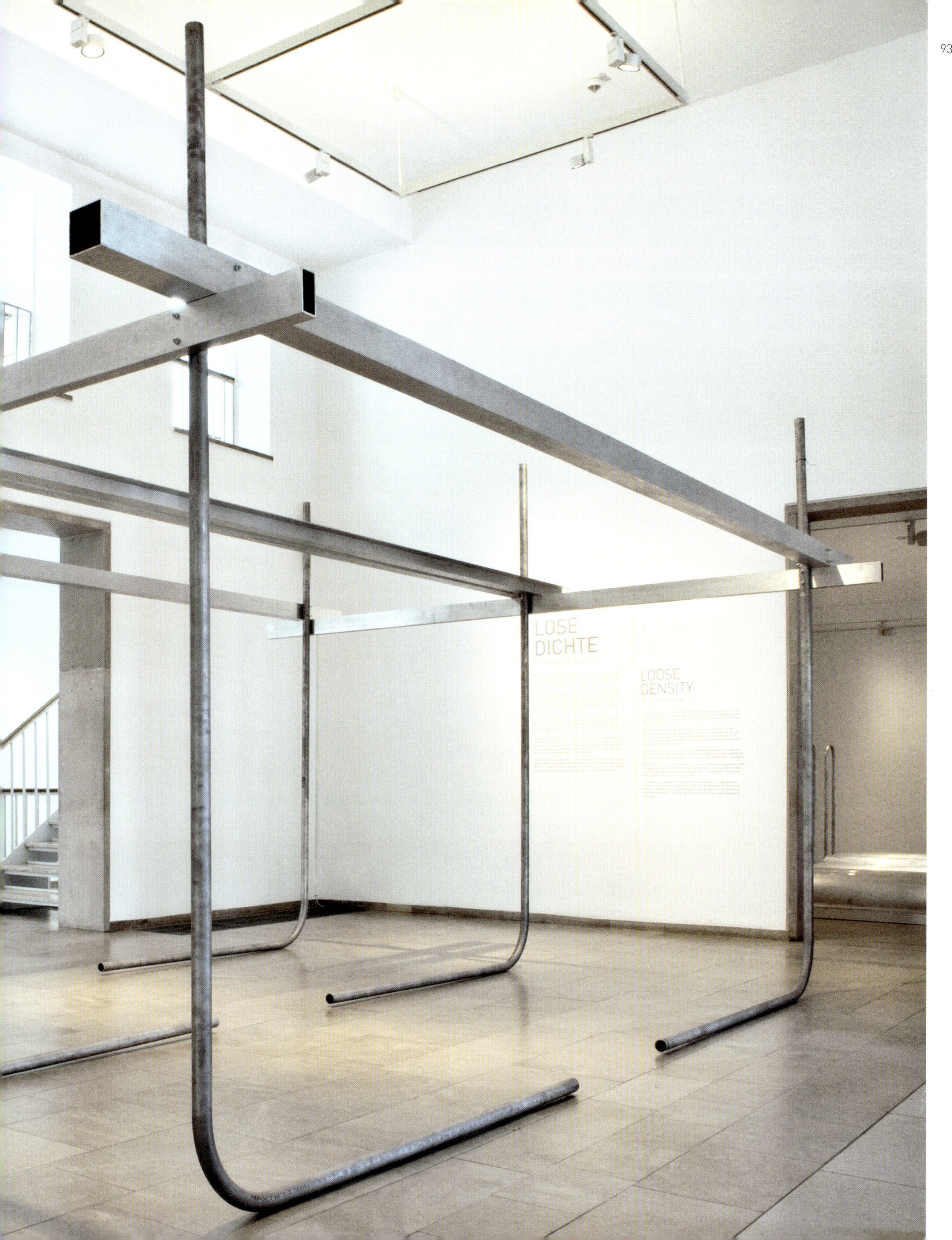
LOSE
DICHTE
LOOSE
DENSITY

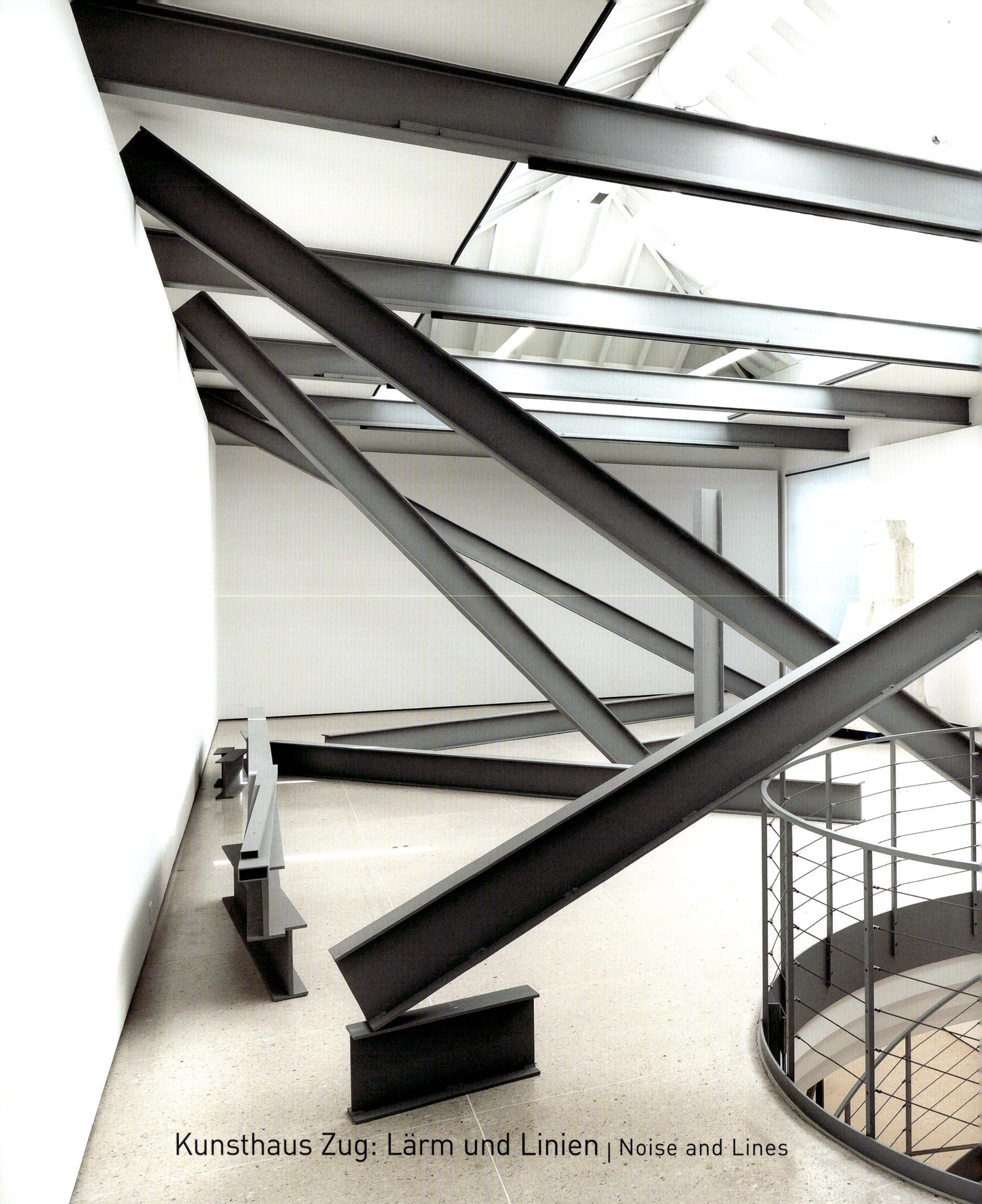

Kunsthaus Zug: Lärm und Linien | Noise and Lines

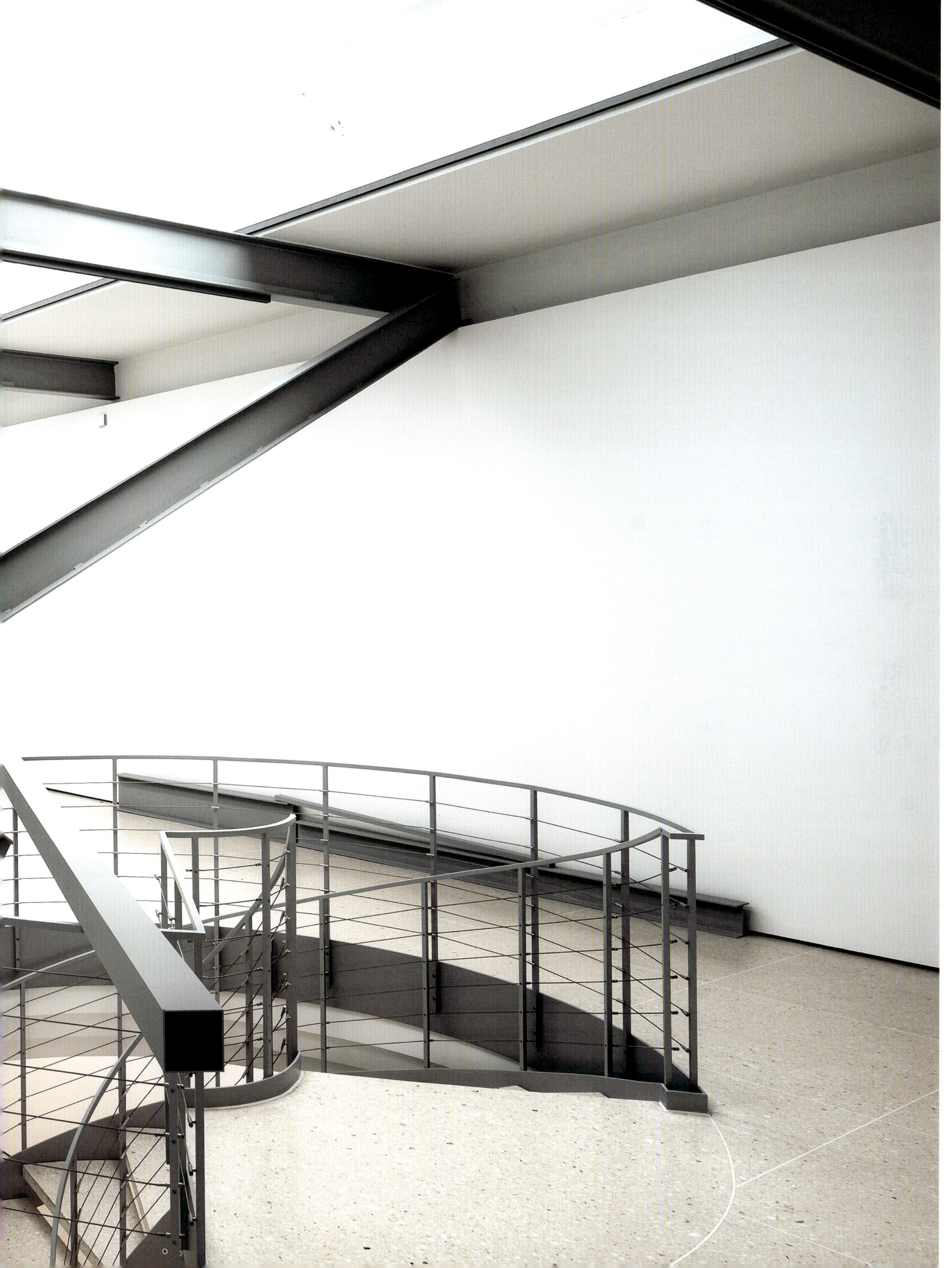

Ding und Zeug

Zum Skulptur-Begriff von Michael Kienzer

Matthias Haldemann

I

»Lärm und Linien« heißt Michael Kienzers Ausstellung im Kunsthaus Zug. Für skulpturale und plastische Arbeiten ist Lärm eine ungewöhnliche Bezeichnung. Ob figurativ oder abstrakt grenzen sich solche von der Umgebung ab und stehen doch stumm heraus aus dem alltäglichen Lebensfluss, wollen die Zeiten für gewöhnlich überdauern wie Male.

Denkbar aber, dass die gelängten und scharfkantigen Arbeiten für Kienzer lärmig sind, weil sie sich nicht einfügen wollen in die räumlichen Gegebenheiten. So trägt der wuchernde Linienknäuel im Kunsthaus-Hof den Titel »Parasit« (Abb.). Seine Objekte sind asymmetrisch, haben keinen stabilen Aufbau und weder eine gute Form noch eine homogene Einheit. Aus disparaten Teilen setzen sie sich zusammen, die nirgends ganz zusammenpassen und fest sich verbinden. Alles mutet halbfertig und vorläufig an. Auch der stilistischen Zuordnung widersetzen sich die hybriden Gebilde in großer Vielfalt. Ihre Knicke, Stauchungen, Quetschungen, Brüche und Knäuel stören das harmonische Empfinden – wie Lärm. Lärm entsteht hauptsächlich in der gewerblich-industriellen modernen Welt, in Fabriken, auf Flughäfen und Baustellen, mitunter aber auch in der Nachbarschaft. So sind diese Arbeiten vorwiegend aus Industriematerialien wie Aluminium, Glas, Gummi, Hartfaser gefertigt – im Studio durch lautes Bohren, Hämmern, Sägen, Fräsen und Schleifen. Die Titel »Maschine« und »Selbstmaschine« passen dazu. Das vielteilige Werk »Verlegung« (2016) erinnert sogar an das Modell einer modernen Stadt (Abb. S. 103).

Meist ist bei diesen Skulpturen neues Material verwendet worden: Metallplatten, Bleche, Rohre, Schrauben, Gewindestangen, Gitter, Zementsteine, Magnete, Klebeband, vereinzelt auch Gegenstände: Wasserwaagen, Orgelpfeifen, Stative, Tische, Stühle, Bremsscheiben, eine Milchkanne. Leicht können die mobilen Zusammenstellungen für Transport und Lagerung zerlegt werden. Wenn Kienzer hierfür von Skulptur spricht, passt die klassische Bezeichnung so wenig wie der Begriff Plastik, da es sich weder um negativ noch um positiv geformte Stoffe handelt aus Stein, Holz, Ton, Gips oder Bronze. Eher sind es raumbezogene Objekte, besser: verwirrende skulpturale Infragestellungen. Krud und sperrig stehen oder liegen sie auf dem Boden, ohne Sockel, lehnen und hängen an der Wand, aus Elementen gestapelt, aufgetürmt oder geschichtet, häufig in labilem, spannungsgeladenem Gleichgewicht. Würde man ein eingeschobenes oder zur Beschwerung aufgesetztes Element entfernen, fiele alles um oder stürzte zusammen. Es sind also keine unverrückbaren Kunstwerke, eher prekäre Situationen.

Das Wort Lärm ist mit »Alarm« verwandt und stammt vom italienischen »all' arme«, zu den Waffen! Gesetzestexte definieren es als unerwünschten Schall, und neben einer biophysikalischen und medizinischen hat das Wort auch eine subjektive Komponente. »Lärmende« Skulpturen stören die Erwartungen und Gewohnheiten der Betrachtenden. So fehlt in der Ausstellung oft die neutrale Distanz dazu. Offenbar soll man sich den Weg dazwischen oder darum herum

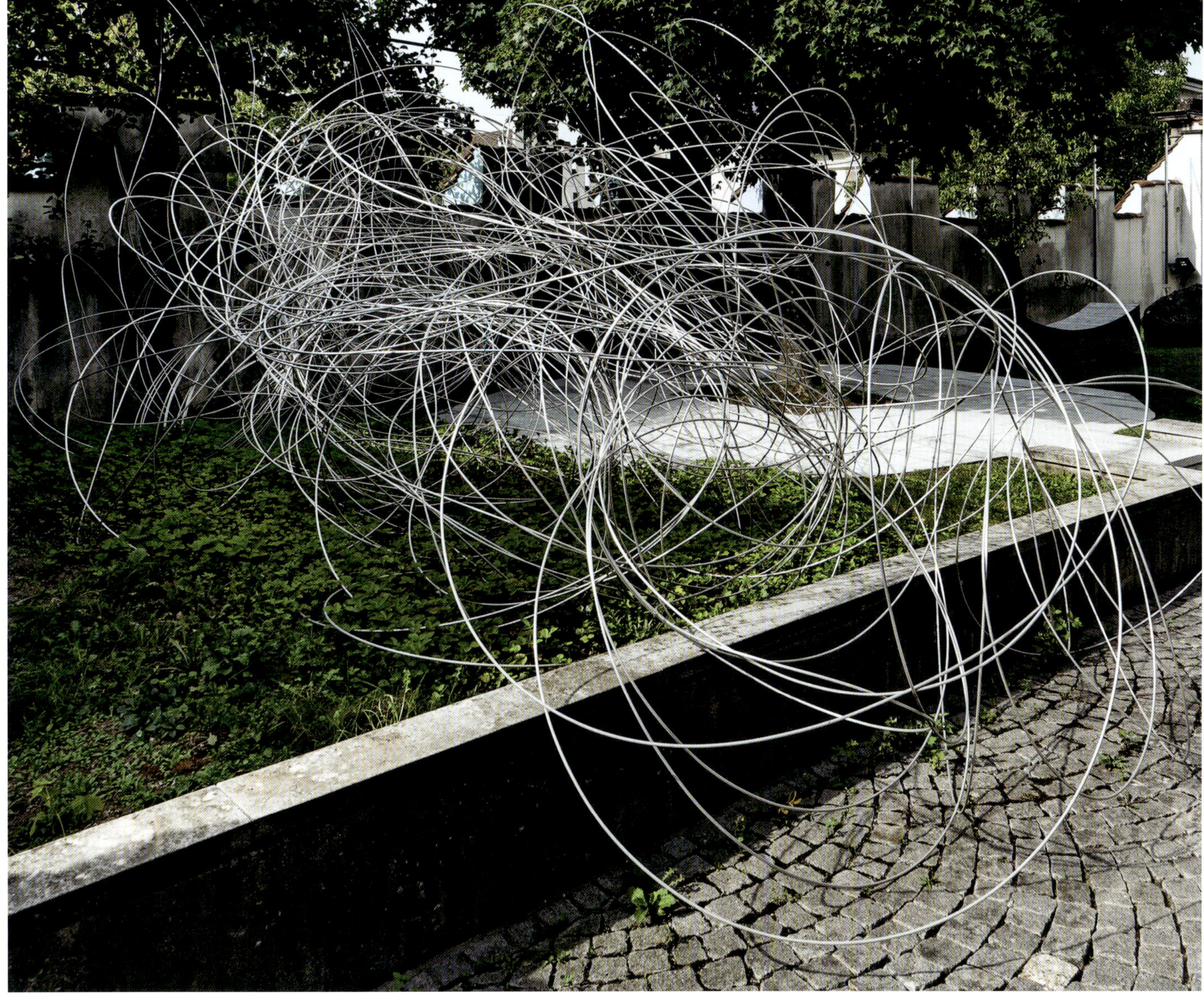

Parasit, 2010, Aluminium, Stahl
Parasite, 2010, aluminium, steel | 392 x 644 x 311 cm

suchen ohne über die plastischen Störungen zu stolpern, an sie zu stoßen oder sie umzustürzen. Unversehens spiegelt man sich manchmal auch darin und ist also mehrfach körperlich involviert.

Wenn ich von skulpturalen Infragestellungen gesprochen habe, so geht es bei den stummen, mitunter hermetischen Gebilden doch auch um Sprache. Zwar geben die vagen Werktitel weder eine technische Erläuterung noch eine formale Beschreibung. Doch es sind Evokationen, die der Leser in den visuellen Kontext auf eigene Weise zu übersetzen hat, wobei immer eine Differenz von Werk und Wort bestehen bleibt. Ausstellungstitel wie »Lärm und Linien« oder »Lose Dichte« bezeichnen nichts Bestimmtes, sondern wecken Assoziationen und geben Winke für mögliche Auslegungen. Die mehrdeutigen Werktitel »Haltung«, »Verlegung«, »Punkt Linie Fläche«, »Vierung«, »Szene«, »Missing«, »Flyer«, »Verlorene Form«, »Bande«, »hin und her«, »Skizze«, »Übertragung«, »Verhängnis«, »Konstrukt« beziehen sich auf formale Charakteristika, auf mediale und kulturelle Kontexte und/oder auf das menschliche Dasein. Wie die Werke stehen die Einzelworte und Wortkombinationen jedoch auch für sich und eröffnen ein Sprachspiel konträrer Aspekte. Ohne Satz- und Textbezug wirken sie wie konkrete Poesie.

Erst die Interpretation durch den Betrachter macht die Ein- oder Zweiwortgedichte, wie man sie nennen könnte, zu möglichen Texten. Die Verbindung mit der Dichtung bestätigen die Werktitel »Poetry Slam« und »Metal Poem«. Gleichberechtigt lassen sich Wort und Werk bei Kienzer deutend hin und her übersetzen. Sogar das Wort Dichtung würde sich hier als Titel eignen mit der zweifachen Bedeutung als sprachliches Kunstwerk und als Technik-Element (zur Begrenzung oder Verhinderung ungewollter Stoffübergänge von einem Raum in einen anderen). Ob bildnerisch oder wortsprachlich, wir haben dieses namenlos und zweckfrei Gegebene jeweils als möglichen Entwurf für etwas Sinnvolles selbst auszulegen, vielfältig, jeder und jede für sich. Wenn im Zuger Ausstellungstitel die Worte Lärm und Linien aus dem auditiven und dem visuellen Bereich eine unlogische Verbindung eingehen, legt der gemeinsame Anfangsbuchstabe L doch einen formalen wie lautsprachlichen Zusammenhang nahe, den freilich nur die ausgestellten Werke veranschaulich können.

II

Kienzer konfrontiert die Betrachtenden mit der Erzeugung der zusammengesetzten Arbeiten, die bei aller Vorläufigkeit bestimmt wirken. Das scheinbar Lapidare, Beiläufige und Behelfsmäßige ist zu einem Werk konstelliert und vermittelt den Eindruck von Präsenz, einerlei worum es sich dabei genau handelt, um eine Bremsscheibe, einen gerollten Teppich oder einen Gitterrost. Verdichtet zum Raumgebilde ergeben die einzelnen Materialobjekte mehr als ihre Summe.

Um die Autonomie des betrachterbezogenen Kunstwerks, sein Dasein, hervorzuheben, hat man den abendländischen Ding-Begriff in der Moderne neu verwendet. Es war Rainer Maria Rilke (1875 – 1926), der den Begriff von der sprachkritischen Erfahrung seiner Dichtung her für die skulpturalen und plastischen Werke von Auguste Rodin (1840 – 1917) erstmals gebrauchte, die er »Kunst-Dinge« nannte.[1] Seine von Rodin inspirierte eigene »Ding-Dichtung« bezeichnete Stefan Zweig (1881 – 1942) sogar als »durchmeißelt«.[2]

Dinge sind für Rilke keine distanzierten Gegenstände mit wechselnden Eigenschaften, die sich nutzen, künstlerisch darstellen oder naturwissenschaftlich erforschen lassen. Vielmehr sind es aktuell wahrgenommene, empfundene Phänomene, ungeachtet dessen, ob es sich um Naturelemente, Alltagsprodukte, Einzelworte oder Kunstwerke handelt. Eine Skulptur ist ein fremdes und diskursiv nicht zu ersetzendes Ding genauso wie ein Einzelwort oder eine Blume. Umgekehrt wirkt das von der Umgebung losgelöste Ding für Rilke wie eine isolierte Skulptur oder ein abgetrenntes Wort. Die Erscheinungskraft nimmt den Leser-Betrachter ein, der in das Ding hineinsieht, hineinfüllt, es

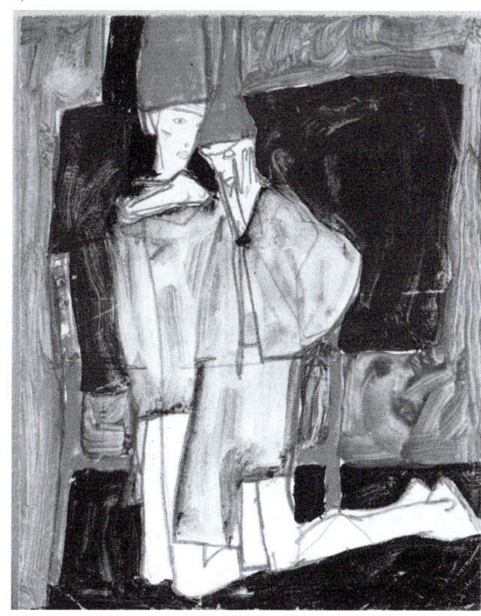

Egon Schiele
Zwei Kniende (Postkarte an Josef Hoffmann), 1913, Aquarell, Bleistift auf Karton
Two Kneeling Men (postcard to Josef Hoffmann), 1913, watercolour, pencil on cardboard | 14 x 10,9 cm, Kunsthaus Zug, Stiftung Sammlung Kamm | Foundation Collection Kamm

Raum und Figur, 2017, Aluminium, Holz
Space and Figure, 2017, aluminium, wood

Fritz Wotruba
Große Figur, 1972, Marmor,
Large Figure, 1972, marble | 218 x 101,5 x 95,5 cm
Kunsthaus Zug, Dauerleihgabe der | on permanent loan from Fritz Wotruba Privatstiftung, Wien | Vienna

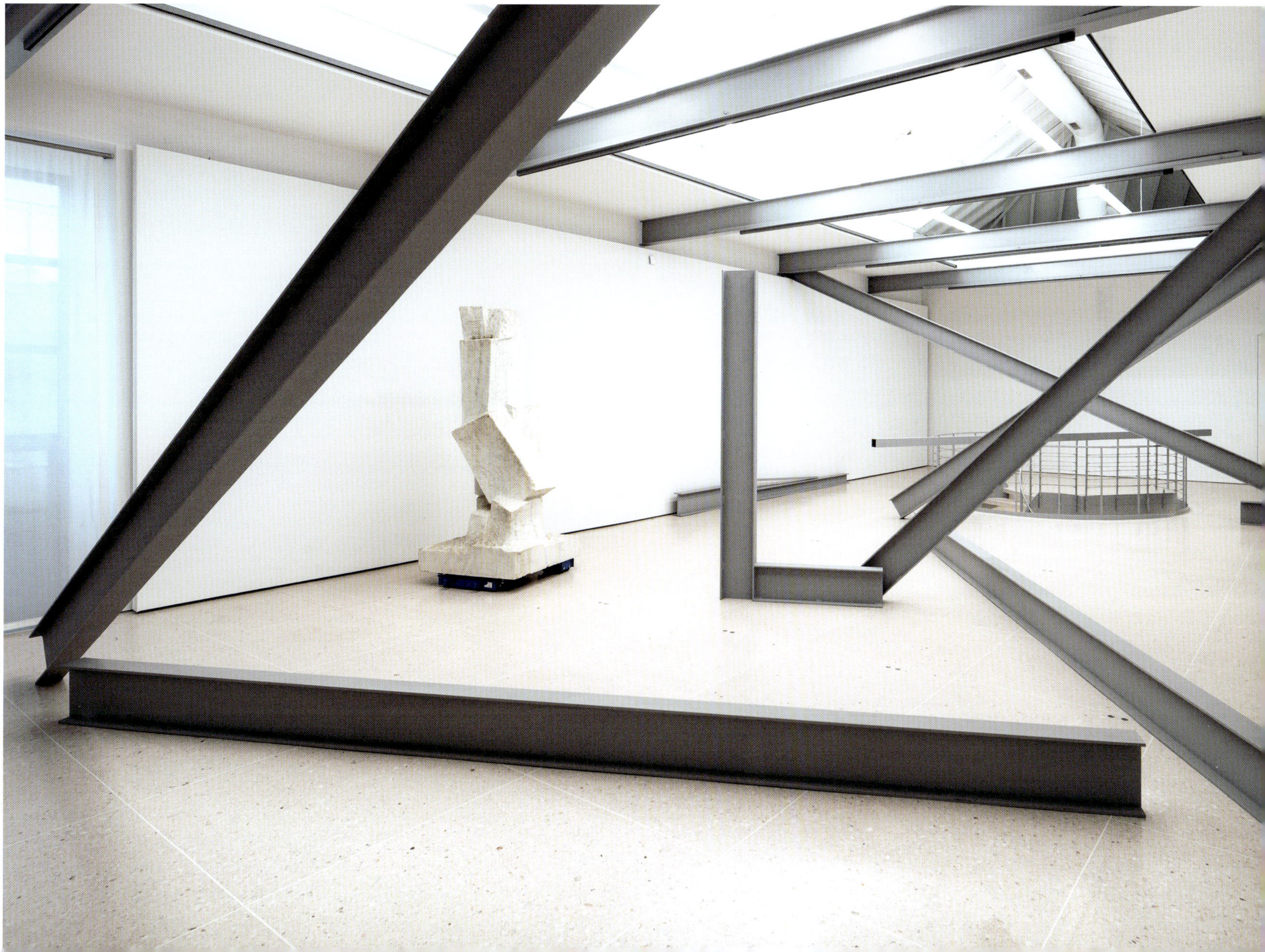

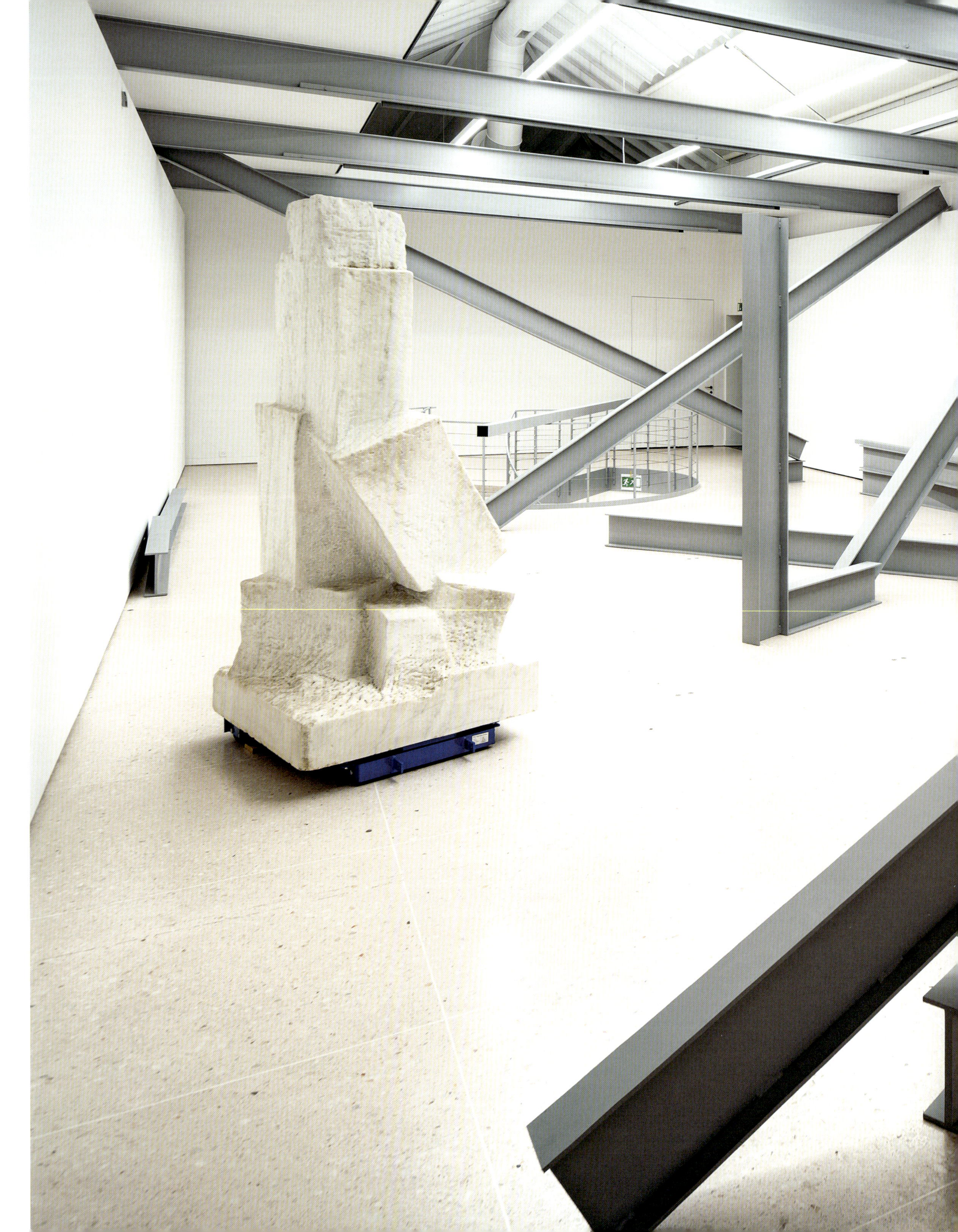

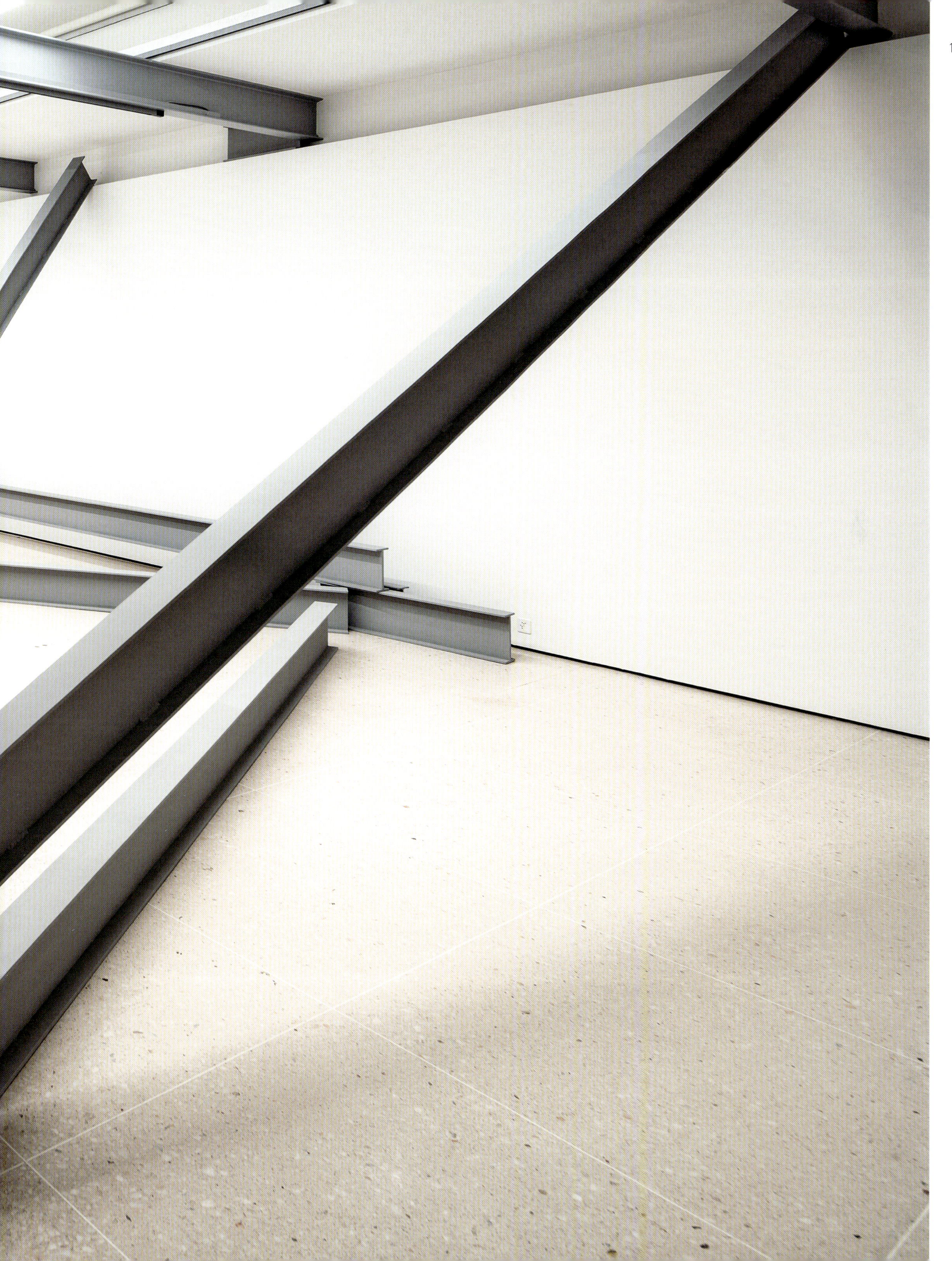

mit Gefühlen amalgamiert zu einem sinnlich-emotionalen, tot-lebendigen Sinngebilde eigener Art. Dabei wird die Wahrnehmung als ein kreativer Akt bewusst. Mit Ludwig Wittgenstein (1889 – 1951) kann man von einem »Sehen-als« sprechen, einem Aspektwechsel im Vollzug von Anschauung und Projektion.[3]

Die offene und transparente Dingkunst von Kienzer füllt der Betrachter quasi raumplastisch auf wie Gestelle, Gerüste, Gefäße oder Rahmen. Nicht nur technisch-materiell, auch für das Sehen-als sind diese Arbeiten Halbfabrikate.

Was anfangs lärmig und fremd wirkte, beruhigt sich. Die sperrigen Bestandteile fügen sich bei aller Vorläufigkeit zu selbstreferenziellen Objektsetzungen. Nichts möchte man noch hinzufügen oder wegnehmen. Der umgrenzte, verstellte oder vektoriell anvisierte Leerraum wirkt aufgeladen mit plastischer Energie durch die visuelle Wechselwirkung mit dem Gebilde. Das Fragmentarische der trennscharfen, transparenten und halboffenen Skulpturen ist raumplastisch transzendiert im Austausch von Innen und Außen. Schweres ruht deutlich auf dem Boden auf und scheint doch unerwartet leicht, bisweilen schwebend. So kann man die gewichtigen Metallarbeiten mit der schimmernden Silbertönung auch elegant und schön finden.

Der Ausstellungstitel »Lose Dichte« ist eine gute Formel für diese konstellierten Skulpturen als Verdichtungen loser Elemente. Die Magnete passen dazu, da sie die Metallteile ohne physische Verbindung energetisch verbinden. Entfernt man sie, stürzen die Gebilde zusammen oder fallen hinunter. Schon immer haben Skulpturen und Plastiken Kräfte veranschaulicht von Tragen und Lasten, Ruhe und Bewegung, Öffnen und Schließen und vom Gewichte-Ausgleichen. Um 1900 hat Auguste Rodin erstmals die Interaktion von dinghafter Figuration und Umraum gesucht. Als Verschmelzungen von Ding und Raum können dann

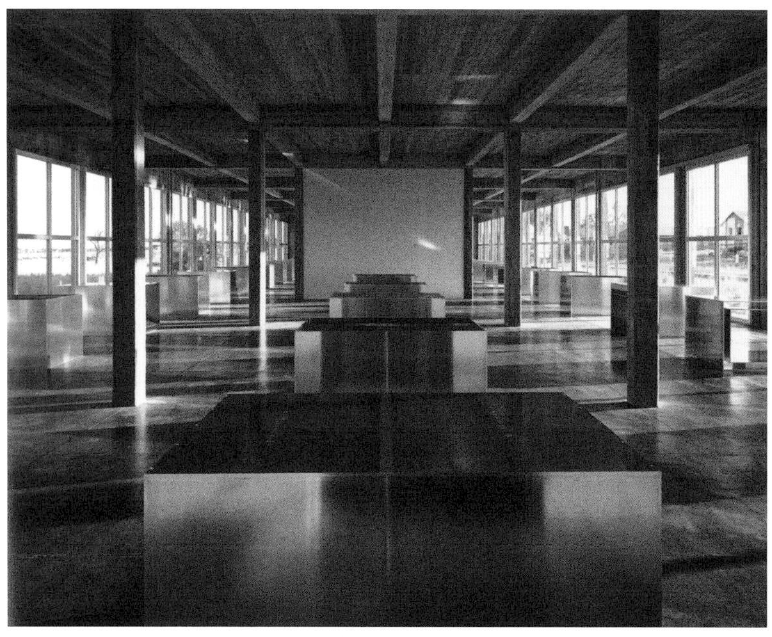

Judd, Donald
100 Werke ohne Titel aus Walz-Aluminium, 1982–1986, Aluminium
100 Untitled Works in Mill-Aluminium, 1982–1986, aluminum | Chinati Foundation, Marfa, Texas

Verlegung Vol. 6, 2016, Aluminium, Stahl
Arrangement Vol. 6, 2016, aluminium, steel | 98 x 113 x 33 cm

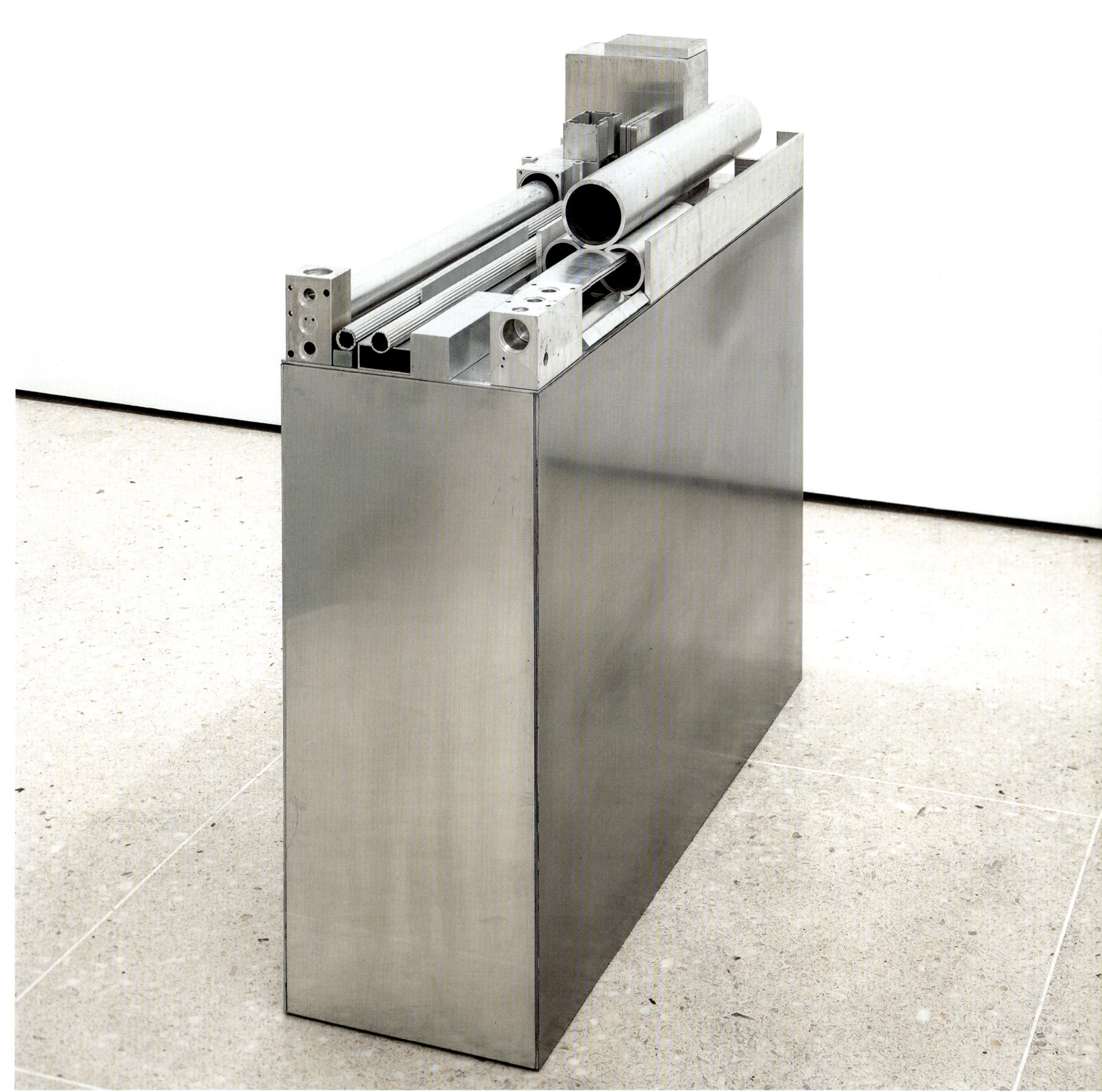

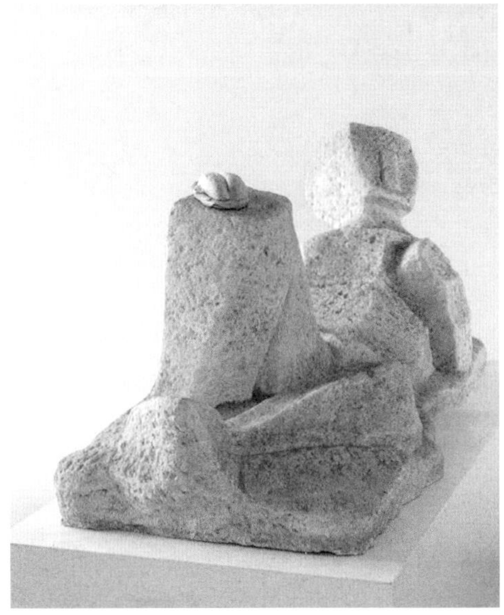

Erwin Wurm
Ohne Titel, 2016 (unter Verwendung von Fritz Wotruba, Liegende Figur, 1953), Kalkstein, Extrawurstsemmel mit Essiggurke
Untitled, 2016 (using Fritz Wotruba, Lying figure, 1953), limestone, Viennese roll with sausage and pickled gherkin | 61 × 170 × 59,5 cm

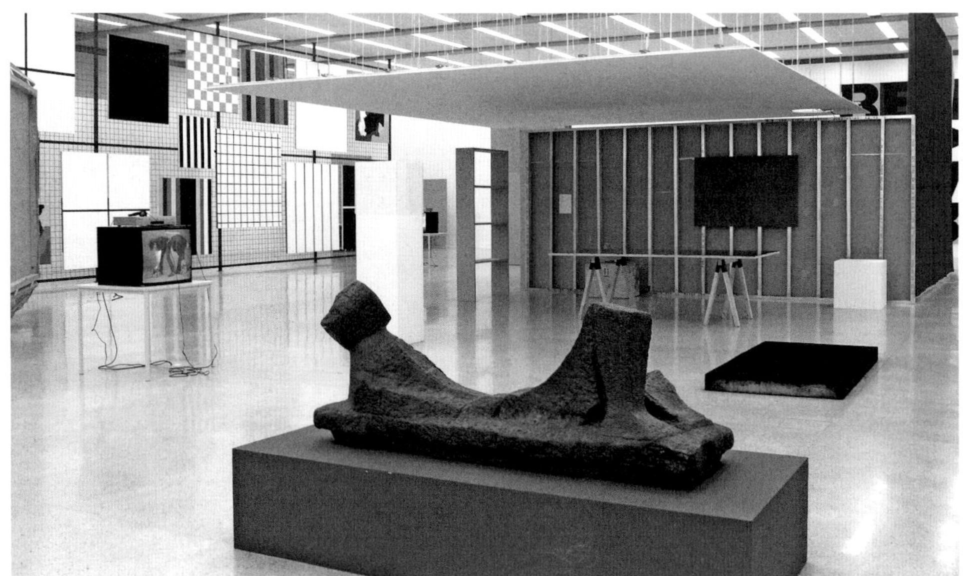

Fritz Wortruba
Große liegende Figur, 1953, Bronze
Large lying figure, 1953, bronze

Heimo Zobernig
Ohne Titel, 1987/2002, Dispersion auf Pressspan
Untitled, 1987/2002, dispersion on pressboard
Kunsthaus Zug, Stiftung Sammlung Kamm

die boxenartigen »Specific Objects« des Minimalisten Donald Judd (1928–1994) ab den 1970er-Jahren bezeichnet werden (Abb. S. 102). Auf sie spielt die strukturbetonte und boxenähnliche Aluminiumarbeit von Kienzer mit dem Titel »Korsett« direkt an (Abb. S. 139).

III

Beim neuartigen Werk »Korsett« handelt es sich um keine homogene, neutrale und makellose Struktureinheit wie bei den polierten Edelstahlobjekten von Judd. Das halbrohe Sehding ist aufgebrochen und zeigt mit den Oberflächenbeschriftungen und Berührungsspuren seine direkte Herkunft aus der Metallfabrikation. Nicht ohne Ironie wird das von Judd angestrebte reine, ablenkungslose Sehen gestört von diesem Werkstück. Die wuchtige und voluminöse Arbeit bezieht sich aber auch auf die massigen Steinskulpturen des österreichischen Bildhauers Fritz Wotruba (1907–1975). Von ihm hat Kienzer die »Große Skulptur« aus Marmor von 1972 aus der Kunsthaus-Sammlung integriert in seine skulptural-architektonische Ausstellungsinstallation »Raum und Figur« (Abb. S. 94, 99, 100).

Wenn Arie Hartog in der Einleitung zu diesem Buch von einem Feld spricht, das Kienzers Arbeit zwischen klassischer Skulptur, Objekt, Assemblage und Installation flexibel ausmesse, so ist das hier thematisiert mit der Kombination von Installation und klassischer Marmorskulptur. Nach dem Muster der realen Dachträger besteht die Intervention aus frei verteilten, grauen Metall- und Holzteilen unterschiedlicher Größe. Wer den Raum erstmals betritt, bekommt den Eindruck, als seien diese von der Decke herabgestürzt und lägen nun zufällig herum bei der Wotruba-Skulptur, wobei offenbar einige Trümmer-

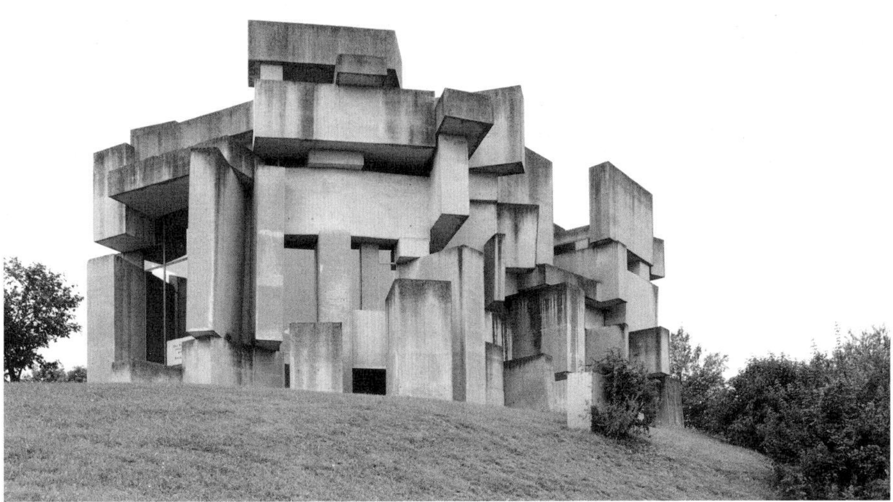

Fritz Wotruba, Fritz Gerhard Mayr
Kirche Zur Heiligsten Dreifaltigkeit, Wien, 1974–1976
Church oft the Most Holy Trinity, Vienna, 1974–1976

teile bereits weggeräumt wurden nach dem »Unglück«. Installation und Skulptur sind quasi die stummen Akteure in einer dramatischen Museumsszene.

Auch in Graz (Abb. S. 40) und Krems (Abb. S. 34, 39, 44–51) hat Kienzer skulpturale Architektur-Installationen realisiert. Wenn er jetzt Wotruba einbezieht, ist das ein Statement für seine Rückbesinnung auf die klassische Skulptur. Nach den Erfahrungen mit den eigenen interventionsartigen, multimedialen und temporären Arbeiten ist er um 2004 auf das klar umrissene Ding seiner Anfangszeit in den 1980er-Jahren zurückgekommen, das nun flexibel, vorläufig und flüchtig ist.

Warum Wotruba? Kienzer geht es nicht um die künstlerische Reibung an der autoritären und moralisierenden Bildhauerfigur der späten Moderne wie Heimo Zobernig (geb. 1958), der einer Wotruba-Skulptur einen farbigen Sockel unterlegt, oder um einen Spaß wie bei Erwin Wurm (geb. 1954), der eine »Extrawurstsemmel mit Essiggurke« darauf legt (Abb.). Wenn Wotruba mit den kubischen Arbeiten die menschliche Anatomie dekonstruiert nach dem Krieg und das künstlerische Pathos bricht, was Kienzer wichtig ist, dekonstruiert dieser das Skulpturenganze und wie hier den realen Raum in disparate Einzelteile. Damit vergleichbar ist von Wotruba der Kirchenbau in Wien-Mauer (1974–1976), ein addiertes Durcheinander aufgetürmter Betonblöcke ohne ein vorgegebenes festes Ganzes (Abb.). Das prekäre Fragmentgebilde wirkt unkontrolliert, verwirrend und bedrohlich mit den ausladenden schweren Gewichtblöcken. Doch schlägt das Massige beim Sehen-als um in ein architektonisch-skulpturales Ereignis. Die Verzeitlichung der Architektur ist auch für die moderne Skulp-

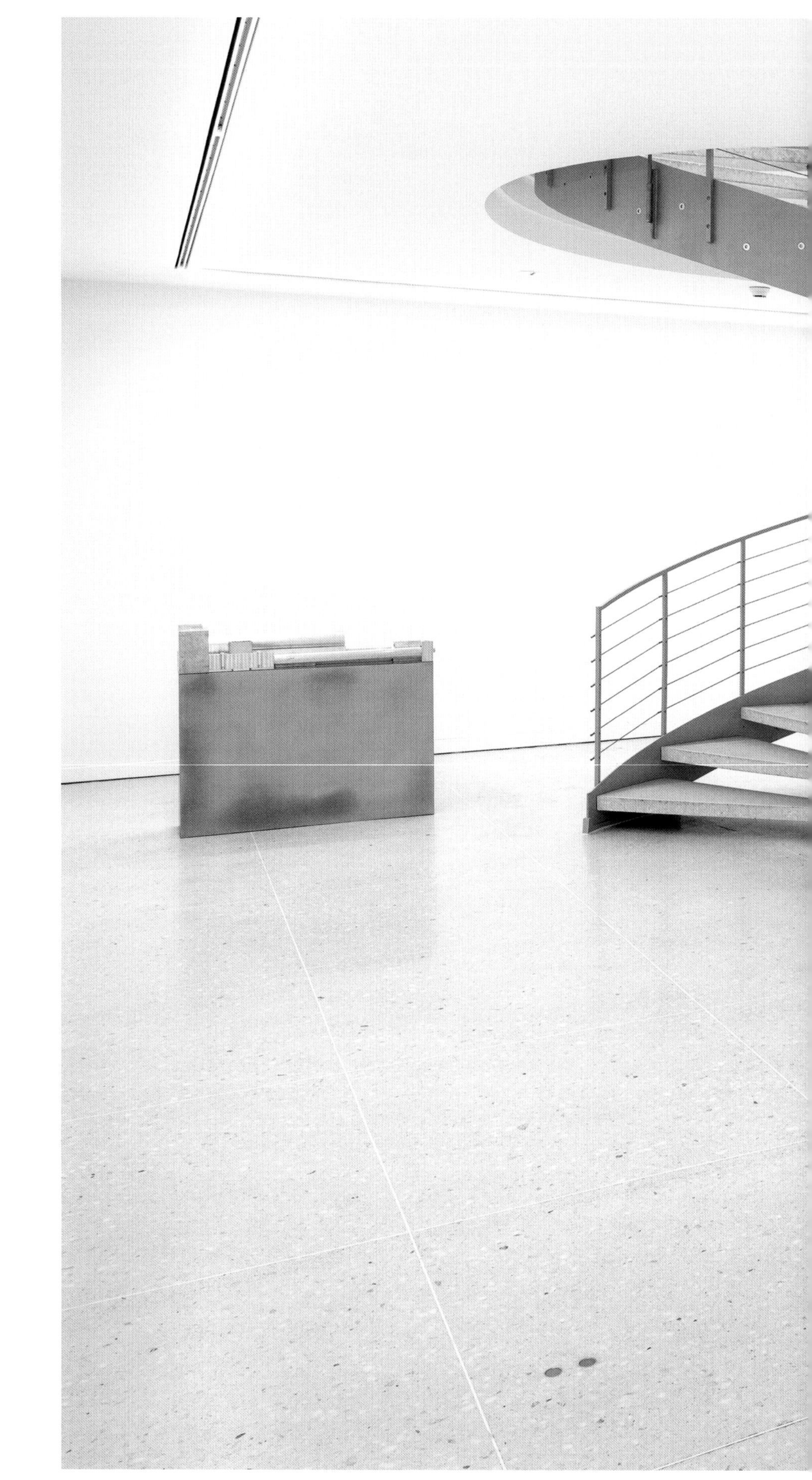

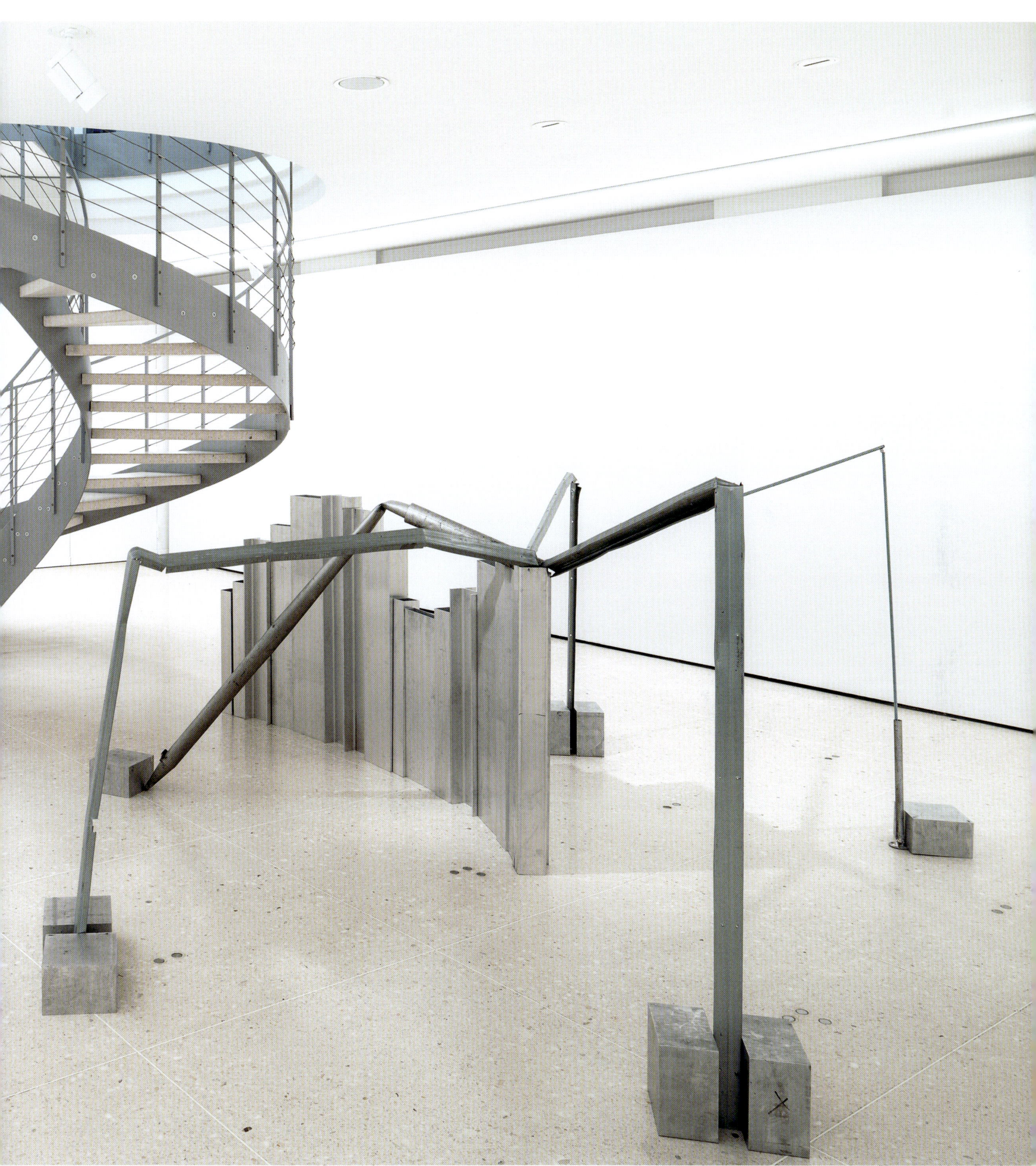

Polygone Skulptur, 2017, Aluminium, Stahl
Polygonal sculpture, 2017, aluminium, steel | 143 x 354 x 398 cm

tur bezeichnend. So wirken Kienzers dekonstruierte, ungegenständliche Antimonumente bei aller Statik veränderlich mit ihrer Vorläufigkeit und visuellen Vieldeutigkeit. Konkret vermitteln die linearen Verlaufsformen und die flächig changierenden Gitterschichtungen eigene Bewegungsmomente ohne sich zu bewegen oder eine Bewegung abzubilden. Aus dem Ruhen des Stehens, Liegens, Anlehnens und Hängens wird ihre Bewegung erfahrbar.

Heimgekehrt vom Zuger Kriegsexil hat Wotruba so etwas wie eine Kultur des plastisch-skulpturalen Arbeitens in Wien begründet, auch als einflussreicher Professor an der Akademie der bildenden Künste. Über ihn hinaus ist sie noch heute wirksam als ein flexibles Feld, das von Oswald Oberhuber (geb.1931), einem Wotruba-Schüler, und von Franz West (1947 – 2012) erweitert worden ist.[4] Kienzer bewegt sich darin, der beim Wotruba-Schüler Josef Pillhofer (1921 – 2010) in Graz studiert hat und mit Bruno Gironcoli (1936 – 2010) Kontakt hatte, Wotrubas Nachfolger an der Akademie. Wie Wotrubas steinerne Figurationen umfassen Kienzers Objekte konträre Aspekte des Expressiven und Architektonischen, Widerständigen und Verletzlichen, Dekonstruierten und Konstruierten.[5]

In der Installation »Raum und Figur« ragt ein L-förmiges Ding vor der Turm-Skulptur auf, für Kienzer die einfachste Figurenform. Das banale Schema einer Knienden erinnert ironisch an die kunstreligiösen Knienden bei George Minne (1866 – 1941), Gustav Klimt (1862 – 1918) oder Egon Schiele (1890 – 1918) (Abb. S. 99). Auch an tierisch Kreatürliches gemahnen einige seiner Arbeiten, so die »Verlegung« mit dem abgegossenen Horn, das sich an ein liegendes Metallrohr anschmiegt (Abb. S. 138, 140), oder das wackelige spinnenartige Gebilde »Polygone Skulptur mit Treppe« (Abb. S. 106) als ein Wink auf Louise Bourgeois (1911 – 2011). Leicht ließe sich ein Bezugsfeld neuerer Kunst für dieses vielgestaltige Œuvre bestimmen. Bei den zerknautschten Metalldingen kommt etwa John Chamberlain (1927 – 2011) in den Sinn. Kienzer nutzt die vorhandenen skulpturalen Möglichkeiten, besonders der 1960er- und 1970er-Jahre, und verleiht seinen neueren Skulpturen im Rückbezug darauf eine geschichtliche Tiefe. Beim Dialog von »Korsett« mit den konträren Arbeiten von Wotruba und Judd aus derselben Zeit wurde das bereits deutlich.

Kienzers Humor bricht den künstlerischen Ernst, schafft eine kritische Distanz und sucht die Verbindung der musealen Kunst zum Lebensalltag und zu sich selbst. Jeder Witz ist auf das Medium Skulptur bezogen. Bei »Korsett« umfängt eine balkenähnliche Struktur die mächtigen Kuben widersinnig wie ein stützendes Korsett, wobei das schwere Gesamtgebilde an eine Sänfte denken lässt. Und wie ein Logo verweist das große L-Zeichen der Ausstellungsinstallation selbstironisch auf die Anfangsbuchstaben der Hauptworte im Titel: »Lärm und Linien«. Die gesamte Ausstellung ist ein Aktions-Reak-tions-Spiel mit der Architektur und dem Betrachter. Namentlich dort, wo die Arbeiten die kleinen Gewölberäume mit ihrer Größe sprengen. In einem Raum ragen drei

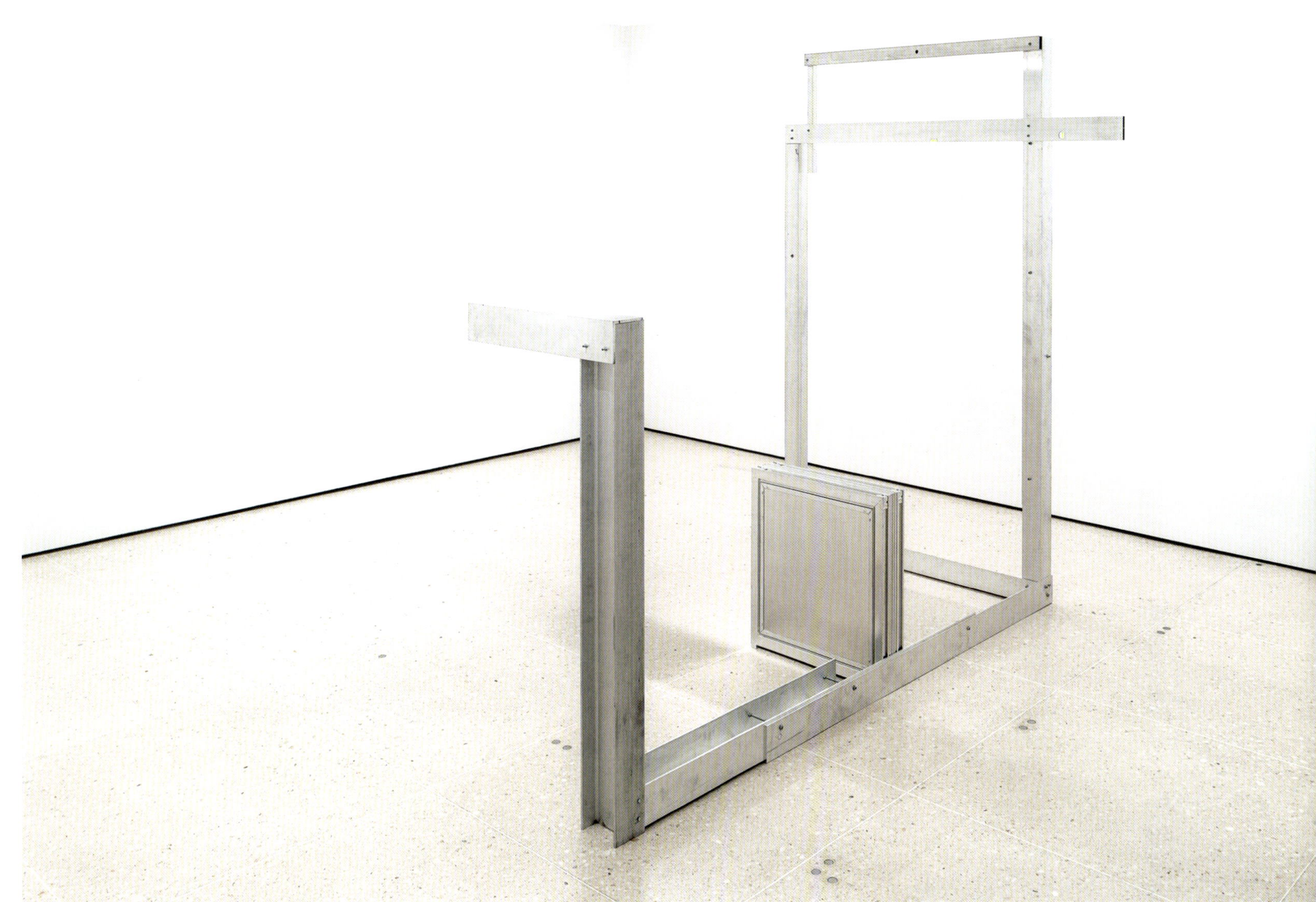

Übertragung Vol. 1, 2015, Aluminium
Transfer Vol. 1, 2015, aluminium | 247 x 347 x 200 cm

lange Stangen bedrohlich aus einem wuchtigen Körper hervor (Abb. S. 112). Oder kontrastierend dort, wo zerbeulte Farbbleche an das Treppengeländer mit Magneten und Gewindestangen spielerisch andocken mit einer humorvollen Nonchalance (Abb. S. 118, 122).

Kienzers Werke sind mehr als abstrakte Dingsetzungen im neutralen Museumsraum. Konkret vermitteln die Trägerkunstdinge der Installation zwischen dem Gebäude und der architektonischen Wotruba-Skulptur. Die verwirrende Dekonstruktion impliziert aber auch eine Destruktion des Gebäudes, lesbar als Institutionskritik am bildungsbürgerlich-konsumistischen Museum. Während Wotruba seine Kunst im restaurativen Wien der Nachkriegszeit als gesellschaftlichen Widerstand auffasste, wobei die Erstarrung, Vermassung und menschliche Anonymisierung seiner Arbeiten wörtlich gemeint sind, spricht Kienzer Jahrzehnte später von »Protestskulptur« für seine Werke, was die italienische Bedeutung von Lärm, »all'arme«, in Erinnerung ruft.

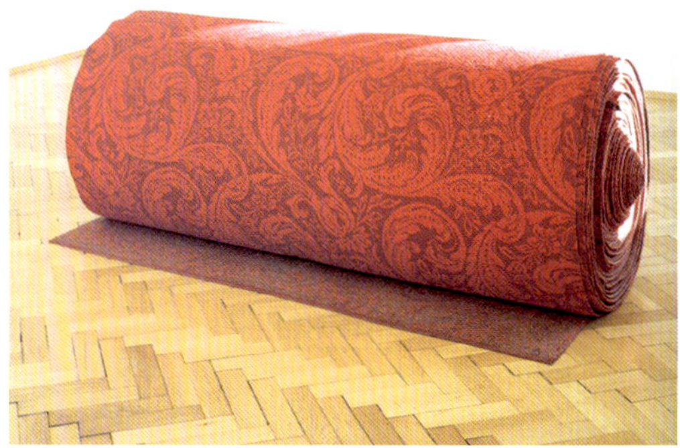

Roter Teppich der Stadt Graz, 1994, Teppich
Red Carpet of the City of Graz, 1994, carpet | 65 x 65 x 180 cm

IV

Wenn ich für die neueren Kienzer-Skulpturen den Ding-Begriff verwendet habe, so muss auch Marcel Duchamps (1887 – 1968) Readymade zur Sprache kommen. Mit dem Transfer von isolierten Alltagsgegenständen in den Kunstraum sollen diese in Kunstdinge verwandelt werden ohne jede weitere Bearbeitung. Auch Kienzer arbeitete früher mit Readymades, zum Beispiel »Roter Teppich der Stadt Graz« (1994); (Abb.) und seine neueren Skulpturen kommen ohne individuelle Verwandlung der Industriematerialien aus, die direkt aus der Fabrikation stammen und anders weiterverwendet werden könnten. Manchmal enthalten sie Readymade-Gegenstände, etwa eine Milchkanne (Abb. S. 115), ein Stativ oder einen Hocker (Abb. S. 84). In der Zuger Ausstellungsinstallation schließlich sind Kienzers zusätzliche »Dachträger Elemente« fabrizierte Ready-mades in situ sozusagen. Die Kombination mit den Stahlträgern erzeugt eine Spannung von funktionaler Gegenstandsrealität und nutzloser Dingkunst.

Selbstbezogene, namenlose Kunst-Dinge sind ins Offene gestellt und haben eine materielle Eigenpräsenz, ein reales Dasein, ohne Autorenhandschrift, Darstellung, Bedeutung oder Nutzen. Wort- und Buchstabendinge können diesen Abstraktions- und Realitätsstatus zwar nicht erreichen, aber auch bei plastischen Dingabstraktionen ist ein lesendes Sehen-als stets im Spiel. Wenn der Ding-Begriff die Autonomie des Kunstwerks betont, sollte man diesen Deutungsaspekt nicht übersehen. Selbst Judd hat zur Vermittlung eines adäquaten Sehens und Verstehens seiner Objekte die dafür geeigneten architektonischen, landschaftlichen und kulturellen Lebenskontexte im texanischen Marfa geschaffen, oder im privaten Wohnhaus unweit von Zug in Eichholtern am luzernischen Vierwaldstättersee.

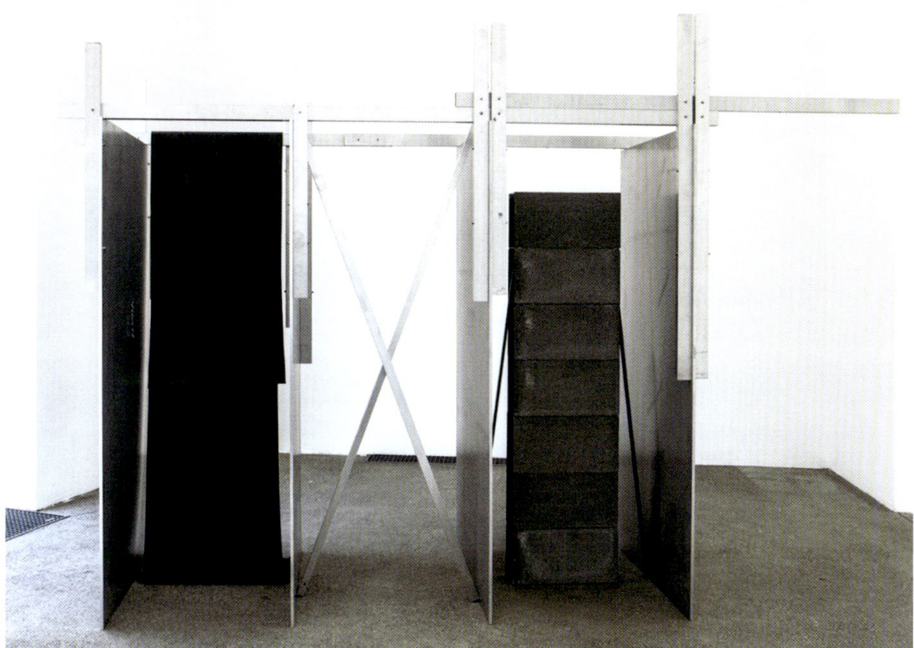

Haltung Vol. 11, 2015, Aluminium, Beton, Gummi
Posture Vol. 11, 2015, aluminium, concrete, rubber | 249 x 357 x 102,5 cm

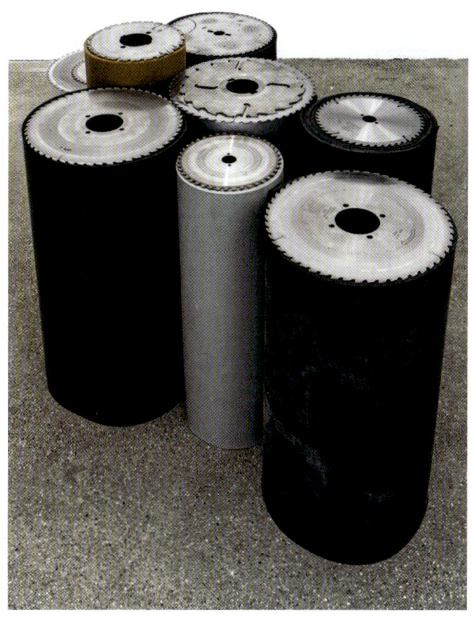

Bande, 2015, Aluminium, Gummi, Stahl
Gang, 2015, aluminium, rubber, steel | 110 x 150 x 130 cm

Bei Kienzer animieren die Titel dazu seine Kunstdinge lesend zu sehen. Nicht zur Dechiffrierung wie bei Codes, sondern zur Interpretation. Zwar hat er früher mit Worten bildnerisch häufig gearbeitet und zeichenhafte Werke gemacht ab den 1990er-Jahren, dies mit der Fokussierung auf das Skulpturale dann aber stark zurückgenommen zu Gunsten der materiell-plastischen Eigenrealität seiner neueren Arbeiten.

Weiter erinnere ich an das Titelwort Lärm, das uns auf die industrielle Erzeugung und die gestörte Rezeption der Werkkonstellationen verwies. Die Industriematerialien und Alltagsgegenstände machen eine moderne Welt vorstellbar, der wir angehören. Das Unfertig-Sein der Halbfabrikate passt dazu. Auch für Wotrubas Steinskulpturen ist das Unfertig-Sein, das »Non finito« der unterschiedlich bearbeiteten Oberflächen von rau bis glatt kennzeichnend. Wie bei Kienzer bleibt das handwerkliche Arbeiten als Herstellungsprozess sichtbar. Kienzer verweist in die Welt von Gewerbe und Industrie, Wotruba in die Arbeitswelt der Steinbrüche, die er in seine Werkstatt verlängerte, während das Kienzer-Studio einer Schlosserei gleicht. Auch die gewerblich-industriell hergestellten Objekte von Judd verweisen auf ihre Entstehungswelt, doch liegt der Akzent dort bei der fortschrittlichen technischen Fertigung, nicht beim Um- und Weiterarbeiten wie bei Wotruba und Kienzer.

Auch Rodin verstand sich bereits als Künstler-Arbeiter. Zeitlebens formte er bestehende Werke um und kombinierte Einzelfragmente gestaltend immer neu. Rilke meinte, er mache aus vielen Dingen eines und »aus dem kleinsten Teil eines Dinges eine Welt«.[6] Sich selbst bezeichnete der Bildhauer als

»Weltatom« und als »Chemiker«, der zerlege und wieder zusammensetze und nicht mehr mit der »Eroberung des Absoluten« rechne.[7] In Wien fand er große Beachtung bei Klimt und Schiele, aber auch beim Bildhauer Anton Hanak (1875 – 1934) und dessen Schüler Wotruba.[8] Grundlegendes war in Wien in Frage gestellt worden wie kaum woanders seit der Jahrhundertwende: die Wissenschaften, die Naturwahrnehmung, die Tradition, kollektive und individuelle Identitäten, der Sinn und die Bedeutung der Sprache, das »unrettbare Ich« (Hermann Bahr; 1863 – 1934/Ernst Mach; 1838 – 1916). Hugo von Hofmannsthal (1874 – 1929), ein Rodin-Verehrer, sprach vom »zersplitterten Zustand der Welt« und von der »Atomisierung, Zersetzung des Menschlichen in seine Elemente«.[9]

Bis heute ist dort die Nähe der bildenden Kunst zu Sprachkritik, Sprachphilosophie und Dichtung kennzeichnend. Wenn der späte Wittgenstein etwa die Sprache von ihrem alltäglichen Umgang her versteht und nicht als etwas Ideales, geht es Wotruba und Kienzer um die Materialgerechtigkeit und das

Konstrukt Vol. 3, 2017, Aluminium, Stahl
Construct Vol. 3, 2017, aluminium, steel | 193 x 301 x 123 cm

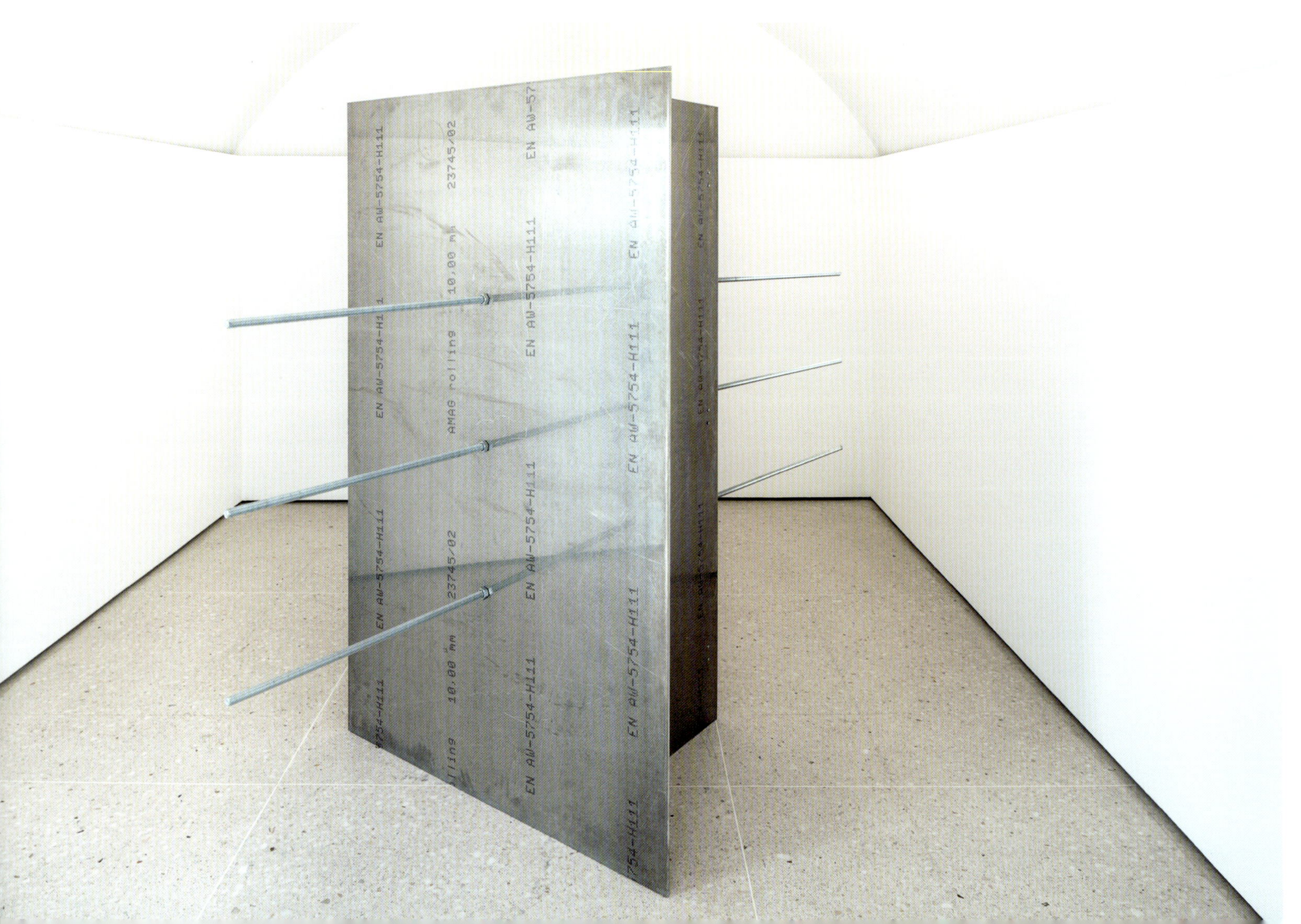

Geschaffensein ihrer authentischen Arbeiten. Eine Skulptur ist kein geformter Stoff mehr für sie, der irgendetwas Anderes, Höheres darstellte. Vielmehr ist die Materialwirkung hervorgehoben, das Steinsein des Steins und das Metallsein des Metalls.[10]

Übrig sind im »zersplitterten Zustand der Welt« die frei und endlos kombinierbaren Kunst-Dinge in Wort und Bild/Skulptur. Für die Präsenzwirkung der fragmentarischen Kienzer-Skulpturen trifft daher strukturell zu, was schon Rilke als Eindruck vom Rodin-Studio notierte einhundert Jahre früher (nach Abzug von Emphase und Anatomiebezug): »Da liegt es meterweit nur Bruchstücke, eines neben dem andern. [...] Und doch, je näher man zusieht, desto tiefer fühlt man, dass alles das weniger ganz wäre, wenn die einzelnen Körper ganz wären. Jeder dieser Brocken ist von einer so eminenten ergreifenden Einheit, so allein möglich, so gar nicht der Ergänzung bedürftig, dass man vergisst, dass es nur Teile und oft Teile von verschiedenen Körpern sind, die da so leidenschaftlich aneinander hängen.«[11]

Querele, 2015, Aluminium, Holz, Silikon, Stahl
Quarrel, 2015, aluminium, wood, silicone, steel | 264 x 327 x 187 cm

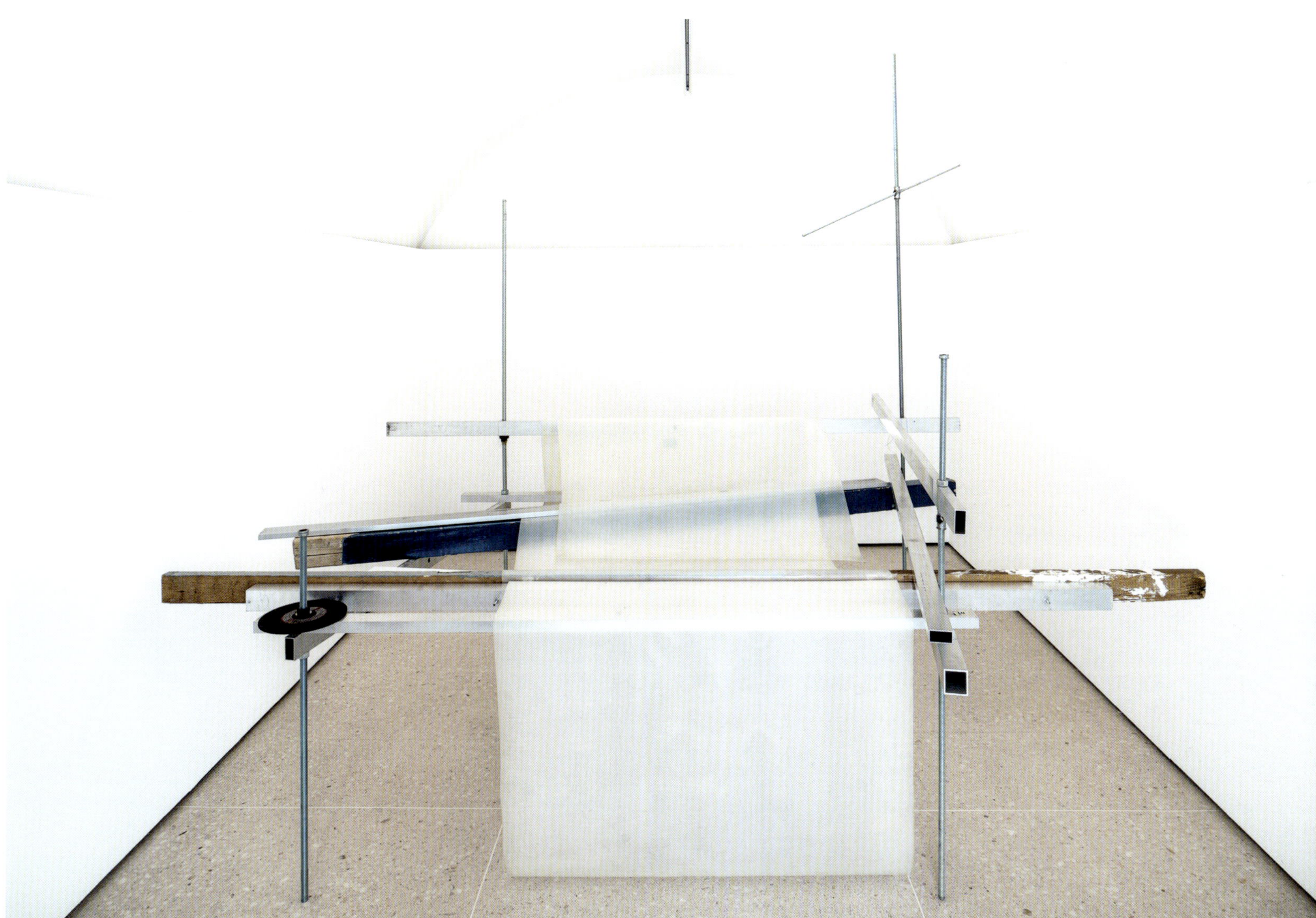

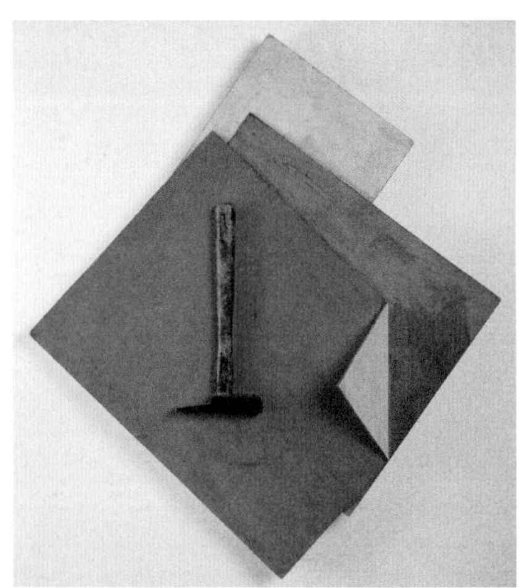

Iwan Albertowitsch Puni
Hammerrelief, 1914, Gouache auf Karton, Hammer (Rekonstruktion)
Relief with Hammer, 1914, gouache on cardboard, hammer (reconstruction) | 80 x 65,5 x 8,3 cm

Weiter unterscheiden sich auch die Ausstellungen von Rodin und Kienzer nicht grundsätzlich von den Studiosituationen. In beiden Fällen muss man seinen Weg finden durch die im Raum verteilten Werke hindurch oder darum herum. Bei Kienzer kommt noch dazu, dass die vielteiligen formlosen Arbeiten mitunter wie Zwischenlager anmuten, sortiert und geordnet nach Material, Größe und Form, bereit eine Skulptur zu werden sozusagen. Andere Werke aus kruden Zementsteinen und fragilen Blechen stecken dagegen einen Ort ab, um sich dort vorläufig einzurichten, was an die aktuellen Bilder von Fluchtbehausungen denken lässt (Abb. S. 126, 132). Je nach Perspektive handelt es sich bei Kienzers Werkkonstellationen und ihren Bestandteilen entweder um so etwas wie einen Bau- und Werkplatz oder um Kunst. Es kommt auf das Sehen-als an. Auch Wotrubas halbrohe Steinfigurationen können nicht nur als Kunstwerke aufgefasst werden. Die fragmentierten Blöcke stellen faktisch auch eine beschädigte Erd-Natur dar. Die massig prekären Steine sind auf der Kippe von schaffendem Werden als Kunst und von zerstörendem Vergehen als Natur.

V

Für Kienzers Skulpturen eignet sich auch der Begriff »Zeug«. Die industriellen Halbfabrikate machen ihr lärmiges Geschaffensein mit Werkzeugen bewusst und verweisen als Erzeugnisse auf den alten Zusammenhang von Kunst und Handwerk wie auch von Kunst und gezeugtem Leben. Weiter ist mit Zeug pejorativ etwas mehr oder weniger Unbrauchbares oder etwas als Unsinn und Unfug Gesagtes gemeint: »dummes Zeug«. Tatsächlich stehen und liegen Kienzers halbfertige Werke wie nutzloses Zeug herum und wirken unsinnig bezüglich der praktischen und ästhetischen Verwendbarkeit. Doch man kann auch das »Zeug haben«, eine besondere Befähigung also, etwa zum Künstler wie Kienzer. Seine Material-Arbeiten haben das Zeug zum Kunstwerk sozusagen.

Ferner hat Martin Heidegger (1889 – 1976) die Begriffe Zeug und Ding in seinen philosophischen Diskurs über das Kunstwerk eingebracht. Am Beispiel eines Bauernschuh-Gemäldes von Vincent van Gogh (1853 – 1890) verknüpft er das Zeug mit dem Dasein.[12] Wie die dienlichen Bauernschuhe oder ein Hammer verweist dieses auf den praktischen Umgang mit dem Seienden und ist nie ein isoliertes Ding. Für Heidegger wird der Weltbezug vom Zeug, der in der Dienlichkeit normalerweise verloren geht, weil es darin ganz aufgeht, über-

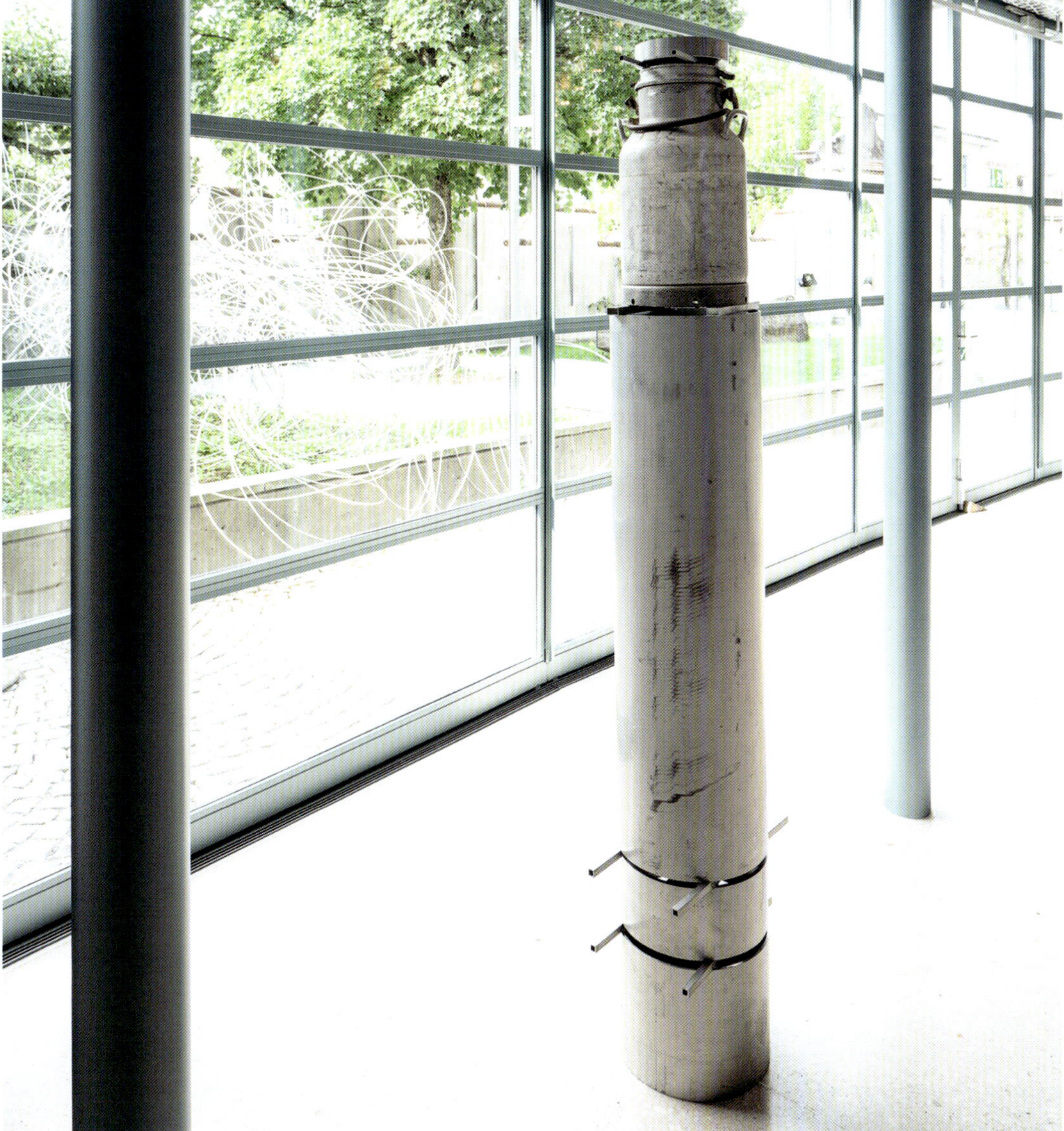

Embouteillage Vol. 3, 2014, Aluminium
Fill up Vol. 3, 2014, aluminium | 208 x 32.5 x 32.5 cm

haupt erst auffällig im Kunstwerk. Das trifft auch für Kienzers nutzlos disparate Werkkonstellationen zu, die man als Ding-Zeug bezeichnen kann. Vergleichbar hat Iwan Puni (1892 – 1956) im »Hammerrelief« (1914) einen Hammer als Readymade appliziert (Abb.), der sich als ein isoliertes Ding ebenso erweist im ungegenständlichen Werk wie als ein auf die Arbeitswelt verweisendes Zeug.

Wie der späte Wittgenstein die Sprache auf den Gebrauchszusammenhang bezieht und die Verbindungen »Sprachspiele« nennt, bezieht Kienzer die Zeug-Skulpturen auf das industrielle Machen des Materials und seine Verwendungsmöglichkeiten im Alltag und in der Kunst. Die Verbindungen erfolgen im Sehen-als und sind vergleichbar mit den Sprachspielen der Werktitel. Schließlich bestimmt Heidegger den Ursprung des temporalen Kunstwerks als Ereignis in der zirkulären Gegenwendung der Aspekte »Welt« und »Erde«. Auch bei Kienzers kruden Material-Arbeiten ist der Ursprung als Kunstwerk erfahrbar im ereignishaft geschichtlichen Dasein: vom selbstbezogen verschlossenen und nicht weiter hinterfragbaren, erdhaft Physischen mit den offenen Weltbezügen.

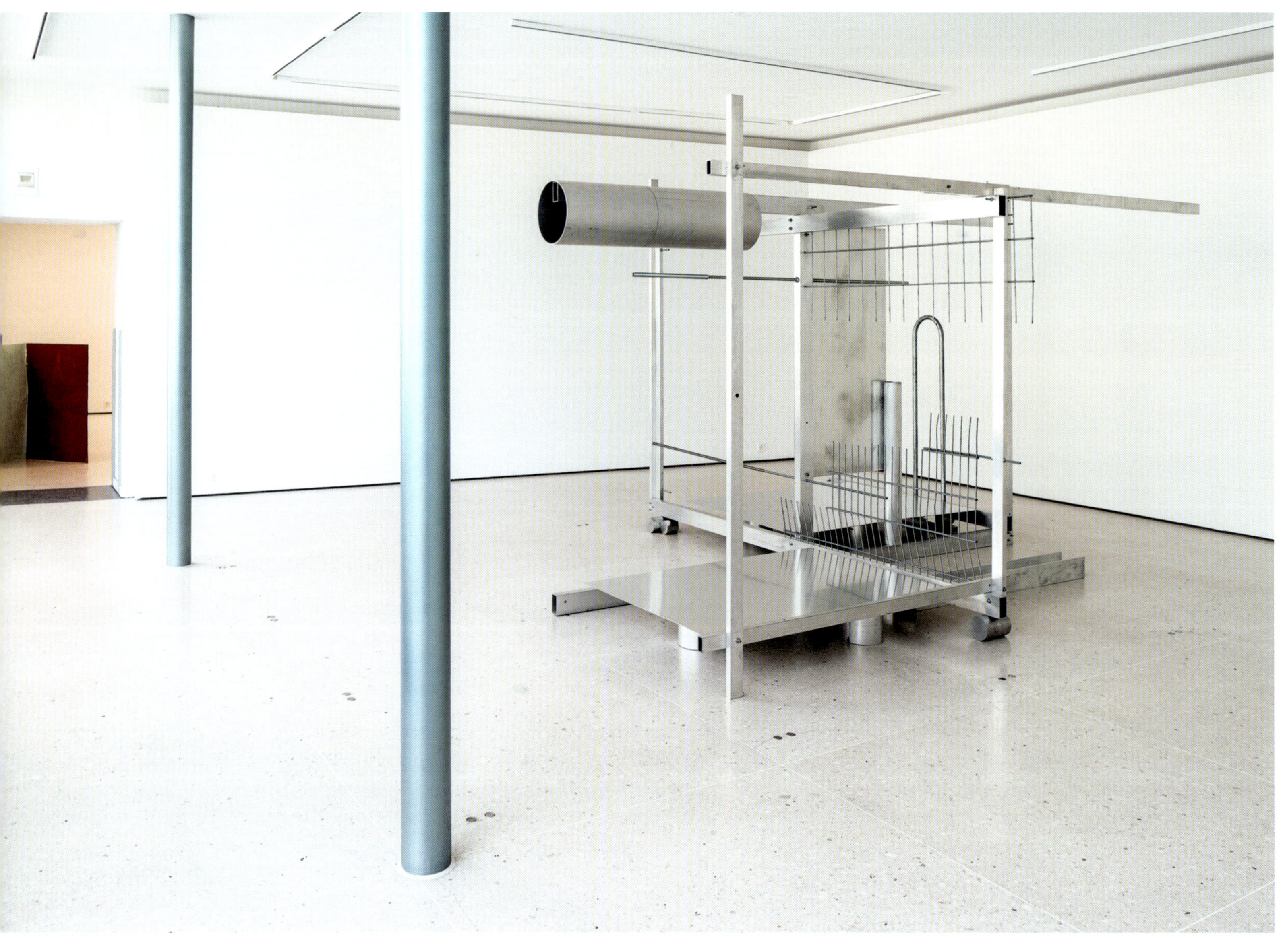

Vierung Vol. 1, 2014 – 2015, Aluminium, Stahl
Crossing Vol. 1, 2014 – 2015, aluminium, steel | 245 x 345 x 302 cm

[1] Vgl. Rätus Luck (Hg.): Rainer Maria Rilke, August Rodin. Der Briefwechsel und andere Dokumente zu Rilkes Begegnung mit Rodin, Frankfurt am Main und Leipzig 2001, S. 79; Rainer Maria Rilke: Rodin, Frankfurt am Main 1984 (1. Aufl., 1913), S. 134.

[2] Stefan Zweig: Rilkes ‚Neue Gedichte' (1908), in: Donald A. Prater (Hg.): Rainer Maria Rilke und Stefan Zweig in Briefen und Dokumenten, Frankfurt am Main 1987, S. 46.

[3] Ludwig Wittgenstein: Philosophische Untersuchungen. Kritisch-genetische Edition, hrsg. v. Joachim Schulte, Frankfurt am Main 2001. Zur Anwendung von Wittgensteins »Sehen-als« auf die Kunst vgl. Michael Lüthy: Das Medium der ästhetischen Erfahrung. Wittgensteins Aspektbegriff, exemplifiziert an Pollocks Malerei, in: Gertrud Koch, Kirsten Maar, Fiona McGovern (Hg.): Imaginäre Medialität – Immaterielle Medien, München 2012, S. 125–142.

[4] Vgl. Matthias Haldemann: Wotruba heute. Ein Essay, in: Wilfried Seipel und Fritz Wotruba Privatstiftung (Hg.): Wotruba. Leben, Werk und Wirkung, Wien 2012, S. 90–103.

[5] Vgl. Matthias Haldemann: Zum künstlerischen Konzept des Spätwerks von Fritz Wotruba, in: Fritz Wotruba. Retrospektive. Skulpturen, Bühnen- und Architekturmodelle, Aquarelle, Zeichnungen, Ausst. Kat. Kunsthaus Zug, St. Gallen 1992, S. 21–32.

[6] Briefwechsel Rilke-Rodin, wie Anm. 1, S. 31.

[7] Auguste Rodin: Die Kathedralen Frankreichs, Zürich und München 1988 (franz., 1. Aufl., Paris 1914), S. 116, 74.

[8] Vgl. Agnes Husslein-Arco und Stephan Koja (Hg.): Rodin und Wien, München 2010; Matthias Haldemann: Among »Art-Things«: From Rodin to Klimt, Hofmannsthal, Rilke and Schiele, in: Klimt and Rodin: An Artistic Encounter, Ausst. Kat. Fine Arts Museum of San Francisco – Legion of Honour, München/London/New York 2017, S. 57–71.

[9] Hugo von Hofmannsthal: Der Dichter und diese Zeit (1906), in: Konrad Heumann und Ellen Ritter (Hg.): Hugo von Hofmannsthal,

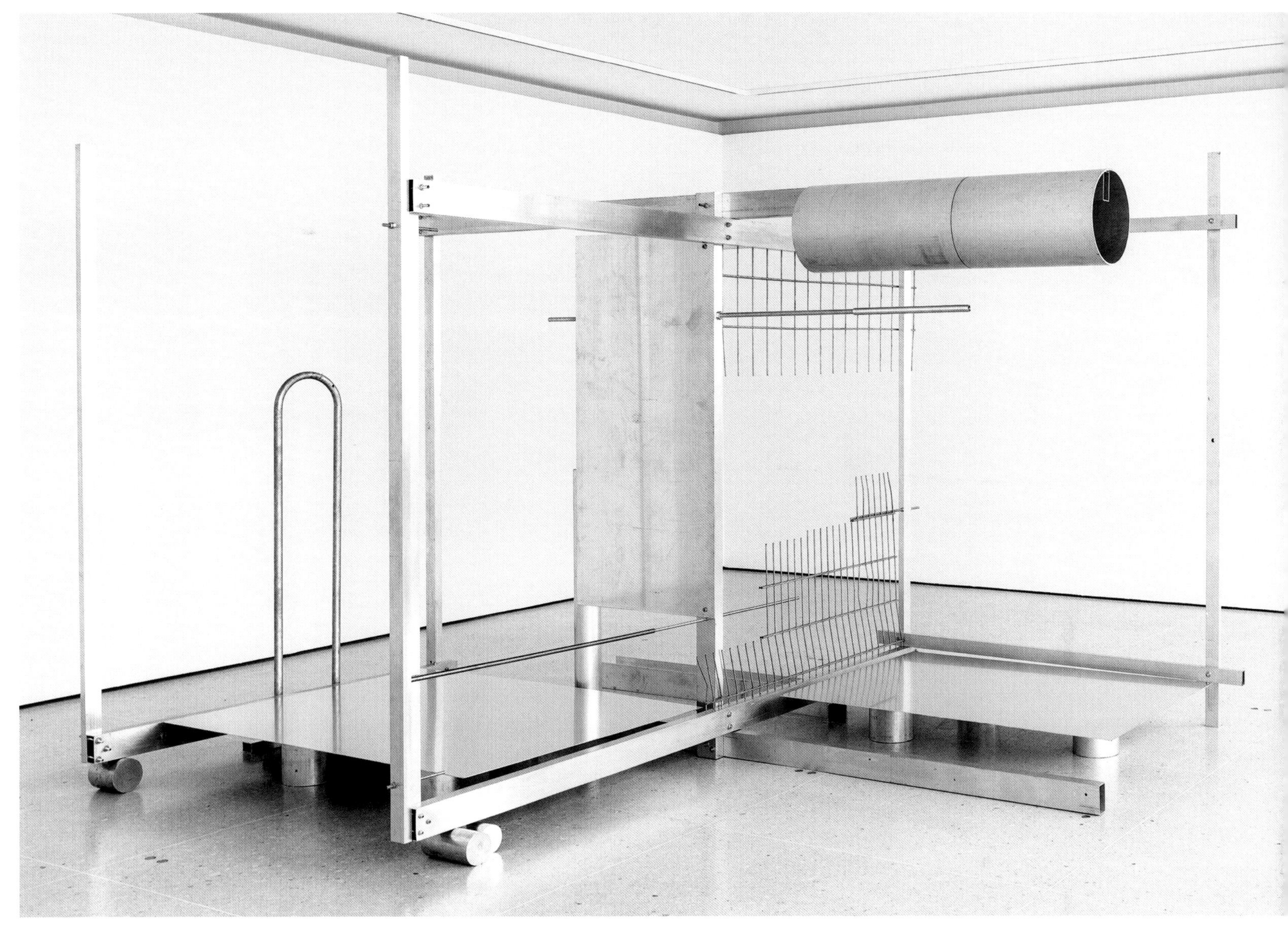

Sämtliche Werke, kritische Ausgabe, Bd. XXXIII, Reden und Aufsätze 2, 1902–1909, Frankfurt am Main 2009, S. 141.

[10] Zur kulturellen Verbindung von Wittgenstein mit dem progressiven Wien nach 1900 vgl.: Allan Janik und Stephen Toulmin: Wittgenstein's Vienna, New York 1973 (deutsch, München–Wien 1984).

[11] Briefwechsel Rilke-Rodin, wie Anm.1, S. 43.

[12] Martin Heidegger: Der Ursprung des Kunstwerkes. Mit einer Einführung von Hans-Georg Gadamer, Stuttgart 1960 (1. Aufl., 1936). Zur Verbindung mit der modernen Kunst vgl. Dieter Jähnig: »Der Ursprung des Kunstwerkes« und die moderne Kunst, in: Walter Biemel und Friedrich-Wilhelm v. Herrmann (Hg.): Kunst und Technik. Gedächtnisschrift zum 100. Geburtstag von Martin Heidegger, Frankfurt am Main 1989, S. 219–254, und: Gottfried Boehm: Im Horizont der Zeit. Heideggers Werkbegriff und die Kunst der Moderne, ebd., S. 255–285. Heidegger interessierte sich für moderne Kunst und realisierte 1969 im Erker Verlag, St. Gallen eine Publikation zusammen mit dem Bildhauer Eduardo Chillida.

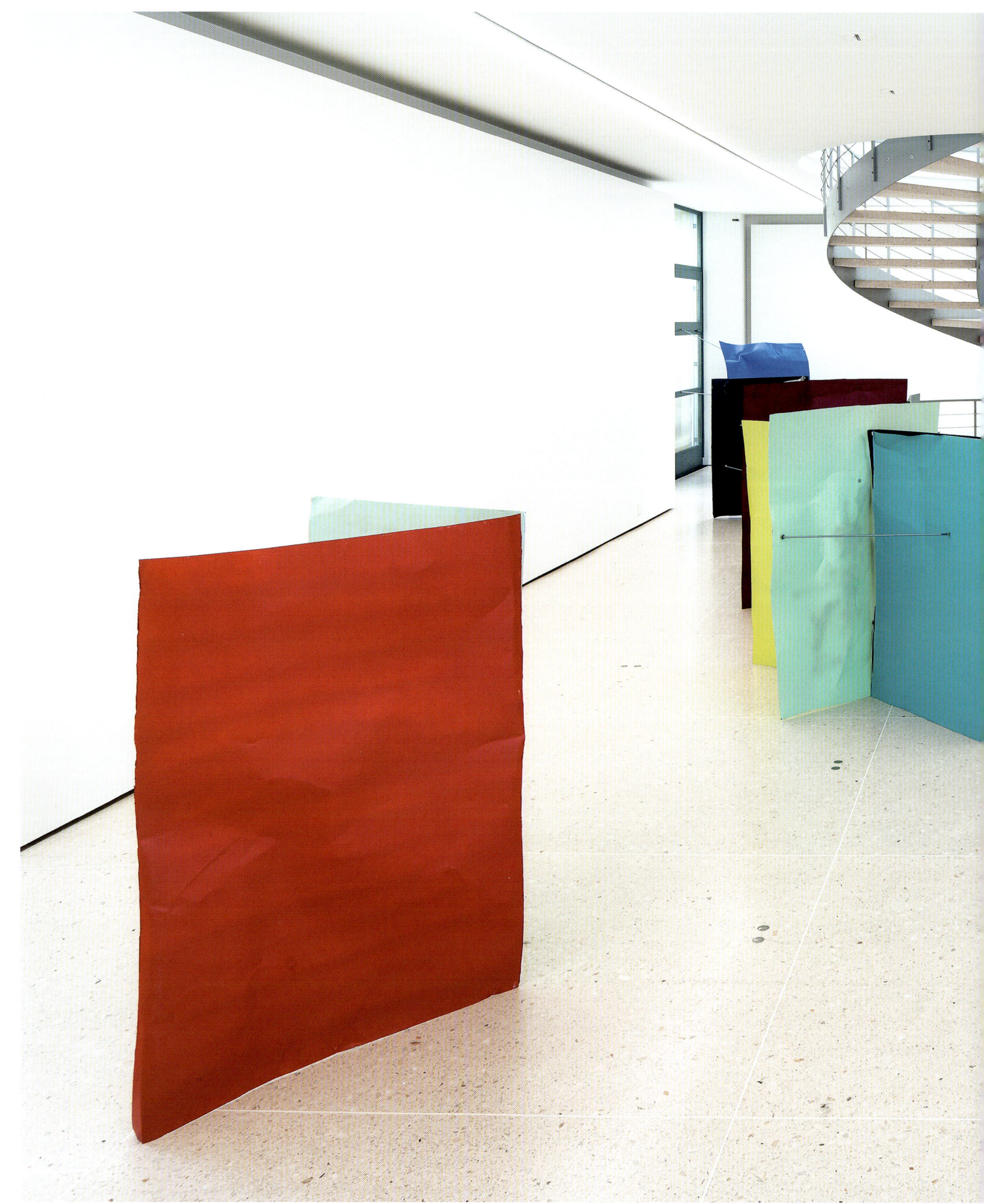

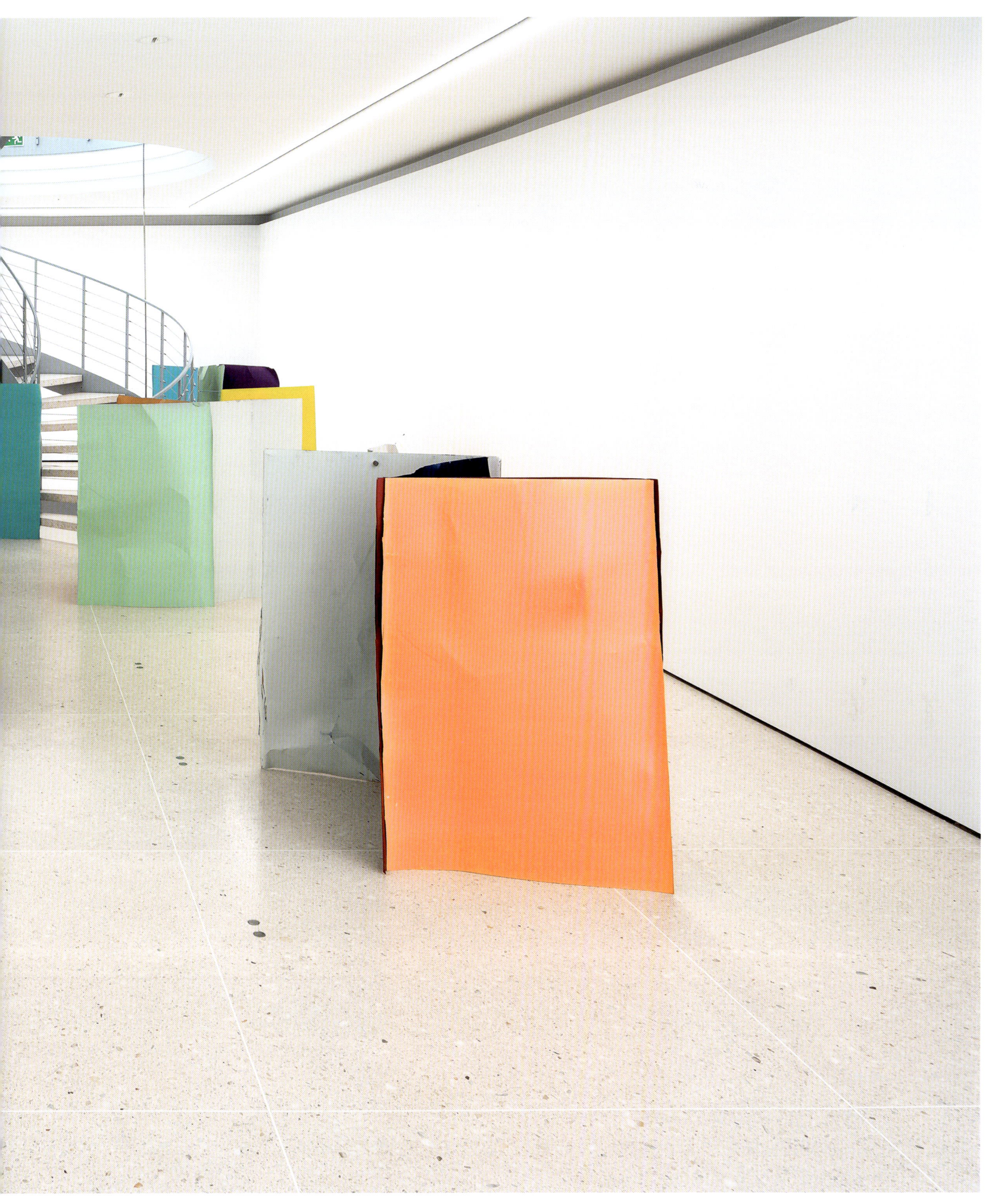

Thing and Equipment
On Michael Kienzer's concept of sculpture

Matthias Haldemann

I

"Noise and Lines" (Lärm und Linien) is the name of Michael Kienzer's exhibition in the Kunsthaus Zug. Noise is an unusual descriptor for sculptural and plastic artworks. Be they figurative or abstract, such works isolate themselves from their surroundings and stand out silently, do they not, from the flow of everyday life, aspiring only to endure through the ages like monuments.

But conceivably, the elongated and sharp-edged works are noisy for Kienzer because they do not want to fit into the spatial givens. Accordingly the knot of rampant lines in the Kunsthaus courtyard bears the title "Parasit" (Parasite) (ill. p. 97). His objects are asymmetrical, lack any stable structure, and have neither a good form nor a homogenous unity. They are composed of disparate parts which do not quite fit together or attach firmly anywhere. Everything appears half-finished and provisional. Equally, the hybrid constructs in their great diversity defy stylistic categorisation. Their kinks, dents, crimps, cracks and knots disturb harmonious perception – like noise. Noise arises principally in the modern world of commerce and industry, in factories, at airports and on building sites, but also in the neighbourhood on occasion. Similarly, these works have been fashioned predominantly from industrial materials like aluminium, glass, rubber and hard fibre by means of noisy drilling, hammering, sawing, milling and sanding. The titles "Maschine" (Machine) and "Selbstmaschine" (Self-Machine) corroborate this. The multipart work "Verlegung" (Lateral Placement) (2016) is even a reminder of the model of a modern city (ill. p. 103).

For the most part, new material has been used for these sculptures: metal panels, sheets, pipes, screws, threaded rods, bars, cement stones, magnets, adhesive tape, and also, sporadically, objects: spirit levels, organ pipes, tripods, tables, chairs, brake disks and a milk churn. With ease these mobile compilations can be dismantled for transport and storage. If Kienzer talks about them as sculpture, the classic designation is as incongruous as the term plastic art because they are neither negatively formed nor positively formed matter made from stone, wood, clay, plaster or bronze. Rather, they are space-referenced objects, or better still: bewildering sculptural questionings. Crudely and awkwardly they stand or rest on the ground, without pedestals; lean against and hang on the wall; are stacked, towered or built up in layers, often in precarious, tension-laden equilibrium. Should one remove any inserted or weight-adding element, everything would tumble down or collapse. Far from being unshakeable artworks, these are rather precarious situations.

The German word for noise, Lärm, is cognate with "alarm" and derives from the Italian all'arme, "to arms!". Legislative texts define noise as undesirable sound, and aside from a biophysical and medical aspect, the word also has a subjective component. "Noisy" sculptures disturb the viewers' expectations and receptive habits. Thus, the neutral distance from them is often missing from the exhibition. Evidently one is meant to find one's way between or around the plastic perturbances without stumbling over, bumping into or knocking them down. One can also chance upon one's own reflection in them, so that multiples of one's body are suddenly involved.

If I mentioned sculptural questionings, it is because these silent and in some cases hermetic structures also have to do with language. Granted, the vague titles of the works give neither a technical explanation nor a formal description. Nevertheless they are evocations that readers have to translate into the visual context in their own way, bearing in mind that some discrepancy between work and word will always remain. Exhibition titles like "Noise and Lines" or "Loose Density" denote nothing specific but awaken associations and hint at possible interpretations. The ambivalent work titles "Haltung" (Posture), "Verlegung" (Lateral Placement), "Punkt Linie Fläche" (Point Line Surface), "Vierung" (Crossing), "Szene" (Scene), "Missing", "Flyer", "Verlorene Form" (Lost Form), "Bande" (Ties), "hin und her" (to and fro), "Skizze" (Sketch), "Übertragung" (Transmission), "Verhängnis" (Fate), "Konstrukt" (Construct) relate to formal characteristics, to medial and cultural contexts, and/or to human existence. Like the works, however, the isolated words and word-combinations also stand in their own right and embark on a language-game of contrary aspects. Without syntactic and textual context, they function like concrete poetry.

Only interpretation by the viewer turns these one- or two-word poems, as they might be called, into possible texts. The association with poetry is confirmed by the work titles "Poetry Slam" and "Metal Poem". When interpreting Kienzer, word and work can be translated back and forth equitably. Perhaps the German word Dichtung ("literature, poetry" and "seal, gasket") would even be suitable as a title here, with its dual meaning as a linguistic artwork and as a technology element (for limiting or preventing unwanted transitions of material from one chamber into another). Whether figuratively or literally, inventively and each for ourselves we are called upon to interpret this nameless and purposeless "given" as a possible design for something meaningful. For all that the words Lärm and Linien (noise and lines) in the Zug exhibition title conspire to make an illogical connection between the auditory and visual domains, the shared initial letter L still suggests a formal and phonetic relationship, which obviously only the exhibited works can demonstrate.

II

Kienzer confronts viewers with the creation of the pieced-together works which, despite their provisional air, seem determinate. The seemingly lapidary, incidental and makeshift is constellated into a work and conveys the impression of presence, regardless of what exactly it may be – a brake disc, a rolled carpet or a grating. Concentrated into a spatial construct, the individual material objects yield more than the sum of their parts.

To underscore the autonomy of the viewer-related artwork, its existence, the Western "thing" [German: Ding] concept was put to a new use in modernism.

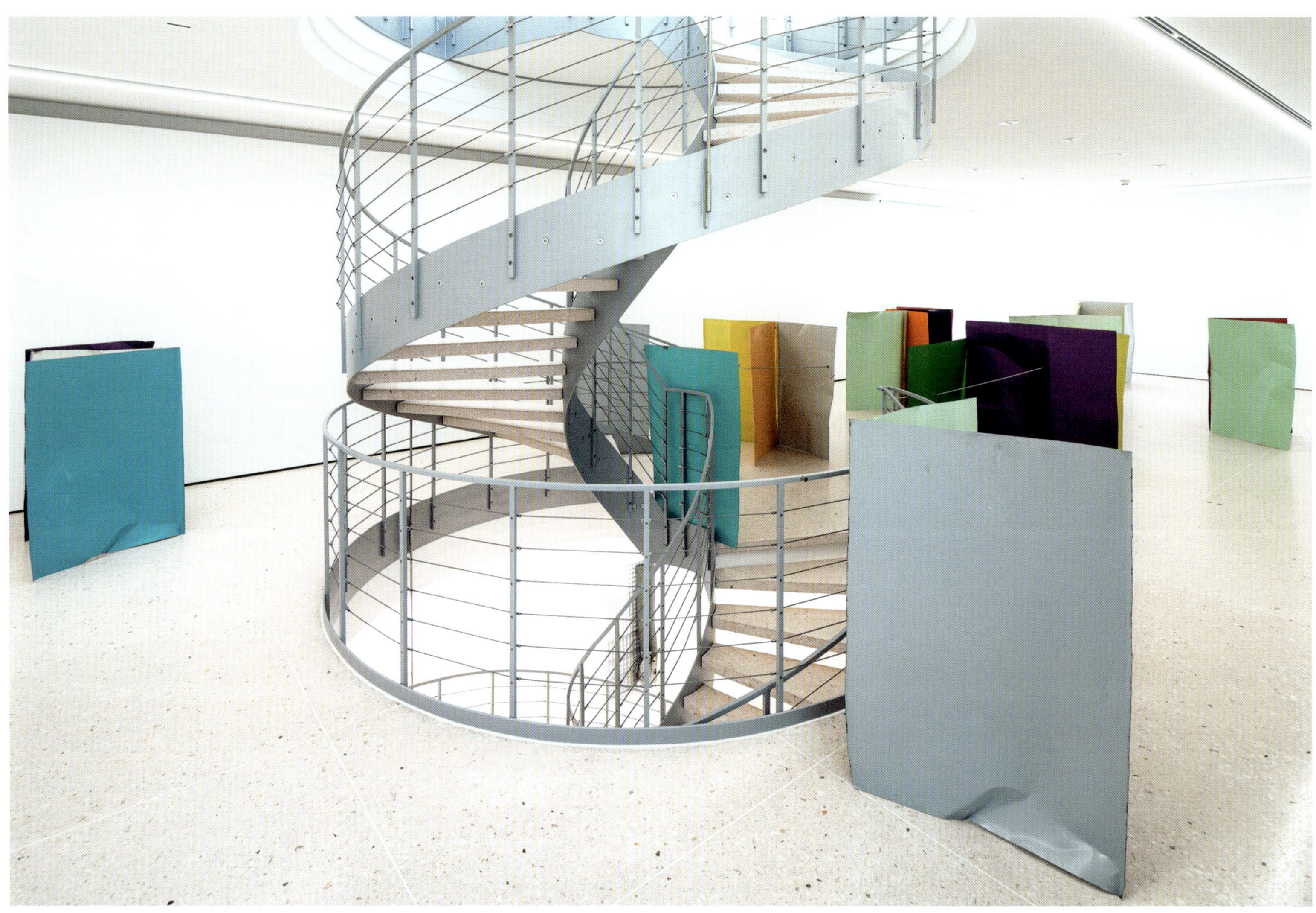

Flyer, 2017, Blechpaneele, Gewindestangen, Magnete
Flyers, 2017, metal sheets, threaded bars, magnets | Größe variabel | Variable in size

It was Rainer Maria Rilke (1875 – 1926) who appropriated the term from his critical linguistic experience as a poet and first used it for the sculptural and plastic works of Auguste Rodin (1840 – 1917), which he named “art-things”.[1] His own “Thing-Poem” inspired by Rodin was even described by Stefan Zweig (1881 – 1942) as “chiselled through”.[2]

For Rilke, things are not distanced objects with changing qualities, which can be used, artistically depicted or scientifically researched. Rather, they are immediately perceived, sensed phenomena, irrespective of whether they are natural elements, everyday products, single words or artworks. A sculpture is an alien and discursively unsubstitutable thing, exactly the same as a single word or a flower. Conversely, Rilke perceives the thing detached from its surroundings as much like a solitary sculpture or a decontextualised word. Its presence captivates the reader-viewer, who sees into the thing, fills it with and amalgamates it with feelings into a sensory-emotional, dead-alive sense-construct of its own nature. This is when perception becomes a consciously creative act. Ludwig Wittgenstein (1889 – 1951) spoke of this in terms of “seeing-as”, a change of aspect in the performance of viewing and projection.[3]

Kienzer’s open and transparent thing-art is filled up three-dimensionally, as it were, by the viewer, like racks, scaffolds, vessels or frames. Not just technically and materially but also for purposes of “seeing-as”, these works are semi-finished.

What seemed noisy and alien to begin with, calms down. The awkward components fit, however provisionally, into self-referential arrangements of objects. There is nothing that one would wish to add or remove.

The bounded, distorted or vectorially envisaged empty space seems charged with plastic energy resulting from the visual interplay with the construct. The fragmentary aspect of the distinct, transparent and semi-open sculptures is spatially transcended in the dialogue between inside and outside. Heavy material is clearly resting on the ground and yet seems unexpectedly light, occasionally floating.
In this way one can also appreciate the weighty metal works with their shimmering silver hue as things of elegance and beauty.

The exhibition title “Loose Density” is a good epithet for these constellated sculptures, which are concentrations of loose elements. It is also fitting for the magnets, since they connect the metal elements energetically without bonding them physically: remove them, and the constructs will collapse or fall down. Sculptures and plastic art have always demonstrated the forces of load-bearing and loading, rest and movement, opening and closing, and of counterbalancing weights. Around 1900, Auguste Rodin first sought the interaction of thingly figuration and surrounding space. The minimalist Donald Judd’s (1928 – 1994) box-like “Specific Objects” from the 1970s can then be called fusions of thing and space (ill. p. 102). Kienzer’s structure-focused and box-like aluminium work entitled “Korsett” (Corset) alludes to these directly (ill. p. 139).

III

The innovative work “Korsett” is not a homogenous, neutral and flawless structural entity like the polished stainless steel objects made by Judd. The semi-finished visual thing is broken open and, with the writing on its surfaces and touch marks, makes no secret of having been sourced directly from metal production. Not without irony, the pure, distraction-free vision that Judd strove for is disturbed by this workpiece. However, the forceful and voluminous work also relates to the bulky stone sculptures of the Austrian sculptor Fritz Wotruba (1907–1975). It is Wotruba’s “Grosse Skulptur” (Large Sculpture) in marble from 1972, part of the Kunsthaus collection, that Kienzer integrates into his sculptural-architectonic exhibition installation “Raum und Figur” (Space and Figure) (ill. pp. 94, 99, 100).

Arie Hartog talks in the introduction to this book about a field that flexibly measures out Kienzer’s work between classical sculpture, object, assemblage and installation. Here this is thematised by combining installation with classical marble sculpture. Following the pattern of the real roof girders, the intervention consists of freely distributed grey metal and wood elements of different sizes. Anyone who enters the room is given the impression that these may have fallen from the ceiling and are now lying around the Wotruba sculpture by chance, although obviously some of the debris from the “accident” has already been cleared away. It is as if the installation and the sculpture are actors in a dramatic museum scene.

In both Graz (ill. p. 40) and Krems (ill. pp. 34, 39, 44–51), Kienzer has also realised sculptural architecture installations. Now he integrates Wotruba, which is a statement on harking back to classical sculpture himself. Having gathered experience with his own intervention-like multimedia and temporary works, around 2004 he returned to the clearly outlined “thing” from his early days in the 1980s, but now it is flexible, provisional and transient.

Why Wotruba? Kienzer is not interested in artistic friction with the authoritarian and moralising sculptor figure of late modernism, like Heimo Zobernig who puts a coloured pedestal under a Wotruba sculpture, nor in a joke, like Erwin Wurm who tops it off with a meat and gherkin roll (Extrawurstsemmel mit Essiggurke) (ill. p. 104). Whereas Wotruba deconstructs the human anatomy after the war with the cubic works and breaks the artistic pathos, which is important to Kienzer, the latter deconstructs the sculptural whole and the real space, as here, into disparate fragments. This bears comparison with Wotruba’s church building in Mauer near Vienna (1974–76), an additive muddle of towered-up concrete blocks without a predetermined, definitive whole (ill. p. 105). The precarious fragmented construct with weighty blocks jutting out overhead appears uncontrolled, confusing and threatening. Yet its colossal bulk, upon being "seen-as", turns into an architectonic-sculptural event. The temporalisation of architecture is also a hallmark of modern sculpture. Static as they may be, Kienzer's deconstructed, immaterial anti-monuments seem mutable, provisional and visually ambiguous. Specifically, the linear flow of the forms and the planar oscillation of the layered gratings convey their own sense of momentum without moving and without reproducing any movement. Out of the restfulness of their standing, reclining, leaning and hanging, their movement becomes experienceable.

Having returned home from wartime exile in Zug, Wotruba founded something like a culture of plastic-sculptural work in Vienna, not least as an influential professor at the Academy of Fine Arts. Beyond his lifetime it has endured to this day, as a flexible field that has been expanded by Oswald Oberhuber (b.1931), a pupil of Wotruba's, and by Franz West (1947 – 2012).[4] Kienzer is part of it, since he studied under another of Wotruba's pupils, Josef Pillhofer (1921 – 2010) in Graz and has had contact with Bruno Gironcoli (1936 – 2010), Wotruba's successor at the Academy. Like Wotruba's stone figurations, Kienzer's objects encompass contrary aspects of the expressive and the architectonic, the resilient and the vulnerable, the deconstructed and the constructed.[5]

In the installation "Raum und Figur" ("Space and Figure") an L-shaped thing looms up in front of the tower sculpture, which Kienzer considers the simplest figural form. The banal schema of a kneeling woman is an ironic reminder of kneeling figures from religious art in George Minne (1866 – 1941), Gustav Klimt (1862 – 1918) or Egon Schiele (1890 – 1918) (ill. p. 99). A few of his works are also reminiscent of animal creatures, such as "Verlegung" (Lateral Placement), where the cast of a horn nestles up to a horizontal metal tube (ill. p. 138, 144), or the rickety, spiderlike form of "Polygone Skulptur mit Treppe" (Polygon Sculpture with Steps), which is a nod to Louise Bourgeois (1911 – 2011) (ill. p. 106). It would be easy to define a reference field of contemporary art for this polymorphous œuvre. Looking at the crumpled metal-things, for instance, John Chamberlain (1927 – 2011) springs to mind. Kienzer draws on the existing sculptural possibilities, especially those of the 1960s and 1970s, and by referring back, endows his more recent sculptures with historical depth. This was already made clear in the dialogue between "Korsett" and the contrary works of Wotruba and Judd from the same era.

Kienzer's humour breaks the artistic seriousness, creates a critical distance and seeks the connection of museum art to everyday life, and to itself. Every joke is related to the medium of sculpture. In "Korsett" a beam-like structure surrounds the mighty cubes preposterously like a supporting corset, although the heavy construct as a whole also puts one in mind of a sedan chair. And like a logo, the large L-sign of the exhibition installation refers self-ironically to the initial letters of the headwords of the title: "Lärm und Linien" (Noise and Lines). The exhibition as a whole is a game of action and reaction with the architecture and the viewer: in particular, where the size of the works exceeds the bounds of the small vaulted rooms, in the one room three long rods protrude threateningly from a solid body

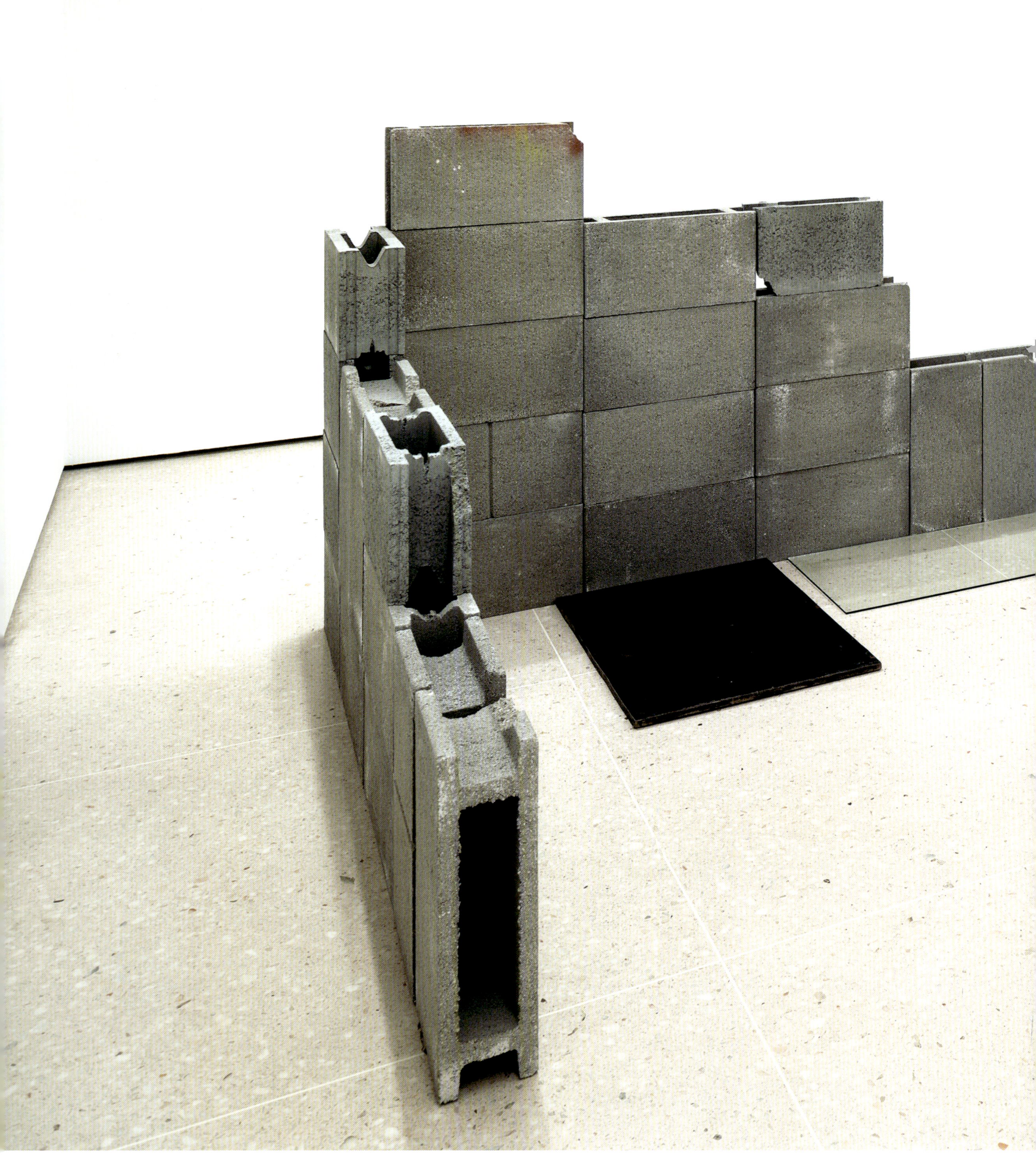

Winkel, 2017, Aluminium, Betonziegel, Glas, Holz,
Angle, 2017, aluminium, concrete bricks, glass, wood | 126 x 278 x 190 cm

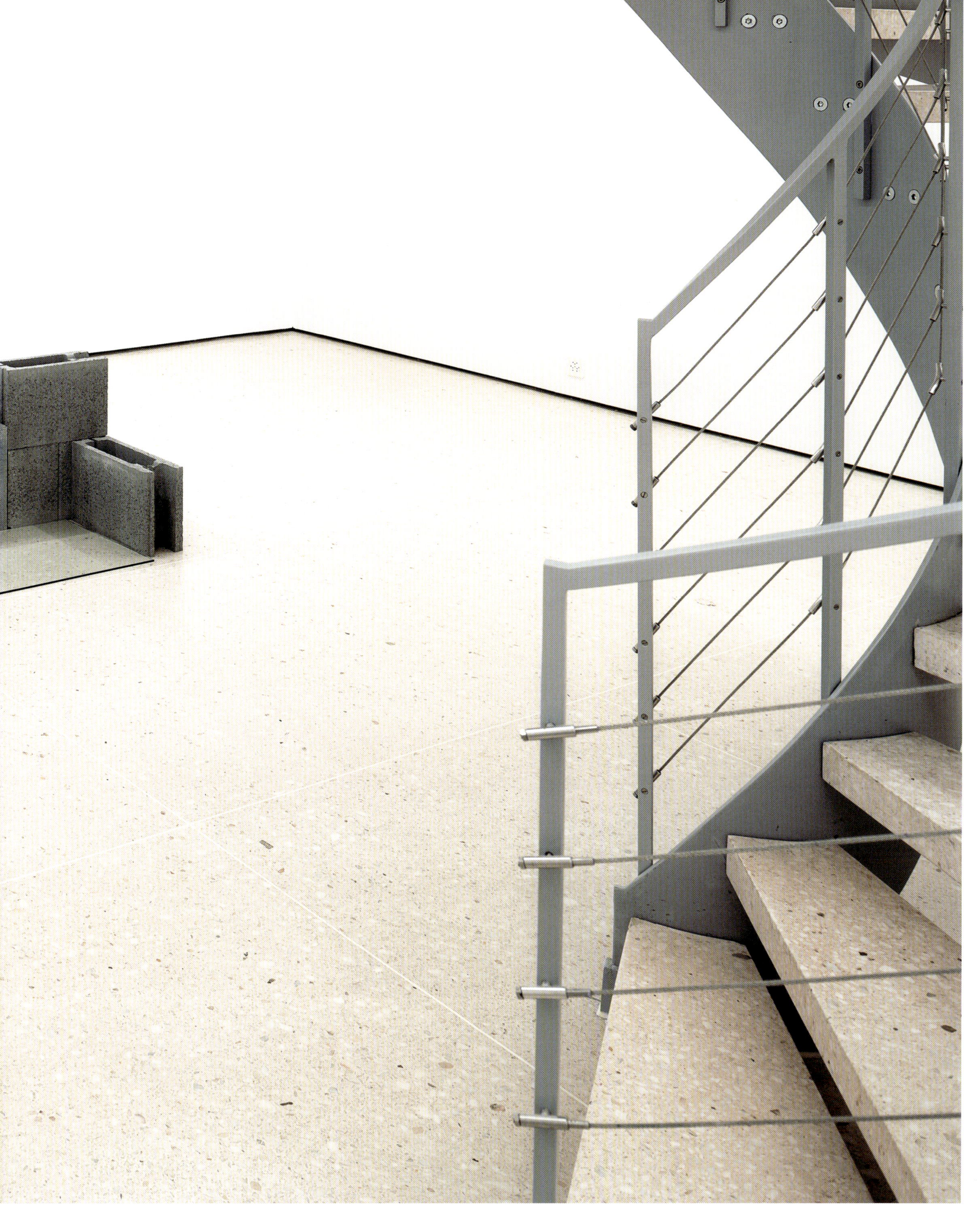

Ohne Titel, 2017, Aluminium, Stahl
Untitled, 2017, aluminium, steel | 162 x 92 x 41 cm

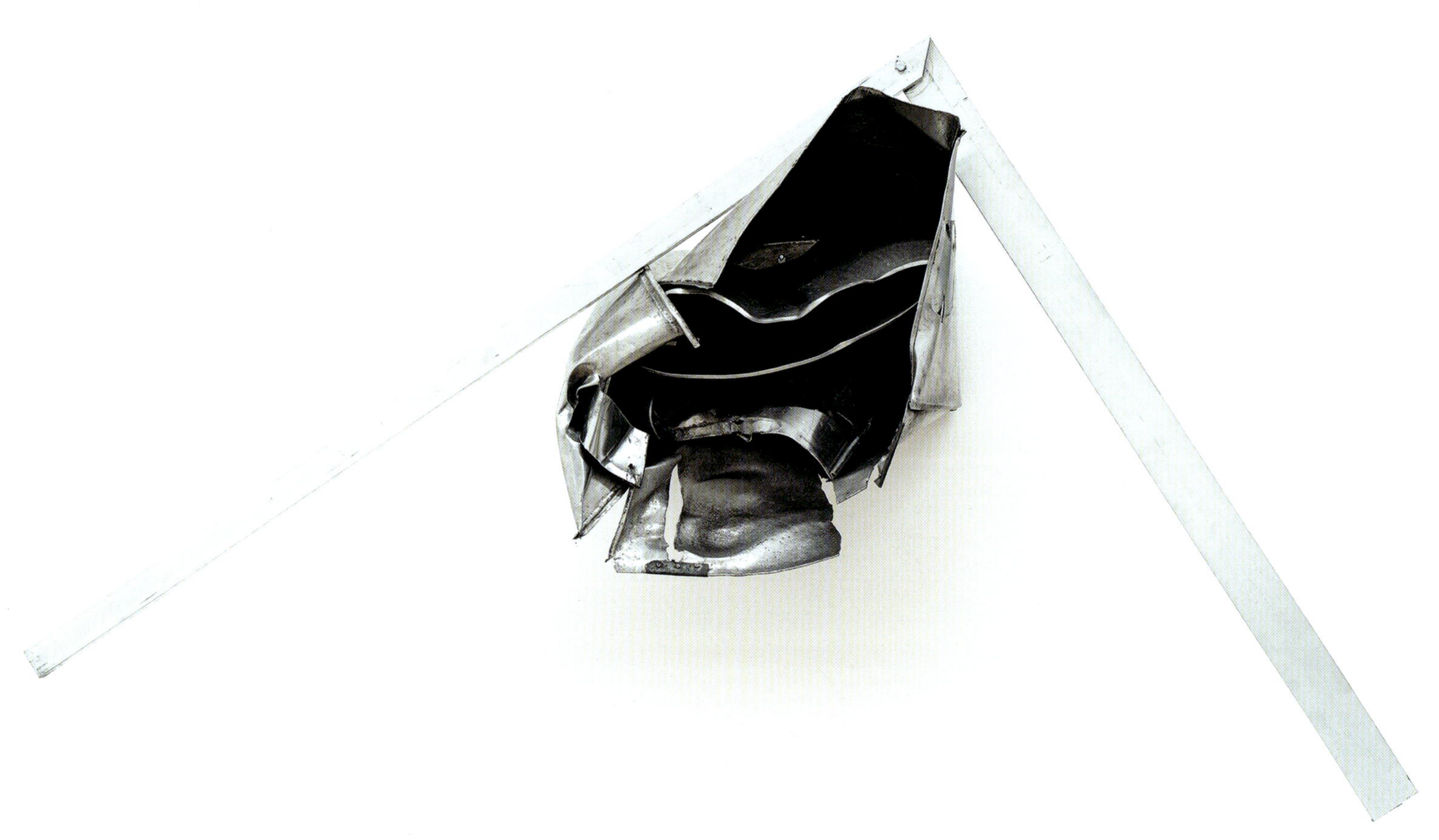

(ill. p. 112); or contrastingly, where sheets of beaten-up coloured metal are playfully docked onto the stair-rails with magnets and threaded rods, conveying a humorous nonchalance (ill. p. 118, 122).

Kienzer's works are more than abstract placements of things in the neutral museum space. The girder art-things of the installation mediate physically between the building and the architectonic Wotruba sculpture. But also implicit in the bewildering deconstruction is destruction of the building, which can be read as institutional critique aimed at the educated, civic, consumerist museum. Whereas Wotruba viewed his art in post-war Vienna as social resistance, in which the rigidity, deindividualisation and human anonymisation of his works are intended literally, decades later Kienzer talks about his works as "protest sculpture", which brings us back to the Italian root of Lärm (noise), all'arme.

IV

As I have used the thing-concept for Kienzer's more recent sculptures, something must also be said about Marcel Duchamp's "readymade". By transferring isolated everyday objects into the art space, his intention was to transform them into art-things without any further embellishment. Kienzer himself has worked with readymades in the past; for example, "Roter Teppich der Stadt Graz" (Red Carpet of the City of Graz) (1994), and his more recent sculptures seem not to require any individual transformation of the industrial materials, which are sourced directly from production and could be reused differently. Sometimes they contain readymade objects, such as a milk churn (ill. p. 115), a tripod or a stool (ill. p. 84). Finally, in the Zug exhibition installation, Kienzer's additional "roof girder elements" are, so to speak, prefabricated readymades in situ. The combination with the steel beams produces a tension between functional object-reality and useless thing-art.

Self-referenced, nameless art-things are placed in the open and have a material presence of their own, a real existence, without an authorial hand, without representation, meaning or use. To be sure, word- and letter-things cannot attain this status of abstraction and reality, but even in the case of plastic thing-abstractions, a reading-like "seeing-as" is constantly in play. If the thing-concept emphasises the autonomy of the artwork, this interpretive aspect should not be overlooked. Even Judd took pains over the adequate viewing and understanding of his objects by creating appropriate architectonic, landscape and cultural life-contexts in Marfa, Texas, or at his private residence not far from Zug, in Eichholtern on Lake Lucerne.

In Kienzer, the titles animate the viewer to look at his art-things as if reading them; not to decipher them like codes but to interpret them. Earlier in his career he frequently used words in his artistic work, and made semiotic works from the 1990s, but as he increased his focus on the sculptural, he scaled that back drastically in favour of the material-plastic reality that is intrinsic to his newer works.

Moving forward, I return to the word “noise” from the title, which pointed us to industrial production and disturbance of the reception of the work-constellations. The industrial materials and everyday objects make a modern world imaginable, to which we belong. The unfinishedness of the semi-finished elements fits with this. It is characteristic of Wotruba’s stone sculptures too, this unfinishedness, the “non finito” of the differently worked surfaces from rough to smooth. As in Kienzer’s work, the craftsmanship of the production process remains visible. Kienzer points to the world of commerce and industry, Wotruba to the laborious world of stone quarries, which he extends into his workshop while Kienzer’s studio resembles a metalworking shop. Judd's industrially-commercially manufactured objects similarly point to their world of origin, but there the accent is on progressive technical manufacturing, not on reworking and refining as with Wotruba and Kienzer.

In his day, Rodin likewise thought of himself as an artist-labourer. During his lifetime he altered the form of existing works and combined individual fragments into ever different creations. In Rilke’s opinion, Rodin made one thing out of many and “a world from the smallest part of a thing”.[6] The sculptor referred to himself as an “atom of life” and as a “chemist” who took things apart and put them back together and no longer counted on “conquering the absolute”.[7] In Vienna he was highly regarded by Klimt and Schiele but also by the sculptor Anton Hanak (1875 – 1934) and his pupil Wotruba.[8] In Vienna more than almost anywhere else since the turn of the century, fundamentals had been called into question: the sciences, the perception of nature, tradition, collective and individual identities, the sense and meaning of language, the “unsaveable ego” (Hermann Bahr; 1863 – 1934 / Ernst Mach; 1838 – 1916). Hugo von Hofmannsthal (1874 – 1929), an admirer of Rodin’s, spoke of the “disunited condition of this world” and of the “atomization, the decomposition of the human into its elements”.[9]

To this day the closeness of fine art to linguistic criticism, philosophy of language and poetry is characteristic of Vienna. While the later Wittgenstein, for instance, understands language from its everyday use and not as something idealised, Wotruba and Kienzer are concerned with truth to materials and the createdness of their authentic works. A sculpture for them is no longer formed matter representing something other, higher. What is emphasised, instead, is the material’s effect, the stoneness of the stone and the metalness of the metal.[10]

What remain in the “disunited condition of this world” are free and infinitely combinable art-things in word and image/sculpture. For the presentness of the fragmentary Kienzer sculptures, therefore, the same point is structurally valid that was noted 100 years earlier by Rilke, as an impression of Rodin’s studio (minus the emphasis and the anatomical reference to the human body): “There it lies, yard upon yard, only fragments, one beside the other… And yet the more closely one looks, the more deeply one feels that all this would be less of a whole if the individual bodies were whole. Each of these bits is of such an eminent, striking unity, so possible by itself, so not at all needing completion, that one forgets they

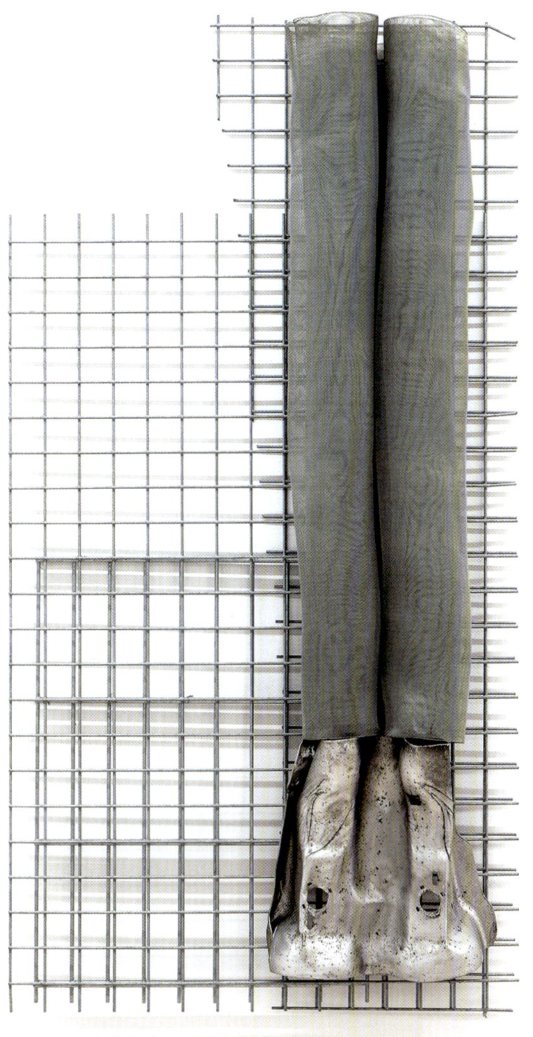

Ohne Titel, 2017, Aluminium, Stahl
Untitled, 2017, aluminium, steel | 141 x75 x 23 cm

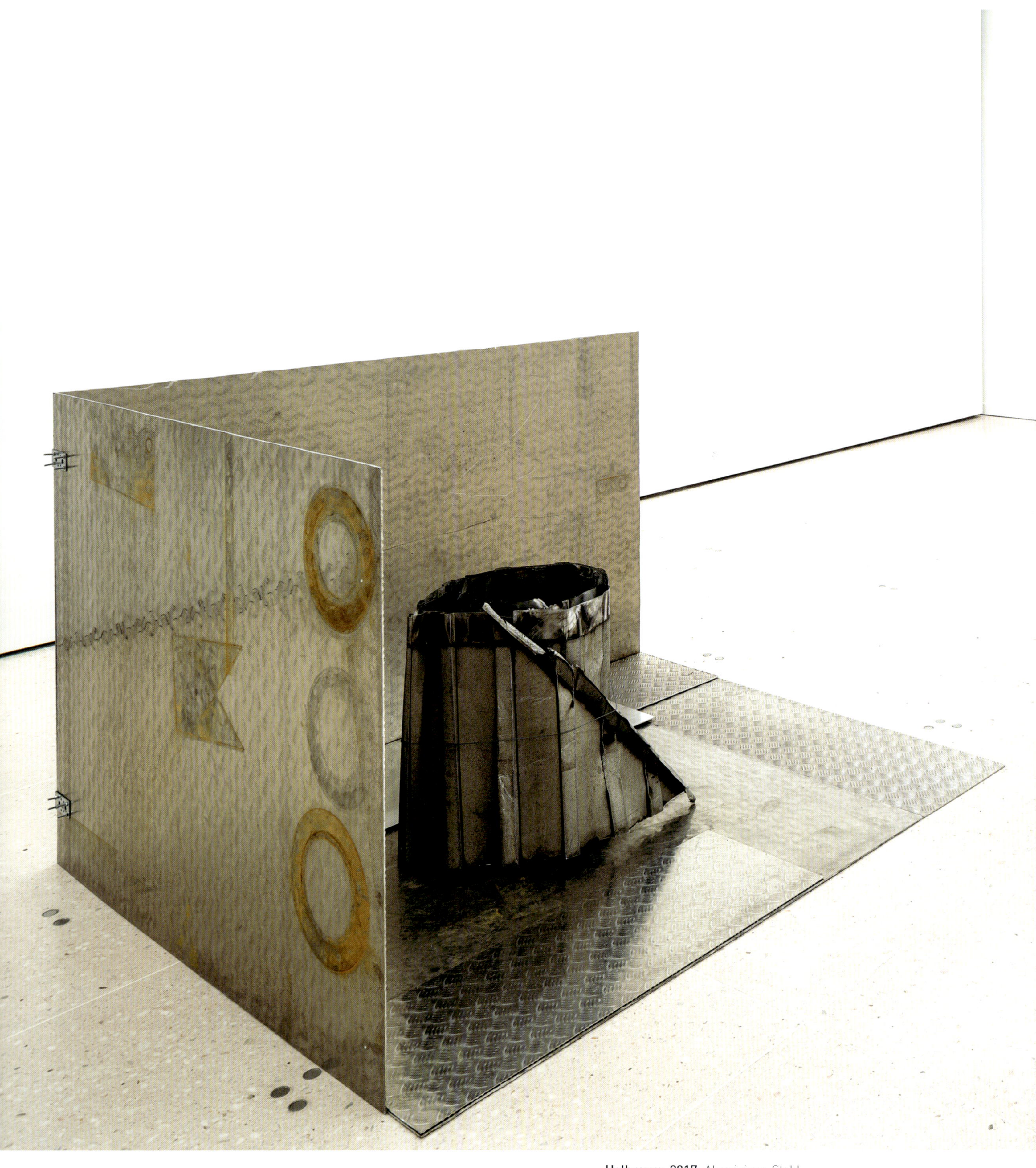

Halbraum, 2017, Aluminium, Stahl
Half space, 2017, aluminium, steel | 111 x 190 x 162 cm

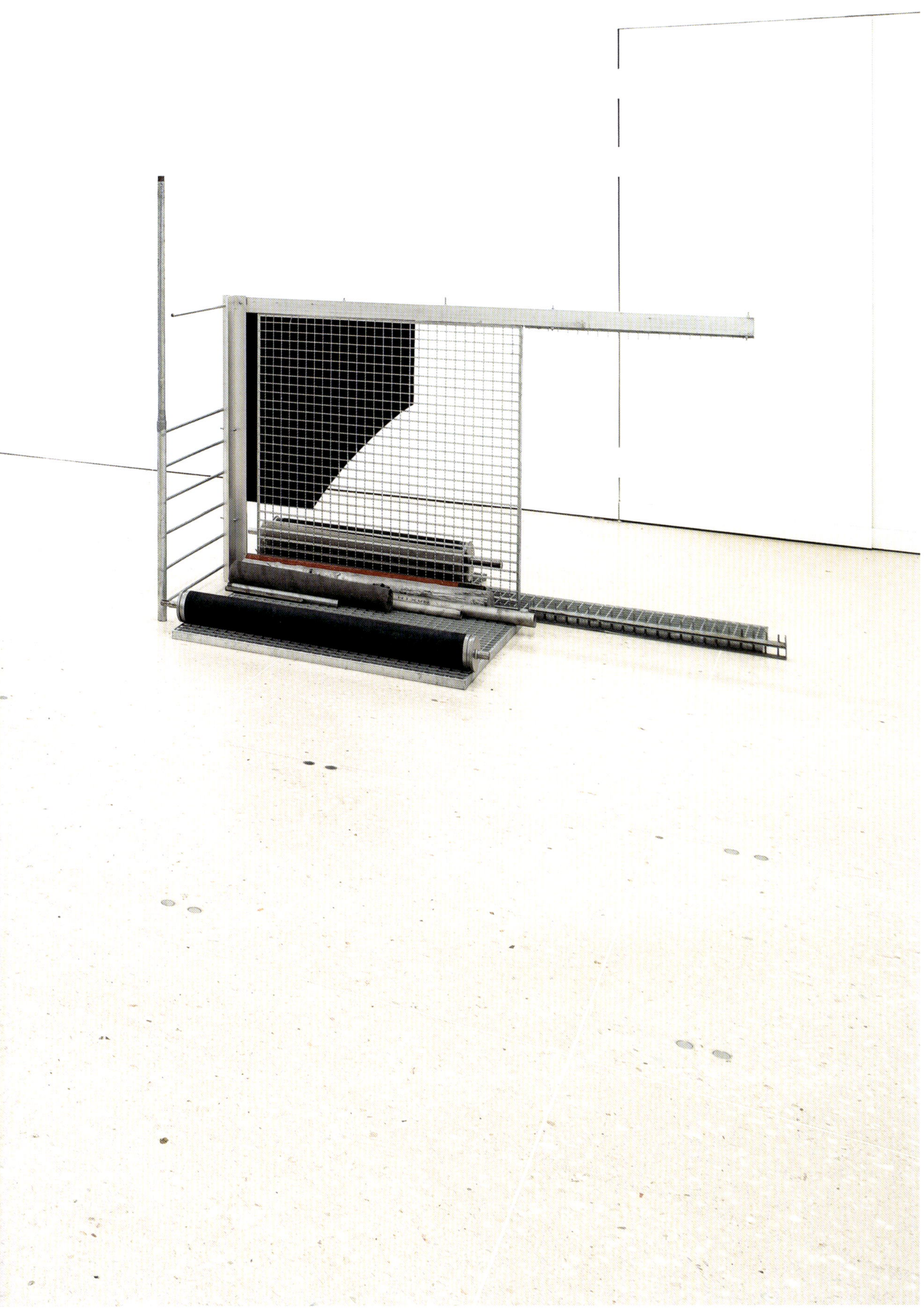

Rostecke, 2017, Aluminium, Gummi, Stahl
Rusty corner, 2017, aluminium, rubber, steel | 156 x 138 x 190 cm

are only parts, and often parts of different bodies that cling to each other so passionately there."[11]

Furthermore, neither Rodin's nor Kienzer's exhibitions differ fundamentally from the studio situations. In both cases one has to find a way through or around the works distributed in the space. In Kienzer's, a further aspect is that sometimes the multipart formless works could almost be interim storage areas, sorted and ordered according to material, size and form, ready to become a sculpture, so to speak. In contrast, other works made from crude cement stones and fragile metal sheets mark out a site where they can install themselves provisionally, calling to mind recent media images of refugee camps (ill. p. 126, 132). Depending on the perspective, Kienzer's work-constellations and their component parts are either about something like a workshop or building site, or about art: it depends on "seeing-as". Neither can Wotruba's semi-raw stone figurations be apprehended solely as artworks, for the fragmented blocks effectively also represent a damaged earth-nature. The bulkily precarious stones are on the brink of creative emergence as art, and of destructive decay as nature.

V

Another concept appropriate to Kienzer's sculptures is "equipment" [German: Zeug]. The industrial semi-finished components draw attention to their creation process involving noise and tools and, as manufactured products, point to the historical relationship between art and the skilled crafts as well as between art and procreated life. The German word Zeug can also be used pejoratively to mean something of more indeterminate use – "stuff" – or words spoken in folly or in jest: "nonsense" [dummes Zeug]. Indeed, Kienzer's half-finished works do stand or lie around like purposeless stuff and seem nonsensical in terms of practical and aesthetic usability. But someone can also "have the right stuff" (das Zeug haben), some particular talent – to be an artist like Kienzer, for instance. His material works are equipped, as it were, to be artworks.

This brings us to Martin Heidegger (1889 – 1976), who incorporated the concepts "equipment" and "thing" into his philosophical discourse about the artwork. Taking the example of a painting of shoes by Vincent van Gogh (1853 – 1890), he links equipment with existence.[12] Like the serviceable shoes or a hammer this is a reference to practical interaction with what is in existence, and is never an isolated thing. For Heidegger, equipment's relation to the world, which normally gets lost in its serviceability because there it is used up completely, only ever becomes conspicuous in the artwork. The same is true of Kienzer's uselessly disparate work-constellations, which can be thought of as "thing-equipment". In his "Relief with Hammer" (1914), Iwan Puni (1892 – 1956) comparably affixed a hammer as a readymade (ill. p. 114), which turns out to be both an isolated thing in the abstract work and an item of equipment referring to the world of work.

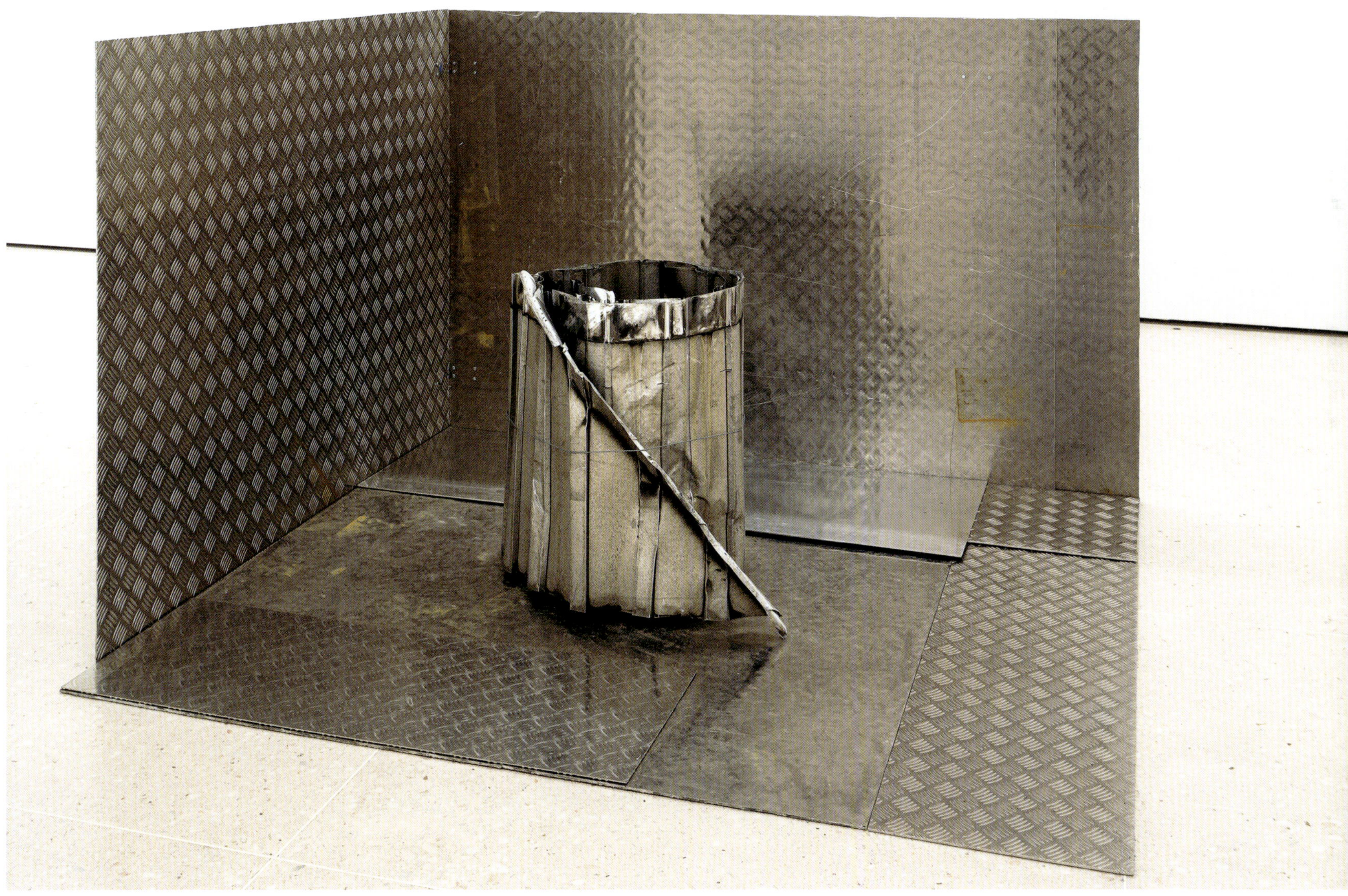

Wittgenstein in his late work relates language to the context of use and calls these associations "language-games". In the same way, Kienzer relates the equipment-sculptures to the industrial making of the material and its potential uses in everyday life and in art. The associations are made in the course of "seeing-as" and can be compared with the wordplays in the titles of the works.

Finally Heidegger defines the origin of the temporal artwork as an event within the circular enantiotropy of the aspects "world" and "earth". Similarly in Kienzer's crude material-works the origin as an artwork is experienceable in the eventful temporality of existence: from the self-referenced, self-secluding and ultimately unfathomable earthly physicality with its open relations to the world.

[1] Correspondence between Rilke and Rodin, cf. Rätus Luck (ed.): Rainer Maria Rilke, August Rodin. Der Briefwechsel und andere Dokumente zu Rilkes Begegnung mit Rodin, Frankfurt am Main and Leipzig 2001, p. 79; Rainer Maria Rilke: Rodin, Frankfurt am Main 1984 (11913), p. 134.

[2] "Ding-Dichtung", "durchmeisselt"; Stefan Zweig: Rilkes 'Neue Gedichte' (1908), in: Donald A. Prater (ed.): Rainer Maria Rilke und Stefan Zweig in Briefen und Dokumenten, Frankfurt am Main 1987, p. 46.

[3] Ludwig Wittgenstein: Philosophische Untersuchungen. Kritisch-genetische Edition, edited by Joachim Schulte, Frankfurt am Main 2001. On the application of Wittgenstein's "seeing-as" to art, cf. Michael Lüthy: Das Medium der ästhetischen Erfahrung. Wittgensteins Aspektbegriff, exemplifiziert an Pollocks Malerei, in: Gertrud Koch, Kirsten Maar, Fiona McGovern (eds.): Imaginäre Medialität – Immaterielle Medien, Munich 2012, pp. 125–142.

[4] Cf. Matthias Haldemann: Wotruba heute. Ein Essay, in: Wilfried Seipel and Fritz Wotruba Privatstiftung (ed.): Wotruba. Leben, Werk und Wirkung, Vienna 2012, pp. 90–103.

[5] Cf. Matthias Haldemann: Zum künstlerischen Konzept des Spätwerks von Fritz Wotruba, in: Fritz Wotruba. Retrospektive. Skulpturen, Bühnen- und Architekturmodelle, Aquarelle, Zeichnungen, exh. cat. Kunsthaus Zug, St. Gallen 1992, pp. 21–32.

[6] Correspondence Rilke-Rodin, (as n.1), loc. cit., p. 31, quoted after Matthias Haldemann: Among "Art-Things" (as n. 8), p. 64

[7] Auguste Rodin: Die Kathedralen Frankreichs, Zurich and Munich 1988 (French, Paris 11914), p. 116, 74, quoted after Matthias Haldemann: Among "Art-Things" (as n. 8), p. 64

[8] Cf. Agnes Husslein-Arco and Stephan Koja (eds.): Rodin und Wien, Munich 2010; Matthias Haldemann: Among "Art-Things": From Rodin to Klimt, Hofmannsthal, Rilke and Schiele, in: Klimt and Rodin: An Artistic Encounter, exh. cat. Fine Arts Museum of San Francisco – Legion of Honour, Munich/London/New York 2017, pp. 57–71.

[9] Hugo von Hofmannsthal: Der Dichter und diese Zeit (1906), in: Konrad Heumann and Ellen Ritter (eds.): Hugo von Hofmannsthal, Sämtliche Werke, kritische Ausgabe, vol. XXXIII, Reden und Aufsätze 2, 1902–1909, Frankfurt am Main 2009, p. 141, quoted after: quoted after Matthias Haldemann: Among "Art-Things"(as n. 8), p.64

[10] On Wittgenstein's cultural connection with progressive Vienna after 1900, cf.: Allan Janik and Stephen Toulmin: Wittgenstein's Vienna, New York 1973 (German, Munich–Vienna 1984).

[11] Correspondence Rilke-Rodin (as n.1), loc. cit., p. 43, quoted after Matthias Haldemann: Among "Art-Things" (as n. 8), p.65

[12] Martin Heidegger: Der Ursprung des Kunstwerkes. Mit einer Einführung von Hans-Georg Gadamer, Stuttgart 1960 (11936). On the connection with modern art, cf. Dieter Jähnig: "Der Ursprung des Kunstwerkes" und die moderne Kunst, in: Walter Biemel and Friedrich-Wilhelm v. Herrmann (eds.): Kunst und Technik. Gedächtnisschrift zum 100. Geburtstag von Martin Heidegger, Frankfurt am Main 1989, pp. 219–254, and: Gottfried Boehm: Im Horizont der Zeit. Heideggers Werkbegriff und die Kunst der Moderne, ibid., pp. 255–285. Heidegger took an interest in modern art and realised a publication for Erker Verlag, St. Gallen in 1969 in collaboration with the sculptor Eduardo Chillida.

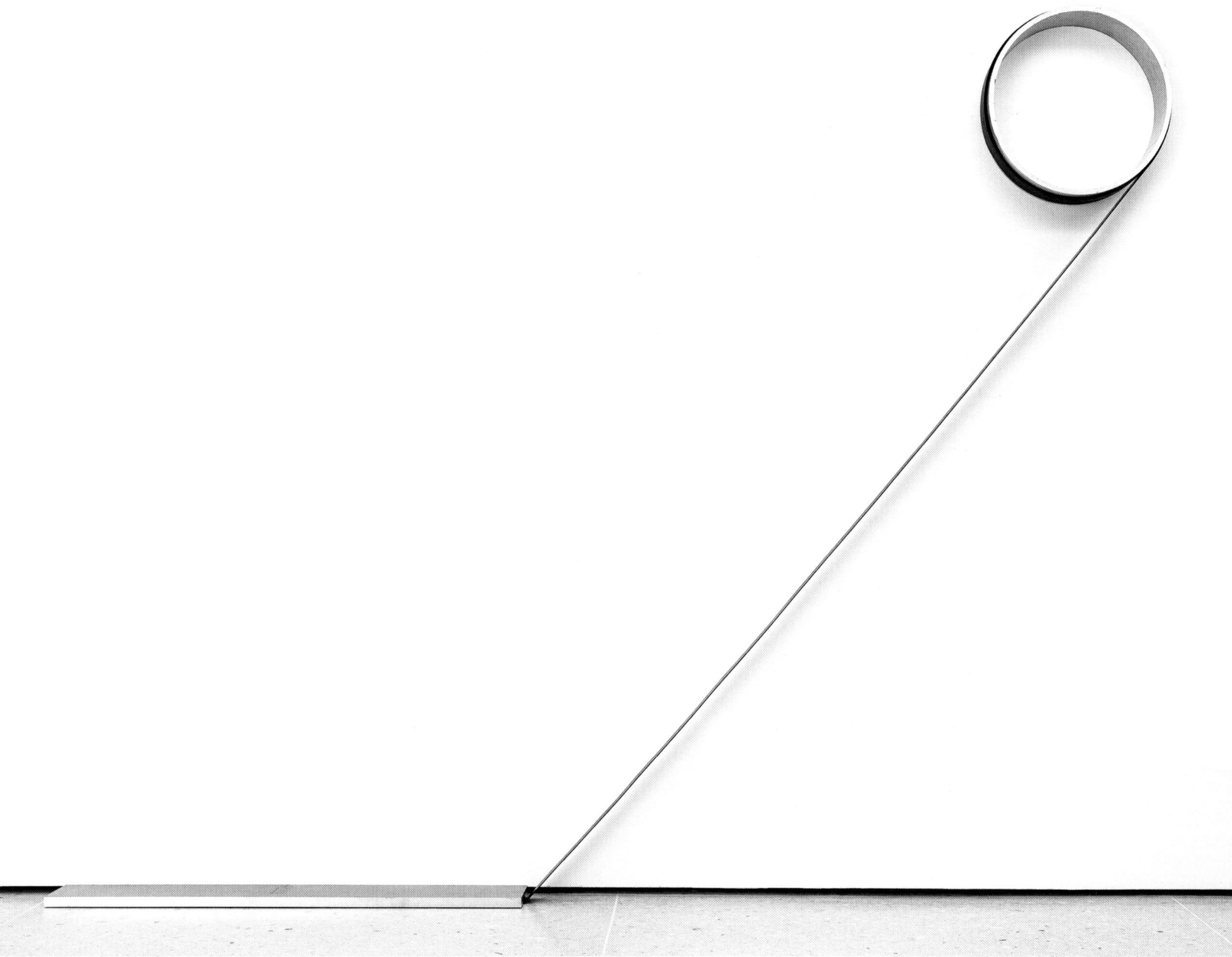

En passant, 2017, Aluminium, Gummi, Stahl
In passing, 2017, aluminium, rubber, steel | 246 x 190 x 12 cm

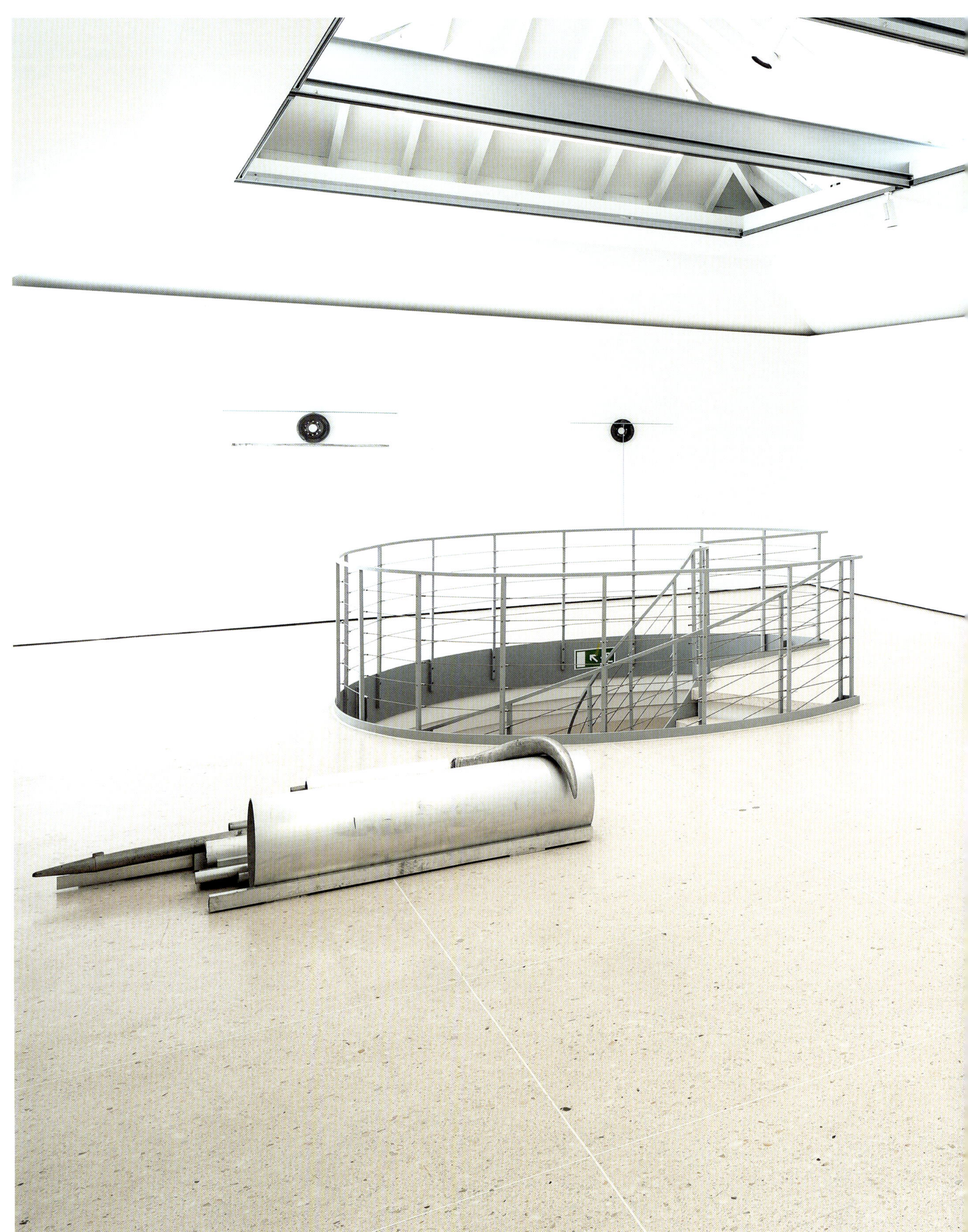

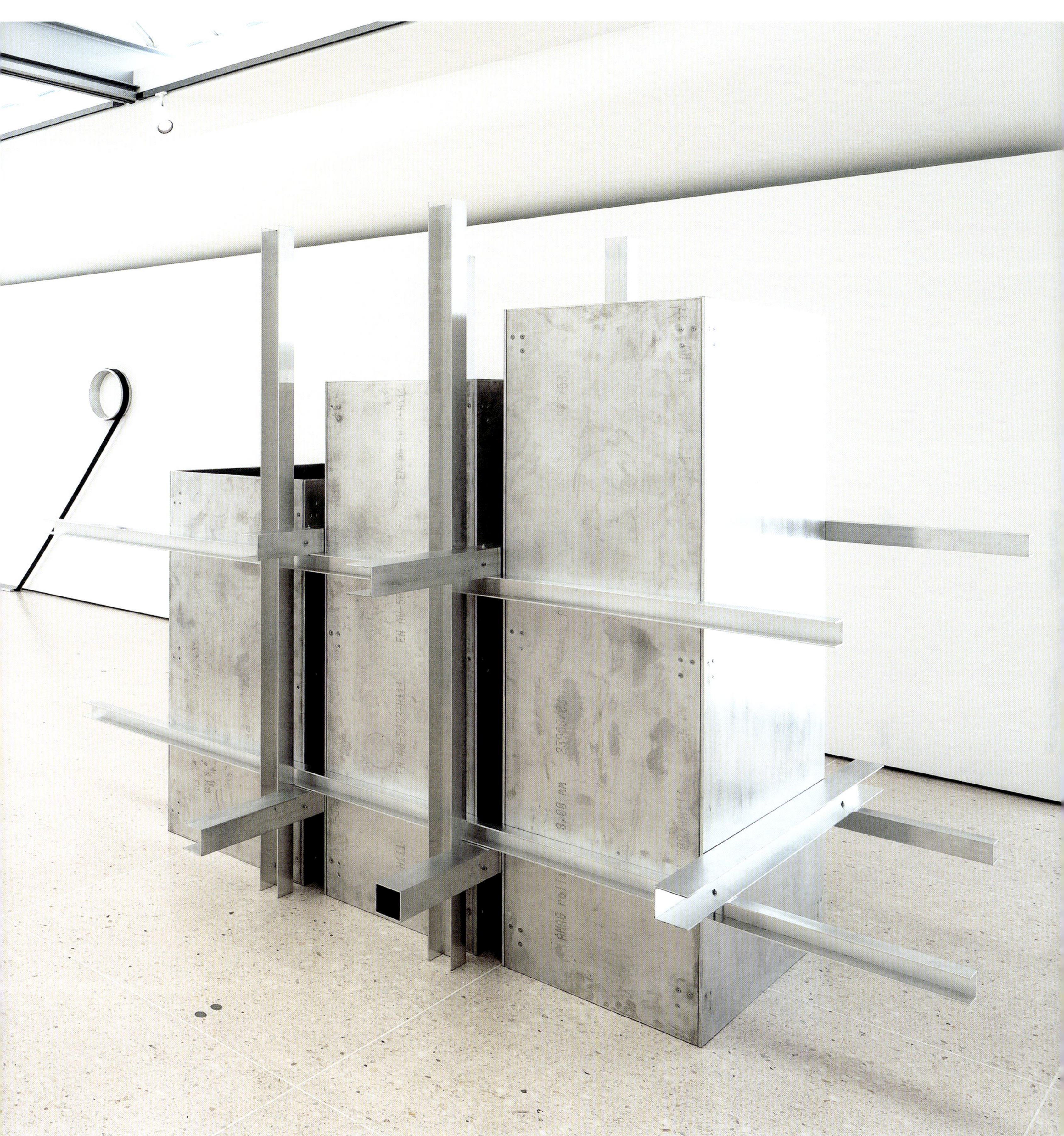

Korsett, 2017, Aluminium
Brace, 2017, aluminium | 223 x 222 x 297 cm
Kunsthaus Zug, Stiftung Sammlung Kamm

Verlegung Vol. 1, 2011, Aluminium, Stahl
Arrangement Vol. 1, 2011, aluminium, steel | 42 x 176 x 75 cm

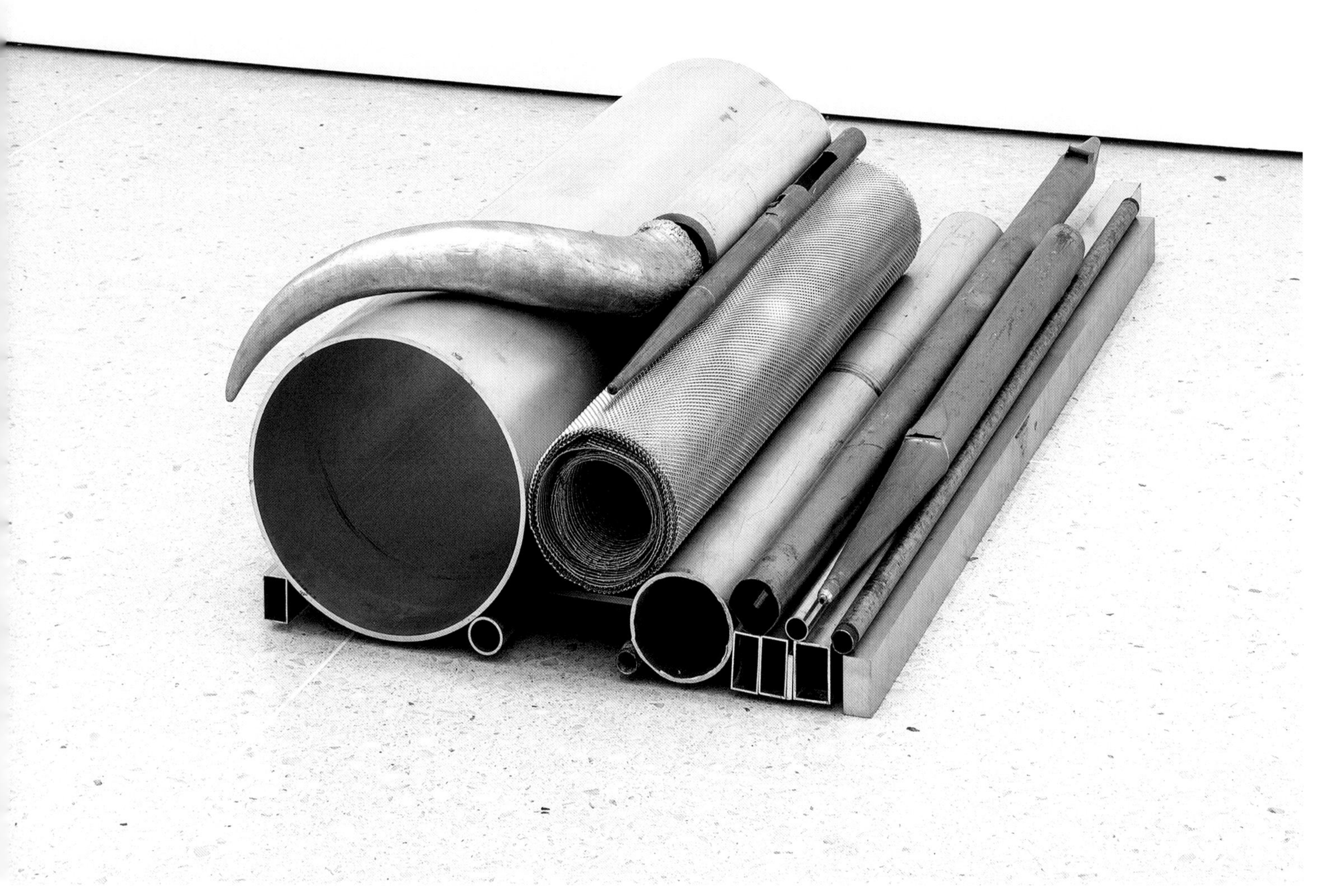

Verhängnis, 2014, Aluminium, Stahl
Fate, 2014, aluminium, steel | 204 x 324 x 100 cm

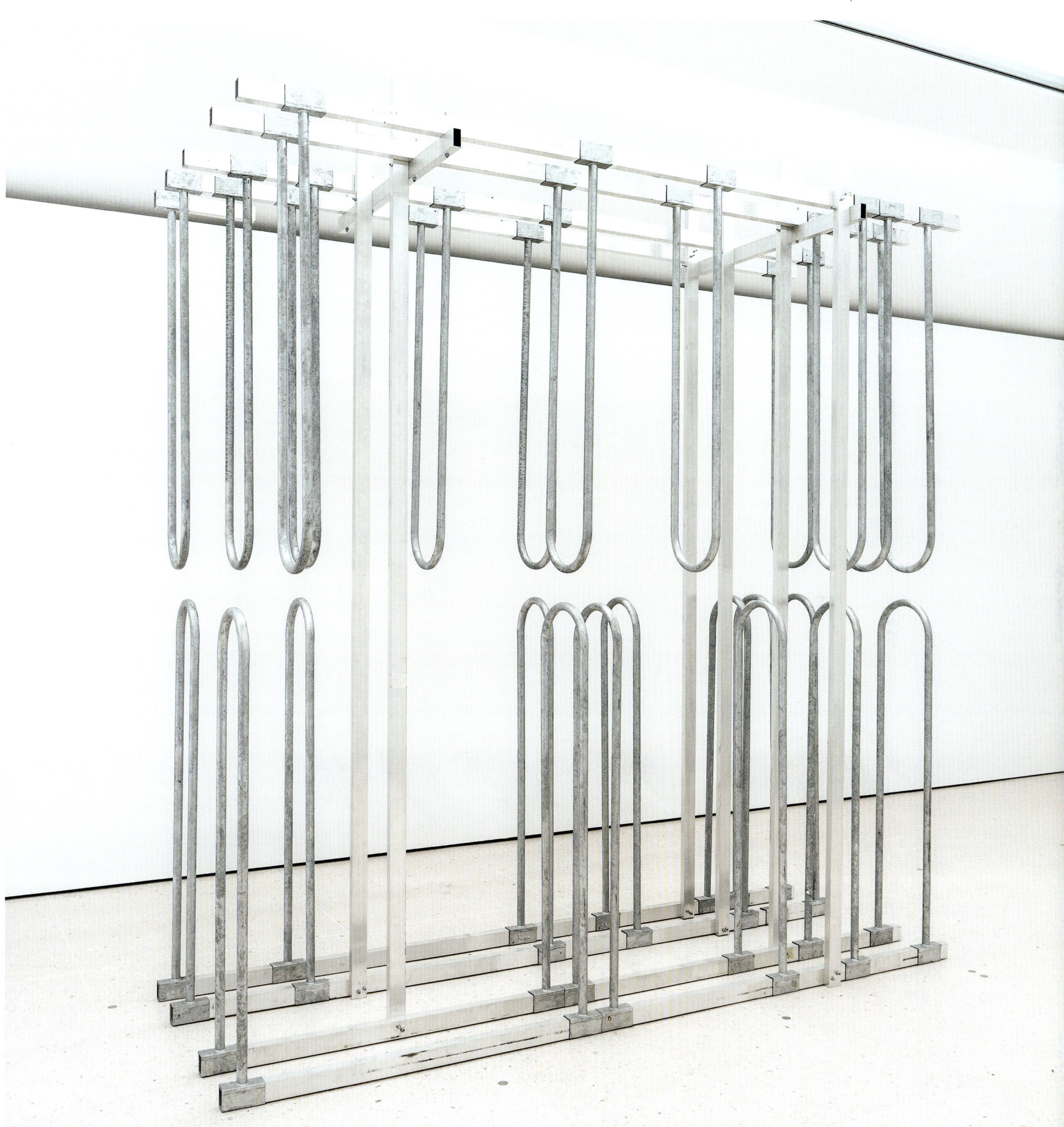

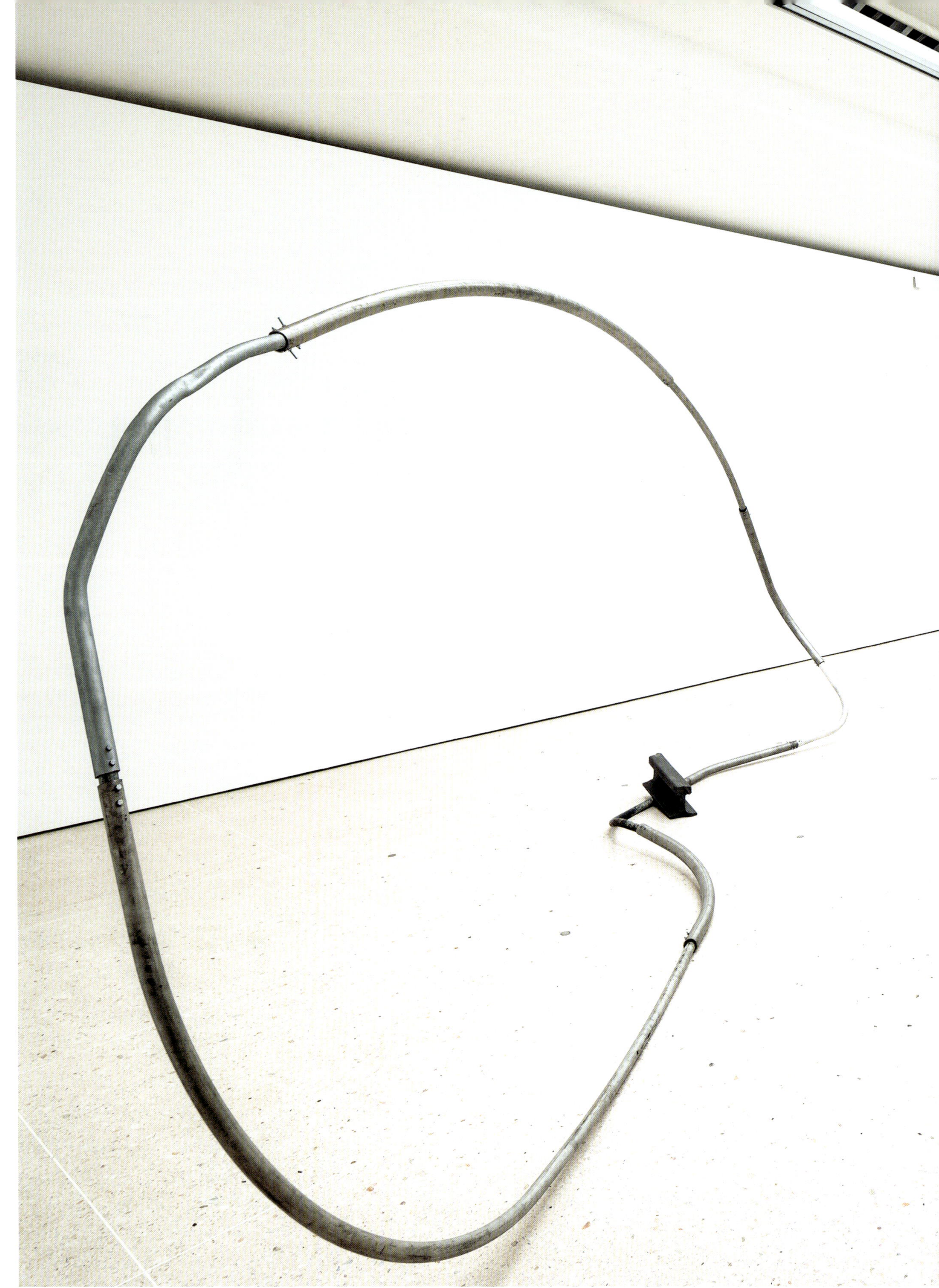

Zeichnung Vol. 5, 2017, Stahl
Drawing Vol. 5, 2017, steel | 228 x 498 x 78 cm

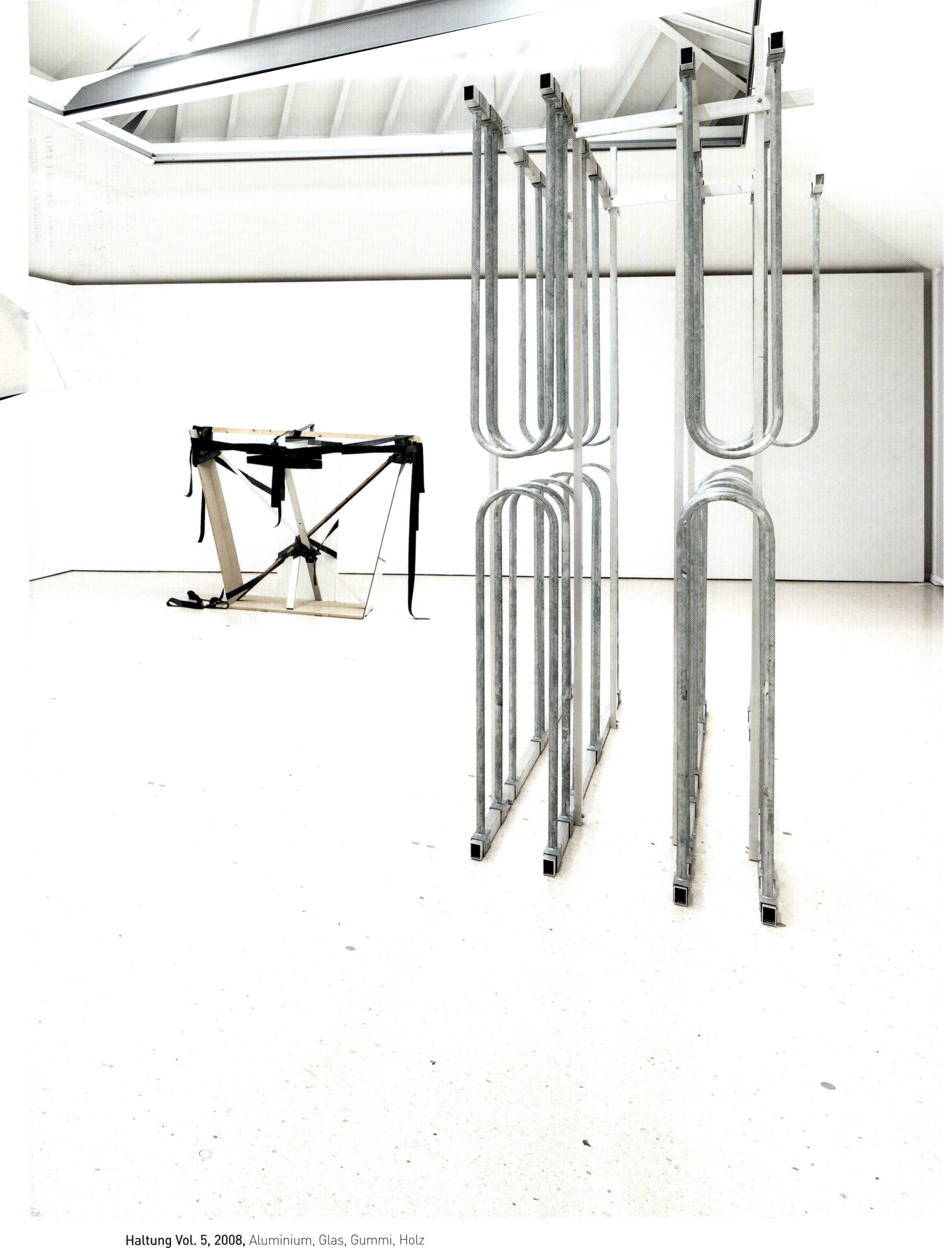

Haltung Vol. 5, 2008, Aluminium, Glas, Gummi, Holz
Posture Vol. 5, 2008, aluminium, glass, rubber, wood | 167 x 214 x 162 cm

Biografie
Michael Kienzer

1962 in Steyr geboren
lebt und arbeitet in Wien
Studium an der Kunstgewerbeschule Graz, Bildhauerei, Prof. Pillhofer
2005/06 Gastprofessur an der Universität für Angewandte Kunst, Wien

Preise (Auswahl)

2001 Otto-Mauer Preis, Wien
2012 Österreichischer Kunstpreis für Bildende Kunst
2015 Preis der Stadt Wien für Bildende Kunst

Einzelausstellungen (Auswahl)

2017 »Lärm und Linien«, Kunsthaus Zug, Zug; »Lose Dichte«, Gerhard-Marcks-Haus, Bremen; »Konkludente Handlungen«, Galerie Artepari Contemporary, Graz
2016 »24 von 274.668 Tagen«, Kunsthalle Krems Minoritenkirche, Krems
2015 »Michael Kienzer«, Galerie Elisabeth & Klaus Thoman, Wien
2012 »Formfolgen«, Galerie Elisabeth & Klaus Thoman, Wien; »Logik und Eigensinn«, Kunsthaus Graz, Graz
2009 »OUT SITE 02«, MUMOK Museum Moderner Kunst Stiftung Ludwig, Wien; »Michael Kienzer«, Galerie Cora Hölzl, Düsseldorf; »Innenskulptur«, Steinle Contemporary, München
2005 »Neue Immobilien«, MAK Museum für Angewandte Kunst, Wien; »ab und zu«, Galerie Hohenlohe & Kalb, Wien
2003 Galerie Michael Cosar, Düsseldorf (mit W. Reiterer); »Verstreute Formen«, Landesgalerie am Oberösterreichischen Landesmuseum, Linz
2002 »Köln Skulptur«, Art Cologne, Galerie Elisabeth & Klaus Thoman, Innsbruck
1999 »As the matter stands«, Patricia Faure Gallery, Los Angeles (mit M. Erjautz und W. Reiterer)
1992 Galerie MXM, Prag
1987 Galerie Peter Pakesch, Wien
1985 Galerie Peter Pakesch, Wien

Ausstellungsbeteiligungen (Auswahl)

2017 »Blickachsen 11«, Bad Homburg; »The Fountain Memoire (M.D./1917) Akku«, Staatliche Akademie der Bildenden Künste, Stuttgart
2016 »The Body Extended: Sculpture and Prosthetics«, Henry Moore Institute, Leeds; »ABSTRAKT – SPATIAL. Malerei im Raum«, Kunsthalle Krems, Krems
2015 »Ballgasse 6. Galerie Pakesch und die Kunstszene der 80er Jahre«, Wien Museum, Wien
2011 »FÜNF RÄUME«, Austrian Cultural Forum, New York; »ISCP Open Studios«, New York
2004 »Settlements«, Musée d´Art Moderne de Saint-Etienne Metropole
2001 »days of hope«, Scuola di San Zaccharia, Biennale Venedig
2000 »Aspekte und Positionen«, Miro Foundation, Barcelona; University Gallery, Southhampton; »The Invisible Touch«, Kunstraum Innsbruck
1999 »6 + 7«, The Living Art Museum, Reykjavik; Art in Central Europe, MUMOK Museum Moderner Kunst Stiftung Ludwig, Wien
1996 »coming up«, Museum des 20. Jahrhunderts, Wien
1993 »Ideas/Imagenes/Identidades«, Centre cultural Tella Sala, Barcelona
1992 »Surface radical: Positions individuelles«, Grand Palais, Paris
1991 »Konfrontation Torun 1991«, Stiftung Tumult, Torun
1987 »Broken Neon«, Steirischer Herbst, Forum Stadtpark, Graz
1985 »Trigon Biennale 85«, Neue Galerie am Landesmuseum Joanneum, Graz

Biography
Michael Kienzer

1962 born in Steyr
lives and works in Vienna
studied sculpture at the School for Applied Arts under Josef Pillhofer
2005/06 guest professorship at the University of Applied Arts, Vienna

Prizes (Selection)

2001 Otto-Mauer Prize, Vienna
2012 Austrian Prize for Fine Art
2015 City of Vienna Prize for Fine Art

Solo Exhibitions (Selection)

2017 "Lärm und Linien", Kunsthaus Zug, Zug; "Lose Dichte", Gerhard-Marcks-Haus, Bremen; "Konkludente Handlungen", Galerie Artepari Contemporary, Graz
2016 "24 von 274.668 Tagen", Kunsthalle Krems Minoritenkirche, Krems
2015 "Michael Kienzer", Galerie Elisabeth & Klaus Thoman, Vienna
2012 "Formfolgen", Galerie Elisabeth & Klaus Thoman, Vienna; "Logik und Eigensinn", Kunsthaus Graz, Graz
2009 "OUT SITE 02", MUMOK Museum Moderner Kunst Stiftung Ludwig, Vienna; "Michael Kienzer", Galerie Cora Hölzl, Düsseldorf; "Innenskulptur", Steinle Contemporary, Munich
2005 "Neue Immobilien", MAK Museum für Angewandte Kunst, Vienna; "ab und zu", Galerie Hohenlohe & Kalb, Vienna
2003 Galerie Michael Cosar, Düsseldorf (with W. Reiterer); "Verstreute Formen", Landesgalerie am Oberösterreichischen Landesmuseum, Linz
2002 "Köln Skulptur", Art Cologne, Galerie Elisabeth & Klaus Thoman, Innsbruck
1999 "As the matter stands", Patricia Faure Gallery, Los Angeles (with M. Erjautz und W. Reiterer)
1992 Galerie MXM, Prague
1987 Galerie Peter Pakesch, Vienna
1985 Galerie Peter Pakesch, Vienna

Group Exhibitions (Selection)

2017 "Blickachsen 11", Bad Homburg; "The Fountain Memoire (M.D./1917) Akku", Staatliche Akademie der Bildenden Künste, Stuttgart
2016 "The Body Extended: Sculpture and Prosthetics", Henry Moore Institute, Leeds; "ABSTRAKT – SPATIAL. Malerei im Raum", Kunsthalle Krems, Krems
2015 "Ballgasse 6. Galerie Pakesch und die Kunstszene der 80er Jahre", Wien Museum, Vienna
2011 "FÜNF RÄUME", Austrian Cultural Forum, New York; "ISCP Open Studios", New York
2004 "Settlements", Musée d'Art Moderne de Saint-Etienne Metropole
2001 "days of hope", Scuola di San Zaccharia, Biennale Venice
2000 "Aspekte und Positionen", Miro Foundation, Barcelona; University Gallery, Southhampton; "The Invisible Touch", Kunstraum Innsbruck
1999 "6 + 7", The Living Art Museum, Reykjavik; Art in Central Europe, MUMOK Museum Moderner Kunst Stiftung Ludwig, Vienna
1996 "coming up", Museum des 20. Jahrhunderts, Vienna
1993 "Ideas/Imagenes/Identidades", Centre cultural Tella Sala, Barcelona
1992 "Surface radical: Positions individuelles", Grand Palais, Paris
1991 "Konfrontation Torun 1991", Stiftung Tumult, Torun
1987 "Broken Neon", Steirischer Herbst, Forum Stadtpark, Graz
1985 "Trigon Biennale 85", Neue Galerie am Landesmuseum Joanneum, Graz

Impressum | Colophon

Diese Publikation erscheint anlässlich der Ausstellungen | published on the occasion of the exhibitions:
»Michael Kienzer: Lose Dichte«, im | at the: Gerhard-Marcks-Haus, Bremen, 2.7.–12.11.2017
und | and
»Michael Kienzer: Lärm und Linien« im | at the: Kunsthaus Zug, 2.9.–5.11.2017
Herausgeber | editors: Matthias Haldemann und | and Arie Hartog

Redaktion | edited by: Bettina Berg, Josina Dehn, Karolin Leitermann, Veronika Wiegartz

Übersetzung Deutsch – Englisch | Translations german – english: Deborah Shannon, Academic Text & Translation
Gestaltung | design: bäuerlegestaltung, Bremen
Druck | printed by: BerlinDruck GmbH & Co. KG, Achim

Erschienen im | published by: Wienand Verlag, Köln
Weyertal 59, 50937 Köln, www.wienand-verlag.de

ISBN: 978-3-86832-420-4

Bibliografische Information der Deutschen Nationalbibliothek | Bibliographic information published by the Deutsche Nationalbibliothek
Die Deutsche Nationalbibliothek verzeichnet diese Publikation in der Deutschen Nationalbibliografie; detaillierte bibliografische Daten sind im Internet über http://dnb.d-nb.de abrufbar. Wienand-Publikationen werden weltweit in führenden Buchhandlungen und Museumsshops angeboten (Vertrieb in Europa, Asien, Nord- und Südamerika). | The Deutsche Nationalbibliothek lists this publication in the Deutsche Nationalbibliografie; detailed bibliographic data are available on the Internet at http://dnb.dnb.de. Publications by Wienand are distributed worldwide (Europe, Asia, North and South America) to leading bookshops and museum shops.

Fotos | photography
Jorit Aust, Wien | Vienna: S. | pp. 7, 24, 37, 43, 55, 88 (1), 94, 97, 99, 101, 103, 106, 109, 112, 113, 115, 116, 117, 118, 122, 127, 128, 131, 132, 135, 137, 138, 140, 141, 142
Tom Klengel, Wien | Vienna: S. | pp. 82, 92
Lena Kienzer, Wien | Vienna: S. | p. 53 (2)
Rüdiger Lubricht, Worpswede: S. | pp. 4, 6, 12, 19 (2), 56, 59, 60, 62, 66, 68, 70, 71, 72, 73, 74, 79, 80, 81, 84, 85, 86, 88 (2), 89, 90, 91, Umschlag | Cover
Oliver Ottenschläger, Wien | Vienna: S. | pp. 34, 39, 44, 46, 47, 48, 50

Ergänzende Abbildungen | additional images
Galerie Ruberl/Lena Kienzer Wien | Vienna: S. | p. 53 (2)
Galerie Thoman/Jorit Aust Wien | Vienna: S. | p. 9 (1)
Galerie Thoman/Lena Kienzer Wien | Vienna: S. | pp. 23, 53 (1), 111
Lena Kienzer Wien | Vienna: S. | p. 53 (3)
Kunsthaus Zug: S. | pp. 104 (2), 105
Kunstmuseum Bayreuth/Ralf Weiskopf: S. | p. 26
momuk Museum moderner Kunst Stiftung Ludwig Wien | Vienna: S. | p. 104 (2)
Universalmuseum Joanneum/N. Lackner, Graz: S. | pp. 40, 104 (1)

Alle anderen Abbildungen aus dem Archiv des Künstlers | All other images from the archive of the artist

Bildzitate | image citations
Siamesisches Zwillingspaar, 1984 (S. | p. 16): Neue Wege des plastischen Gestaltens in Österreich, Ausst. Kat. | exh. cat. Neue Galerie am Landesmuseum Joanneum, Graz 1984, S. | p. 46
Anthony Caro (S. | p. 32): Ian Barker (Hg. | ed.): Caro, München / New York / Tokyo / London 1991, Nr. 100.
Pablo Picasso (S. | p. 28): Werner Spies (Hg. | ed.): Picasso. Skulpturen, Ostfildern-Ruit 2000, S. | p. 70
Marcel Duchamp (S. | p. 20): Marcel Duchamp, Ausst. Kat. | exh. cat. The Museum of Modern Art, New York 1973, reprinted 1989, S. | p. 275.
Iwan Albertowitsch Puni (S. | p. 114): Berlin – Mockba 1900–1950, Ausst. Kat. | exh. cat. Berlinische Galerie, Berlin 1995, S. | p. 252.
Judd, Donald (S. | p. 102): Serota, Nicholas (Hg. | ed.): Donald Judd. Köln 2004. S. 131.
Egon Schiele (S. | p. 99): Haldemann, Matthias (Hg. | ed.): Dialog mit der Moderne – Fritz Wotruba und die Sammlung Kamm, Zug 1998, S. | p. 66.

Für Rat und Tat danken wir | for advice and help we thank:
Marina von Assel, Kathrin Bucher-Trantow

Bremen
Museumsteam | team of the museum: Bettina Berg, Sigrid Boschen, Lonny Graßold, Arie Hartog, Petra Heimann, Lukas Jaromin, Rolf Kock, William Leuthäußer, Beate Mönster, Angelika Reichelt, Tim Reinecke, Susanne Schmidt, Jolanta Vitkauskaite, Alphonse Wagener, Veronika Wiegartz

Willkommene Helfer | with kind help from: Josina Dehn, Kai Fischer, Leendert A. Hartog, Karolin Leitermann, Roderich Madl

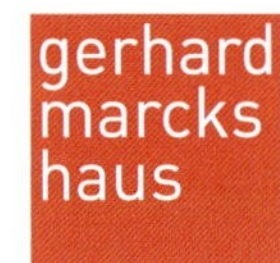

Zug
Museumsteam | team of the museum: Friederike Balke, Doris Gysi, Matthias Haldemann, Samantha Heller, Raffaella Manferdini, Marco Obrist, Thomas Ruch, Susanne Stucky, Samira Tanner, Sandra Winiger

Willkommene Helfer | with kind help from: Sara Haldemann, Rolf Hegglin, Josef Ineichen, Christa Kamm, Roderich Madl

Kunsthaus Zug